U0552649

中国哲学典籍大全提要

主持人 刘丰 赵金刚

主编 李铁映 王伟光

中国社会科学出版社

图书在版编目(CIP)数据

中国哲学典籍大全提要/李铁映,王伟光主编.—北京:中国社会科学出版社,2018.8
ISBN 978-7-5203-2799-2

Ⅰ.①中… Ⅱ.①李…②王… Ⅲ.①哲学—古籍—内容提要—中国 Ⅳ.①Z88:B2

中国版本图书馆 CIP 数据核字(2018)第 144319 号

出 版 人	赵剑英
责任编辑	王 茵 孙 萍
特约编辑	喻 苗
责任校对	王 龙
责任印制	王 超

出　　版	中国社会科学出版社
社　　址	北京鼓楼西大街甲 158 号
邮　　编	100720
网　　址	http://www.csspw.cn
发 行 部	010-84083685
门 市 部	010-84029450
经　　销	新华书店及其他书店
印刷装订	环球东方(北京)印务有限公司
版　　次	2018 年 8 月第 1 版
印　　次	2018 年 8 月第 1 次印刷
开　　本	710×1000　1/16
印　　张	24.5
字　　数	275 千字
定　　价	78.00 元

凡购买中国社会科学出版社图书,如有质量问题请与本社营销中心联系调换
电话:010-84083683
版权所有　侵权必究

《中外哲学典籍大全》

　　总主编　李铁映　王伟光

"中国哲学典籍卷"
　学术委员会
　　主　任　陈　来　谢地坤　李存山　王　博
　　委　员（按姓氏拼音排序）
　　　　　白　奚　陈壁生　陈　静　陈立胜　陈少明
　　　　　陈卫平　陈　霞　丁四新　干春松　顾　青
　　　　　郭齐勇　郭晓东　景海峰　李景林　李四龙
　　　　　刘成有　刘　丰　王中江　吴　飞　吴根友
　　　　　吴　震　向世陵　杨国荣　杨立华　张学智
　　　　　张志强　赵剑英　郑　开

项目负责人　张志强　王海生
提要撰稿主持人　刘　丰　赵金刚
提要英译主持人　陈　霞

编辑委员会

主　任　孙海泉　赵剑英　顾　青

副主任　张志强　王海生

委　员（按姓氏拼音排序）

　　陈壁生　陈　静　陈　霞　干春松　刘　丰
　　魏长宝　吴　飞　杨立华　赵金刚

编辑部

主　任　王　茵

副主任　孙　萍

成　员（按姓氏拼音排序）

　　崔芝妹　顾世宝　韩国茹　郝玉明　李凯凯
　　宋燕鹏　吴丽平　徐沐熙　杨　康　张　潜
　　郑　彤

《中外哲学典籍大全》序

《中外哲学典籍大全》的编纂，是一项既有时代价值、又有历史意义的重大工程。

中华民族只有总结古今中外的一切思想成就，才能并肩世界历史发展的大势。为此，我们须编纂一部汇集中外古今哲学典籍的经典集成，为中华民族的伟大复兴、为人类命运共同体的建设、为人类社会的进步，提供哲学思想的精粹。

哲学是思想的花朵，文明的灵魂，精神的王冠。哲学是推动社会变革和发展的理论力量，哲学解放思维，净化心灵，照亮前行的道路。

哲学是什么，是悬疑在人类智慧面前的永恒之问，这正是哲学之为哲学的基本特点。

哲学是全部世界的观念形态，精神本质。人类面临的共同问题，是哲学研究的根本对象。本体论、认识论、世界观、人生观、价值观、实践论、方法论等，仍是哲学的基本问题和生命力所在！哲学研究的是世界万物的根本性、本质性问题。

哲学不是玄虚之观。哲学来自人类实践，关乎人生。哲学是在根本层面上追问自然、社会和人本身，以彻底的态度反思已有的观念和认识，从价值理想出发把握生活的目标和历史的趋势。道不远人，人能弘道。

哲学是把握世界、洞悉未来的学问，是思想解放、自由的大门！

哲学不只是思维。哲学将思维本身作为自己的研究对象，对思想本身进行反思。

哲学不是一般的知识体系，而是把知识概念作为研究的对象，天地之浩瀚，变化之奥妙，正是哲思的玄妙之处。

哲学不是宣示绝对性的教义教条，哲学反对一切形式的绝对。哲学解放束缚，意味着从一切思想教条中解放人类自身。哲学就是解放之学，是圣火和利剑。

哲学不是一般的知识，是超越于具体对象之上的"智"。对道的追求就是对有之为有、无形无名的探究。

哲学不是经验科学，但又与经验有联系。哲学是以理性的方式、概念的方式、论证的方式来思考宇宙人生的根本问题。

哲学不是自然科学，也不是文学艺术，但在自然科学的前头，哲学的道路展现了；在文学艺术的山顶，哲学的天梯出现了。

哲学在改造世界中从必然王国走向自由王国。哲学不断从最根本的问题再次出发。哲学史在一定意义上就是不断重构新的世界观、认识人类自身的历史。

如果说每一种哲学体系都追求一种体系性的"一"的话，那么每种"一"的体系之间都存在着千丝相联、多方组合的关系。这正是哲学史昭示于我们的哲学多样性的意义。多样性与统一性的依存关系，正是哲学寻求现象与本质、具体与普遍相统一的辩证之意义。哲学是思想的自由，是自由的思想。

中国哲学，是中华民族五千年文明传统中，最为内在的、最为深刻的、最为持久的精神追求和价值观表达。中国哲学已经化为中国人的思维方式、生活态度。中国哲学的旨趣在于实践，在于人文关怀，它更关注实践的义理性意义。中国哲学当中，知与行从未分离，中国哲学有着深厚的实践观点和生活观点。伦理道德观是中国人的贡献。

"实事求是"是中国的一句古话。今天已成为深邃的哲理，成为中国人的思维方式和行为基准。实事求是就是解放思想，解放思想就是实事求是。实践是人的存在形式，是哲学之母。实践是思维的动力、源泉、价值、标准。人们认识世界、探索规律的根本目的是改造世界，完善自己。

哲学关心人类命运。时代的哲学，必定关心时代的命运。人在实践中产生的一切都具有现实性。哲学的实践性必定带来哲学的现实性。哲学作为一门科学是现实的。哲学是一门回答并解释现实的学问，哲学是人们联系实际、面对现实的思想。可以说哲学是现实的最本质的理论，也是本质的最现实的理论。哲学是立足人的学问，是人用于理解世界、把握世界、改造世界的智慧之学。哲学的目的是为了人。哲学研究无禁区，无终无界，与宇宙同在，与人类同在。

存在是多样的、发展是多样的，这是客观世界的必然。对象的多样性、复杂性，决定了哲学的多样性；哲学观点、思潮、流派及其表现形式上的区别，来自于哲学的时代性、地域性和民族性的差异。世界哲学是不同民族的哲学的荟萃，如中国哲学、西方哲学、阿拉伯哲学等。

人类的实践是多方面的，具有多样性、发展性，大体可以分为：改造自然界的实践，改造人类社会的实践，完善人本身的实践，提升人的精神世界的精神活动。人是实践中的人，实践是人的生命的第一属性。哲学的发展状况，反映着一个社会人的理性成熟程度，反映着这个社会的文明程度。

哲学史实质上是自然史、社会史、人的发展史和人类思维史的总结和概括。哲学的多样性是哲学的常态，是哲学进步、发展和繁荣的标志。哲学是人的哲学，哲学是人对事物的自觉，是人对外界和自我认识的学问，也是人把握世界和自我的学问。一般是普遍性，特色也是普遍性。从单一性到多样性，从简单性到复杂性，是哲学思维的一大变革。

多样性并不否定共同性、统一性、普遍性。物质和精神，存在和意识，一切事物都是在运动、变化中的，是哲学的基本问题，也是我们的基本哲学观点！哲学的实践性、多样性，还体现在哲学的时代性上。哲学总是特定时代精神的精华，也是历史时代多样性的表达。多样性是历史之道。

哲学之所以能发挥解放思想的作用，在于它始终关注实践，关注现实的发展；在于它始终关注着科学技术的进步。哲学本身没有绝对空间，没有自在的世界，只能是客观世界的映象，观念形态。

中国自古以来就有思辨的传统，中国思想史上的百家争鸣就是哲学繁荣的史象。哲学是历史发展的号角。中国思想文化的每一次大跃升，都是哲学解放的结果。

中国共产党人历来重视哲学，毛泽东在1938年，在抗日战争最困难的条件下，在延安研究哲学，创作了《实践论》和《矛盾论》，推动了中国革命的思想解放，成为中国人民的精神力量。

当代中国必须有自己的哲学，当代中国的哲学必须要从根本上讲清楚中国道路的哲学道理。发展的道路，就是哲思的道路，文化的自信，就是哲学思维的自信。哲学是引领者，可谓永恒的"北斗"，时代的"火焰"，是时代最精致最深刻的"光芒"。从社会变革的意义上说，总是以理论思维为先导。理论的变革，总是以思想观念的空前解放为前提，而"吹响"人类思想解放第一声"号角"的，往往就是代表时代精神精华的哲学。发展是人类社会永恒的动力，变革是社会解放永远的课题，思想解放、解放思想是无尽的哲思。中国正走在理论和实践的双重探索之路上，搞探索没有哲学不成！

当今中国需要的哲学，是结合天道、地理、人德的哲学，是整合古今中西的哲学，当今中国需要的哲学，必须是适合中国的哲学。哲学是解放人的，哲学自身的发展也是一次思想解放，也是人的一个思维升华、羽化的过程。发展进步是永恒的，思想解放也是永无止境的，思想解放就是哲学的解放。

习近平说，思想工作就是"引导人们更加全面客观地认识当代中国、看待外部世界"。这就需要我们确立一种"知己知彼"的知识态度和理论立场。认识中国，需要我们审视我们走过的道路，立足中国、认识世界，需要我们观察和借鉴世界历史上的不同文化。中国"独特的文化传统"、中国"独特的历史命运"、中国"独特的基本国情","决定了我们必然要走适合自己特点的发展道路"。一切现实的、存在的社会制度,其形态都是具体的,都是特色的,都必须是符合本国实际的。

我们要全面客观地"看待外部世界"。研究古今中外的哲学,是中国认识世界、认识人类史、认识自己未来发展的必修课。今天中国的发展不仅要读中国书,还要读世界书。当前,中国正走在实现"中国梦"的"长征"路上,这也正是一条思想不断解放的道路!要回答中国的问题,解释中国的发展,首先需要哲学思维本身的解放。哲学的发展,就是哲学的解放,这是由哲学的实践性、时代性所决定的。哲学无禁区、无疆界。哲学是关乎宇宙之精神,是关乎人类之思想。哲学将与宇宙、人类同在。

《中外哲学典籍大全》的编纂,是要让中国人吸收人类精神思想的精华,让中国人的思想更加理性、更加科学、更加智慧。在新时代编纂《中外哲学典籍大全》,是我们的历史使命,是民族复兴的重大思想工程。《中外哲学典籍大全》的编纂,就是在思维层面上,在智慧境界中,继承自己的精神文明,学习世界优秀文化。这是我们的必修课。

哲学之间的对话和倾听,才是从心到心的交流。《中外哲学典籍大全》的编纂,就是在搭建心心相通的桥梁。我们编纂这套哲学典籍大全,一是中国哲学,整理中国历史上的思想典籍,浓缩中国思想史上的精华;二是外国哲学,主要是西方哲学,吸收外来,借鉴人类发展的优秀哲学成果;三是马克思主义哲学,展示马克思主义哲学的发展;四是中国近现代以来的哲学成果,特别是马克思主义在中国的发展。

《中外哲学典籍大全》总结的是书本上的思想,是先哲们的思维,是前人的足迹。我们希望把它们奉献给后来人,使他们能够站在前人肩膀上,站在历史岸边看待自己。

　　发展的中国,既是一个政治、经济大国,也是一个文化大国,也必将是一个哲学大国、思想王国。哲学的边界是实践,实践的永恒性是哲学的永续性。

　　拥抱世界,拥抱未来,走向复兴,构建中国人的世界观、人生观、价值观、方法论,这是中国人的视野、情怀,也是中国哲学家的愿望!

李铁映
二〇一八年八月

《中外哲学典籍大全·中国哲学典籍卷》分序

中国古无"哲学"之名，但如近代的王国维所说，"哲学为中国固有之学"。

"哲学"的译名出自日本启蒙学者西周，他在1874年出版的《百一新论》中说："将论明天道人道，兼立教法的philosophy译名为哲学。"自"哲学"译名的成立，"philosophy"或"哲学"就已有了东西方文化交融互鉴的性质。

"philosophy"在古希腊文化中的本义是"爱智"，而"哲学"的"哲"在中国古经书中的字义就是"智"或"大智"。孔子在临终时慨叹而歌："泰山坏乎！梁柱摧乎！哲人萎乎！"（《史记·孔子世家》）"哲人"在中国古经书中释为"贤智之人"，而在"哲学"译名输入中国后即可称为"哲学家"。

哲学是智慧之学，是关于宇宙和人生之根本问题的学问。对此，中西或中外哲学是共同的，因而哲学具有世界人类文化的普遍性。但是，正如世界各民族文化既有世界的普遍性，也有民族的特殊性，所以世界各民族哲学也具有不同的风格和特色。如果说"哲学"是个"共名"或"类称",那么世界各民族哲学就是此类中不同的"特例"。这是哲学的普遍性与多样性的统一。

在中国哲学中,关于宇宙的根本道理称为"天道",关于人生的根本道理称为"人道",中国哲学的一个贯穿始终的核心问题就是"究天人之际"。一般说来,天人关系问题是中外哲学普遍探索的问题,而中国哲学的"究天人之际"具有自身的特点。

亚里士多德曾说:"古今来人们开始哲学探索,都应起于对自然万物的惊异……这类学术研究的开始,都在人生的必需品以及使人快乐安适的种种事物几乎全都获得了以后。""这些知识最先出现于人们开始有闲暇的地方。"这是说的古希腊哲学的一个特点,是与当时古希腊的社会历史发展阶段及其贵族阶层的生活方式相联系的。与此不同,中国哲学是产生于士人在社会大变动中的忧患意识,为了求得社会的治理和人生的安顿,他们大多"席不暇暖"地周游列国,宣传自己的社会主张。这就决定了中国哲学在"究天人之际"中首重"知人",在先秦"百家争鸣"中的各主要流派都是"务为治者也,直所从言之异路,有省不省耳"(《史记·太史公自序》)。

中国哲学与其他民族哲学所不同者,还在于中国数千年文化一直生生不息而未尝中断,中国文化在世界历史的"轴心时期"所实现的哲学突破也是采取了极温和的方式。这主要表现在孔子的"祖述尧舜,宪章文武",删述《六经》,对中国上古的文化既有连续性的继承,又经编纂和诠释而有哲学思想的突破。因此,由孔子及其后学所编纂和诠释的上古经书就以"先王之政典"的形式不仅保存下来,而且在此后中国文化的发展中居于统率的地位。

据近期出土的文献资料，先秦儒家在战国时期已有对"六经"的排列，"六经"作为一个著作群受到儒家的高度重视。至汉武帝"罢黜百家，表章六经"，遂使"六经"以及儒家的经学确立了由国家意识形态认可的统率地位。《汉书·艺文志》著录图书，为首的是"六艺略"，其次是"诸子略""诗赋略""兵书略""数术略"和"方技略"，这就体现了以"六经"统率诸子学和其他学术。这种图书分类经几次调整，到了《隋书·经籍志》乃正式形成"经、史、子、集"的四部分类，此后保持稳定而延续至清。

中国传统文化有"四部"的图书分类，也有对"义理之学""考据之学""辞章之学"和"经世之学"等的划分，其中"义理之学"虽然近于"哲学"但并不等同。中国传统文化没有形成"哲学"以及近现代教育学科体制的分科，但是中国传统文化确实固有其深邃的哲学思想，它表达了中华民族的世界观、人生观，体现了中华民族的思维方式、行为准则，凝聚了中华民族最深沉、最持久的价值追求。

清代学者戴震说："天人之道，经之大训萃焉。"（《原善》卷上）经书和经学中讲"天人之道"的"大训"，就是中国传统的哲学；不仅如此，在图书分类的"子、史、集"中也有讲"天人之道"的"大训"，这些也是中国传统的哲学。"究天人之际"的哲学主题是在中国文化上下几千年的发展中，伴随着历史的进程而不断深化、转陈出新、持续探索的。

中国哲学首重"知人"，在天人关系中是以"知人"为中心，以"安民"或"为治"为宗旨的。在记载中国上古文化的《尚书·皋陶谟》中，就有了"知人则哲，能官人；安民则惠，黎民怀之"的表述。在《论语》中，"樊迟问仁，子曰：'爱人。'问知（智），子曰：'知人。'"（《论语·颜渊》）"仁者爱人"是孔子思想中的最高道德范畴，其源头可上溯到中国文化自上古以来就形成的崇尚道德的优秀传统。孔子说："未能事人，焉能事鬼？""未知生，焉知死？"（《论语·先进》）"务民之义，敬鬼神而远之，可谓知矣。"（《论语·雍也》）"智者知人"，在孔子的思想中虽然保留了对"天"和鬼神的敬畏，但他的主要关注点是现世的人生，是"仁者爱人""天下有道"的价值取向，由此确立了中国哲学以"知人"为中心的思想范式。西方现代哲学家雅斯贝尔斯在《大哲学家》一书中把苏格拉底、佛陀、孔子和耶稣作为"思想范式的创造者"，而孔子思想的特点就是"要在世间建立一种人道的秩序"，"在现世的可能性之中"，孔子"希望建立一个新世界"。

中国上古时期把"天"或"上帝"作为最高的信仰对象，这种信仰也有其宗教的特殊性。如梁启超所说："各国之尊天者，常崇之于万有之外，而中国则常纳之于人事之中，此吾中华所特长也。……其尊天也，目的不在天国而在世界，受用不在未来（来世）而在现在（现世）。是故人伦亦称天伦，人道亦称天道。记曰：'善言天者必有验于人。'此所以虽近于宗教，而与他国之宗教自殊科也。"由于中国上古文化所信仰的"天"不是存在于与人世生活相隔绝的"彼岸世界"，而是与地相联系（《中庸》所谓"郊社之礼，所以事上帝也"，朱熹《中庸章句》注："郊，祀天；社，祭地。不言后土者，省文也。"），具有道德的、以民为本的特点（《尚书》所谓"皇天无亲，惟德是辅"，"天视自我民视，天听自我民听"，"民之所欲，天必从之"），所以这种特殊的宗教性也长期地影响着中国哲学对天人关系的认识。相传"人更三圣，世经三古"的《易经》，其本为卜筮之书，但经孔子"观其德义而已"之后，则成为讲天人关系的哲理之书。《四库总目提要·易类序》说："圣人觉世牖民，大抵因事以寓教……《易》则寓于卜筮。故《易》之为书，推天道以明人事者也。"不仅《易经》是如此，而且以后中国哲学的普遍架构就是"推天道以明人事"。

春秋末期，与孔子同时而比他年长的老子，原创性地提出了"有物混成，先天地生"（《老子》二十五章），天地并非固有的，在天地产生之前有"道"存在，"道"是产生天地万物的总根源和总根据。"道"内在于天地万物之中就是"德"，"孔德之容，惟道是从"（《老子》二十一章），"道"与"德"是统一的。老子说："道生之，德畜之，物形之，势成之。是以万物莫不尊道而贵德。道之尊，德之贵，夫莫之命而常自然。"（《老子》五十一章）老子的价值主张是"自然无为"，而"自然无为"的天道根据就是"道生之，德畜之……是以万物莫不尊道而贵德"。老子所讲的"德"实即相当于"性"，孔子所罕言的"性与天道"，在老子哲学中就是讲"道"与"德"的形而上学。实际上，老子哲学确立了中国哲学"性与天道合一"的思想，而他从"道"与"德"推出"自然无为"的价值主张，这就成为以后中国哲学"推天道以明人事"普遍架构的一个典范。雅斯贝尔斯在《大哲学家》一书中把老子列入"原创性形而上学家"，他说："从世界历史来看，老子的伟大是同中国的精神结合在一起的。"他评价孔、老关系时说:"虽然两位大师放眼于相反的方向,但他们实际上立足于同一基础之上。两者间的统一在中国的伟大人物身上则一再得到体现……"这里所谓"中国的精神""立足于同一基础之上",就是说孔子和老子的哲学都是为了解决现实生活中的问题,都是"务为治者也"。

在老子哲学之后,《中庸》说:"天命之谓性","思知人,不可以不知天"。孟子说:"尽其心者知其性也,知其性则知天矣。"(《孟子·尽心上》)此后的中国哲学家虽然对天道和人性有不同的认识,但大抵都是讲人性源于天道,知天是为了知人。一直到宋明理学家讲"天者理也","性即理也","性与天道合一存乎诚"。作为宋明理学之开山著作的周敦颐《太极图说》,是从"无极而太极"讲起,至"形既生矣,神发知矣,五性感动而善恶分,万事出矣",这就是从天道讲到人事,而其归结为"圣人定之以中正仁义而主静,立人极焉",这就是从天道、人性推出人事应该如何,"立人极"就是要确立人事的价值准则。可以说,中国哲学的"推天道以明人事"最终指向的是人生的价值观,这也就是要"为天地立心,为生民立命,为往圣继绝学,为万世开太平"。在作为中国哲学主流的儒家哲学中,价值观又是与道德修养的工夫论和道德境界相联系。因此,天人合一、真善合一、知行合一成为中国哲学的主要特点。

中国哲学经历了不同的历史发展阶段,从先秦时期的诸子百家争鸣,到汉代以后的儒家经学独尊,而实际上是儒道互补,至魏晋玄学乃是儒道互补的一个结晶;在南北朝时期逐渐形成儒、释、道三教鼎立,从印度传来的佛教逐渐适应中国文化的生态环境，至隋唐时期完成中国化的过程而成为中国文化的一个有机组成部分；宋明理学则是吸收了佛、道二教的思想因素，返而归于"六经"，又创建了《论语》《孟子》《大学》《中庸》的"四书"体系，建构了以"理、气、心、性"为核心范畴的新儒学。因此，中国哲学不仅具有自身的特点，而且具有不同发展阶段和不同学派思想内容的丰富性。

1840年之后，中国面临着"数千年未有之变局"，中国文化进入了近现代转型的时期。在甲午战败之后的1895年，"哲学"的译名出现在黄遵宪的《日本国志》和郑观应的《盛世危言》（十四卷本）中。此后，"哲学"以一个学科的形式，以哲学的"独立之精神，自由之思想"推动了中华民族的思想解放和改革开放，中、外哲学会聚于中国，中、外哲学的交流互鉴使中国哲学的发展呈现出新的形态，马克思主义哲学在与中国的历史文化传统、中国具体的革命和建设实践相结合的过程中不断中国化而产生新的理论成果。中华民族的伟大复兴必将迎来中国哲学的新发展，在此之际，编纂《中外哲学典籍大全》，中国哲学典籍第一次与外国哲学典籍会聚于此《大全》中，这是中国盛世修典史上的一个首创，对于今后中国哲学的发展、对于中华民族的伟大复兴具有重要的意义。

李存山

二〇一八年八月

目 录

一 经学类

（一）易类 …………………………………………（3）

《关氏易传》提要 ……………………………………（3）

《周易集解纂疏》提要 ………………………………（5）

《易数钩隐图》附《遗论九事》提要 ………………（8）

《周易口义》提要 ……………………………………（12）

《删定易图》提要 ……………………………………（17）

《周易玩辞》提要 ……………………………………（19）

《周易外传校注》提要 ………………………………（22）

《周易内传校注》提要 ………………………………（27）

《易说》提要 …………………………………………（32）

《易汉学新校注（附〈易例〉）》提要 ………………（36）

《周易学》提要 ………………………………………（42）

（二）书类 …………………………………………（47）

《融堂书解》提要 ……………………………………（47）

(三) 礼类 ……………………………………………………… (51)
　《读礼疑图》提要 ……………………………………………… (51)
　《〈周礼·大司乐〉集注汇释》提要 …………………………… (54)

(四) 春秋类 ……………………………………………………… (59)
　《春秋释例》提要 ……………………………………………… (59)
　《春秋尊王发微》提要 ………………………………………… (64)
　《春秋权衡》提要 ……………………………………………… (68)
　《春秋本例》提要 ……………………………………………… (71)
　《春秋集传》提要 ……………………………………………… (74)
　《春秋集注》提要 ……………………………………………… (78)
　《春秋师说》提要 ……………………………………………… (81)
　《春秋阙疑》提要 ……………………………………………… (83)
　《春秋属辞》提要 ……………………………………………… (85)

(五) 孝经类 ……………………………………………………… (88)
　《宋元孝经学五种》提要 ……………………………………… (88)
　《孝经集传》提要 ……………………………………………… (91)
　《孝经郑注疏》(附《孝经讲义》)提要 ………………………… (95)
　《孝经郑氏注笺释》提要 ……………………………………… (99)
　《孝经学》提要 ………………………………………………… (102)

二　先秦子书类

《管子校注》提要 ………………………………………………… (107)
《十一家注孙子校理》提要 ……………………………………… (110)
《墨子间诂》提要 ………………………………………………… (113)

《商君书锥指》提要 …………………………………………（117）

《庄子集释》提要 ……………………………………………（120）

《荀子集解》提要 ……………………………………………（124）

《韩非子集解》提要 …………………………………………（128）

《吕氏春秋集释》提要 ………………………………………（132）

三 两汉魏晋隋唐哲学类

《淮南子集释》提要 …………………………………………（139）

《春秋繁露义证》提要 ………………………………………（142）

《盐铁论校注》提要 …………………………………………（147）

《新序校释》提要 ……………………………………………（151）

《说苑校证》提要 ……………………………………………（154）

《太玄集注》提要 ……………………………………………（158）

《白虎通疏证》提要 …………………………………………（162）

《论衡校释》提要 ……………………………………………（166）

《老子道德经注校释》提要 …………………………………（170）

《嵇康集校注》提要 …………………………………………（174）

《世说新语笺疏》提要 ………………………………………（178）

《中说校注》提要 ……………………………………………（181）

四 宋元明清哲学类

《李觏集》提要 ………………………………………………（189）

《周敦颐集》提要 ……………………………………………（191）

《邵雍集》提要 …………………………………………（195）

《张载集》提要 …………………………………………（198）

《二程集》提要 …………………………………………（201）

《蓝田吕氏遗著辑校》提要 ……………………………（205）

《张九成集》提要 ………………………………………（208）

《胡宏集》提要 …………………………………………（212）

《四书章句集注》提要 …………………………………（216）

《朱熹小学古注今译》提要 ……………………………（219）

《近思录集解》提要 ……………………………………（222）

《张栻集》提要 …………………………………………（226）

《陆九渊集》提要 ………………………………………（229）

《北溪字义》提要 ………………………………………（233）

《四书辨疑》提要 ………………………………………（237）

《吴澄集》提要 …………………………………………（241）

《曹端集》提要 …………………………………………（244）

《陈献章集》提要 ………………………………………（248）

《王文成公全书》提要 …………………………………（251）

《困知记》提要 …………………………………………（255）

《王廷相集》提要 ………………………………………（259）

《藏书》提要 ……………………………………………（263）

《续藏书》提要 …………………………………………（266）

《焚书》提要 ……………………………………………（269）

《续焚书》提要 …………………………………………（272）

《李卓吾批评 阳明先生道学抄》提要 …………………… (275)

《李卓吾批评 王龙溪先生集抄》提要 …………………… (280)

《泾皋藏稿》提要 …………………………………………… (284)

《小心斋札记》提要 ………………………………………… (288)

《高子遗书》提要 …………………………………………… (292)

《闲道录》提要 ……………………………………………… (295)

《读四书大全说》提要 ……………………………………… (297)

《续困勉录》提要 …………………………………………… (301)

《颜元集》提要 ……………………………………………… (302)

《四存编》提要 ……………………………………………… (306)

《孟子字义疏证》提要 ……………………………………… (309)

《文史通义校注》提要 ……………………………………… (313)

五 近现代哲学类

《复礼堂述学诗》提要 ……………………………………… (319)

《太史公书义法》提要 ……………………………………… (321)

《王制通论》《王制义按》提要 …………………………… (325)

六 佛道教哲学类

《老子道德经河上公章句》提要 …………………………… (333)

《大乘起信论校释》提要 …………………………………… (337)

《肇论校释》提要 …………………………………………… (341)

《华严金师子章校释》提要 ………………………………… (345)

《成唯识论校释》提要 ……………………………………… (348)

《童蒙止观校释》提要 …………………………………（351）
《坛经校释》提要 …………………………………………（355）
《肇论新疏》提要 …………………………………………（359）

一

经 学 类

（一）易类

《关氏易传》提要

《关氏易传》原题为《北魏关朗传》，唐赵蕤注之。关朗，字子明，河东人。赵蕤，字大宾，梓州盐亭人。《隋书·经籍志》《旧唐书·经籍志》《新唐书·艺文志》都未著录此书。史籍中亦无关朗、赵蕤的传记。有宋以来，世人提及此书，多以其著者为北宋仁宗朝人阮逸。该书作者究竟是谁，还需要进一步考证。即便《关氏易传》为阮逸所作，此书也是在北宋神宗朝才流行于世。

该书一卷，共十一篇，分别为《卜百年义第一》《统言易义第二》《大衍义第三》《乾坤之策义第四》《盈虚义第五》《阖辟义第六》《理性义第七》《时变义第八》《动静义第九》《神义第十》《杂义第十一》。此外，赵蕤为该书作序并附关朗传。

开篇便谈用《周易》占卜国运。关朗认为用《周易》进行占卜时，占卜的结果虽是卦象，但决定卦象的是筮占的数，这个数既是筮占之数，也是命数。而占卜具有前瞻性，所以人可以根据占卜的结果，调整自己的行为，通过使自己更好地应对时运，而求的通泰。个人如此，一个国家的国运亦是如此。但国运比个人复杂的是，国君既需要自己顺应天时，同时应取得贤才的辅弼，有这两者才能确保国家的长治久安。他指出，正是筮占能够预测时运，并对人事提出告诫，君子及国君依此调整自己的行为，可以保身、治国，所以古代君王重视《周易》。

用《周易》筮占，就要涉及解卦。关朗把卦象、变爻、阴阳、五行、天文历法结合到一起，对占筮的结果进行解读。这是认识古人运用《周易》进行筮占的不可多得的材料。当然，参照注文读之，占筮结果无不准确。诬枉之言，迷信之语，极不足观。

当然，该书除了《卜百年义》之外的十篇，均谈易理。指明《周易》的根基是数，《周易》的策数与物候、历法、万物种类无不对应，数是沟通天人的重要工具。筮占之中要舍弃大衍之数中的"一"而不用，是与虚盈的道相呼应。该书指出乾坤乃易之门户。此外，该书对《周易》的内外卦、卦爻关系，及相关的往来说、静动论、时变说都有探讨。这些都展示了该书作者对《周易》深入的理解。另外，该书强调天命对社会有决定性作用，同时指出人事、典礼制度对社会具有重要作用。

总之，《关氏易传》不但记录了筮占的卦例，还从宏观理论的层面对《周易》进行探讨。该书既务求天道，又切切民用，是理解古代易学的重要材料。另外，该书既包含汉代象数易学的核心观念，又有宏观把握易理、微观探讨卦爻的内容；又该书著于汉学衰微之后、宋学未兴之前，从中或可推究汉宋之学更迭的过程。

（刘　严撰）

《周易集解纂疏》提要

《周易》卦爻辞部分为先秦已经定型之经典，本为卜筮之说，兼有史之遗文遗事，儒家发明其中"德义"，于战国晚期至汉初大体形成了"易传"之"十翼"的规模。汉代经学推重《周易》，有博士之设与多家师承传授。《汉书·艺文志》载"《易经》十二篇"，其书或大体已经与现代所见面貌相同，又载"凡易十三家"，可见流传情况之复杂。汉人解说《周易》的传统于汉末中绝，其时学风改变，儒家经学衰退而玄学风气日盛，典型如王弼注《易经》崇尚哲学思辨层面的义理阐发，而轻视以往汉人易学重在以《易经》中的"象数"规律解释天人之际的具体事理的传统，对后人而言，这虽然开辟了阐释《周易》的新道路，却因"扫象"而让汉代易经学的知识性内容受到广泛的忽视。魏晋后，中国历经世变，至残唐五代之时，汉易学各家之说全部佚散，唯赖唐人李鼎祚《周易集解》保存了汉人易学的部分文献与理论，成为后人研究汉易学的唯一史料。李鼎祚于史无传，蜀人，官至秘书省著作郎，唐代宗时进献《周易集解》，辑录汉代已降《易经》注释三十余家，尤其以汉人易学为主，特别是大量引东汉末虞翻所传之"虞氏易"，篇幅占全书征引近二分之一。虞翻家传西汉已立为官学的"孟氏易"，由李书可见汉初易经学传承的部分内容。李书的目的在于"刊辅嗣之野文，补康成之逸象"，即对魏晋以来广泛流行的郑玄、王弼易注的不足与失误从更早的易汉学传统的角度加以订正，在某种程度上表达了对片面强调《易经》中玄远义理之学风的反思。

《周易集解》的学术价值，于宋明未得到彰显，至清乾嘉朴学考据盛行，强调学术研究在史学意义上的可回溯性与文献意义上的可靠性，则欲研究汉易学真相，此书因为是唯一可以依据的材料而受到重视。惠栋、张惠言、焦循等人，对易汉学尤其虞氏易均关注有加，同时代之李道平则撰成《周易集解纂疏》，奠定了我们了解汉代易经学之具体内容的文献基础。李道平（1788—1844年），字遵王、远山，湖北安陆人，嘉庆二十三年中举后留乡著书讲学并参与县志修撰，至道光十二年方为进士，后授嘉鱼县教谕。李道平仕途不利，著作颇多，其中影响最大的就是《周易集解纂疏》。该书不但对其中汉人注释加以疏通，亦对所占比重逾三分之一的魏晋至唐诸家之注加以疏解，配合三百余条按语，基本阐明了《集解》收录的易家注释之思想。汉代易经学的主要内容，为一包含阴阳数术知识的对于自然运行和人事兴衰之规律的全面解释，欲对其加以深入了解，不得不先对贯穿其中的解释者们预先设定的象数模型加以把握，而所谓各家易汉学之家法不同，往往就在于不同解释《易经》的学派所采用的象数模型和关注的解释方向不同，关于象数模型的知识一旦失传，则汉代易学诸家之说就变得难以理解。《纂疏》的一大价值，便在于全书之前参考惠栋、张惠言的研究整理了汉人诸家"读易之例"，即不同的象数模型与其适用的解释方向，对于贯穿在汉人易注中的这部分内容加以预先说明，为读者较快速进入易汉学的知识世界创造了便利。书后李道平还辑录传世文献《左传》《国语》等中的实际利用《周易》占筮的实例若干，将其方法与解释原则和易汉学提供的象数知识相比较，可见《周易》本作为占筮之书被加以运用的原始状况和先汉古人对解释世界规律的象数知识的具体阐发。《周易集解纂疏》刊行后未有善本，王先谦虽将其置入"续皇清经解"，但未及校订且并未注意李鼎祚《集解》之作，非意在以易汉学的象数知识来阐释王弼、孔颖达等人的义理之学，而是提供了与之相对的另一条理解《周易》的学理路径。今人潘雨廷对全书再加点校，还原书之风貌。

《周易集解纂疏》"凡例"部分分列"卦气""消息""爻辰""升降""纳甲""纳十二支""六亲""八宫卦""纳甲应情""世月""二十四方位"共十一种易汉学的象数模型。这些模型渊源不同，其中虞翻主"消息"，而《集解》采用其易说最多，近一千三百条；荀爽主"升降"，《集解》采其说数量仅次虞翻，三百余条；"卦气"说则为汉孟喜、京房之学，多为汉儒言易者所宗。以上三种阐释《易经》象数原理的模型，从数量和重要性方面是通读《集解》的基本接口。卦气的核心是以六十四卦对应一年季节时间的运行循环，以《坎》《离》《震》《兑》对应四季，其余六十卦分布十二月，并以《复》至《坤》为十二消息卦，象征天地自然的盈虚消长、生灭循环。消息之义被认为关乎阴阳消长的关键，由此可统观天地变化，具有特别重要的意义，其学由孟喜所传，而为虞翻所继承，并成为《集解》中最重要的《周易》阐释角度，以《乾》《坤》以下十二辟卦中阴阳爻的变化趋势表示十二月时间的循环或生命生死之往复。升降之说，从某种程度上看可被视为对消息的简化或再解释，主要就是以阴阳两种势力之升降或消长说明卦之变化与相应的自然变化，既被用来说明一卦之内爻象的变化，也可被用来说明上下卦的整体变化，而其原则可适用于全部卦象而不拘于十二消息卦。其余较为重要的象数模型，如爻辰说，即以《乾》《坤》两卦共十二爻来体现一日十二时辰，并将其与十二音律联系起来；如八宫卦说，源于京房易学，即分六十四卦为八个部分，分属《乾》《坤》等八个基本卦或八纯卦，是对易卦本身构造的一种说明。易汉学义例以上述最为主要，其余多是以计时之干支或五行方位再与上述内容加以配伍，而形成更为复杂的同时包括时间和地理空间在内的自然宇宙模型，并可由此推及人事。易汉学的中心，在于提供来源和关注焦点不尽相同的覆盖自然世界之全部存在生灭的具体象数知识，而不主张将《周易》的价值压缩为抽象的道德义理，虽然其所提供的象数知识以今日的眼光看往往是荒诞且牵强的，但重新认识此种学术线索的存在，对于我们理解《周易》在春秋战国以至汉代真实的思想史形象助益良多。

（匡　钊撰）

《易数钩隐图》附《遗论九事》提要

《易数钩隐图》，刘牧撰。刘牧，北宋人，籍贯彭城，字长民，官至太常博士，生卒年不详；一说刘牧籍贯三衢，字先之，官职屯田郎中。这两个刘牧是一人还是两个人，究竟《易数钩隐图》的作者是哪个刘牧，需要进一步研究。

《钩隐图》三卷，附《遗论九事》一卷。李觏言其书图五十五。晁公武言其书三卷，有图四十八，并附有九个遗论。陈振孙言有两卷本和三卷本，但内容基本一致。郑樵言三卷，并有黄黎献续一卷。《宋史·艺文志》言一卷。《易数钩隐图》现存版本状况如下：

第一，明影抄宋刻本。日本静嘉堂。

第二，道藏本（正统刻、民国影印）。

第三，通志堂经解本（康熙刻、同治刻、日本文化刻）。

第四，四库全书会要本（乾隆写）。

第五，《四库全书》本（乾隆写）。

明影抄宋刻本在日本，未能看到。通志堂本、四库本均源自道藏本。

易学分象数和义理两大派，其中汉代象数易学尤为兴盛，象数易学在宋代又有新的突破，即发展出图书派一支。刘牧与邵雍为宋代图书派的代表，而刘牧又在邵雍之前，实为图书易学的先驱。刘牧之学盛行于仁宗时，黄黎献作《略例》《隐决》、吴秘作《通神》、程大昌作《易原》，皆发明刘牧之学。而李觏作《删定易图》、宋咸作《王刘易辨》、叶昌龄作《图义》，以批驳之。至蔡元定以为刘牧所言的河图洛书，与孔安国、刘歆所述不合，朱熹从之作《易学启蒙》，自是以后若胡一桂、董楷、吴澄言及图书皆宗朱、蔡，刘牧之图几不存矣。另，后人言及易学的图书派，均以陈抟为宗，图书易学与陈抟及道教的关系需要进一步探索。

刘牧《易数钩隐图》的核心是梳理《系辞传》中关于"数"的记载，并试图为《周易》存在及占筮的合理性寻找学理上的根据。他认为"数"不单是演《周易》的工具，更是产生《周易》

和天地万物的根据。在此种观念下，他区分了天地之数、大衍之数及大衍之用数。

更具特色的是，他用黑白点图，描绘了太极至万物的演化过程，并绘制《易传》中提及的河图洛书，以统摄诸图。还认为河图之数展现了"太极生两仪，两仪生四象，四象生八卦"的八卦生成过程；八卦的爻数、阴阳爻的画法和用九代表阳、用六代表阴，均来自河图之数，宓牺据此画八卦。洛书展现的是河图之后的天地发展状况，描绘的是五行生成，这些数相合便产生了动植物及人。宓牺把从洛书得到的五行生成数和仰观俯察中得到的生活经验结合在一起，重叠从河图中得到的八卦为六十四卦。所以，《周易》不但包含人生活层面的道理，更蕴含着宇宙创生以来的规则，是以能涵盖天地，统摄鬼神。另外，刘牧还对《周易》与历法、音律的关系都做了简要的归纳。

刘牧生活的北宋前期，处于道学萌芽时期，其易学在易学史和思想史上颇具特色。

1. 以图配文，阐明经义

刘牧用黑白点代表阴阳属性的"数"，配以文字，阐释宇宙生成过程，并从中说明《周易》的成书过程及道理。配图像以阐明经义，是图书学派的一大特色。

2. 不守注疏，直求圣义

刘牧对王弼颇为尊重，但对孔颖达及《周易正义》所引用到的观点多持批评态度。刘牧认为之前的注疏者，对《易传》四象的解释颇多问题，虽然孔颖达有所纠正，然仍有不足。因孔颖达既以"吉凶者，失得之象"一也，"悔吝者，忧虞之象"二也，"变化者,进退之象"三也,"刚柔者,昼夜之象"为"四象";又以"七、八、九、六"为四象,并且未对这两者的异同做出说明。刘牧认为,以前的注疏者,不区分生成《周易》的四象和《周易》所蕴含的四象,是未理解《易传》之旨和圣人之义的表现。

3. 以经注经,探索易道

刘牧区分《系辞》的天地之数、大衍之数、大衍之用数,并根据《系辞》的"易有太极,是生两仪,两仪生四象,四象生八卦"等记载参合相注。认为天地之数乃生成天地万物之数,大衍之数是模拟天地生成的过程,进行筮占。所以,只有理解了《系辞》中"数"的不同层次,才有可能认识"易道"。并指出宓牺、文王、孔子等圣人,只是发现了易道,并把它呈现给了世人,并非天直接赐给他们易道。这为人人可以得道、人人可以成圣提供了理论依据。

4. 探微索隐,务穷造化

刘牧以"数"为基础,借助"太极生两仪"等文字,把阴阳和五行融为一体,推演"太极"至天地万物的创生过程。《系辞》及《易纬》但言八卦之生成,未论及太极至生成万物的过程。据目前所见,刘牧是从儒家经典系统中系统推演天地万物生成过程的第一人。然正是其"务穷造化",后人亦以其"不切民用"而批驳之。

5. 人蕴五性,儒教可行

刘牧在推演宇宙生成过程中,并非"不切民用",他指出天地万物及人均含有阴阳二气及五行,其中唯人五行俱全,所以人是万物中最灵的。而五行又蕴含仁义礼智信之五性,所以人自身便有五性，故应循五常之教，以发挥本有之性。依此，刘牧在构建宇宙论的基础上，既发扬了儒家人性本善的观点，又为儒家通过经典即能教化百姓，以实现天下太平的理论提供了论证。

《易数钩隐图》乃图书易学流派的奠基之作，在易学领域对后世影响深远。此外，刘牧在汉唐注疏之学的基础上，对其进行反思和批判，以求突破注疏，从经中（在刘牧看来《易传》亦是经）探寻圣人之旨，进而追求天地之道。并指出，圣人只是凭借聪明睿智而得"道"，而人人具有五性，这为后世舍注求经、直求天"道"和人人可以成圣，提供了理论依据。并且，刘牧在《周易》这部经上阐发圣人之旨及"易道"之源，并从宇宙论的高度说明儒家教化人心理论的可行性和合理性，这是把韩愈、李翱所提倡的儒家的"道统"学说与《周易》进行结合，使"道"学具体化和深化。

（刘　严撰）

《周易口义》提要

《周易口义》，胡瑗撰，倪天隐述。李振裕云："盖安定讲授之余，欲著述而未逮。倪天隐述之，以其非师之亲笔，故不敢称传而名之曰《口义》。"胡瑗（993—1059年），字翼之，泰州人，称安定先生。景祐、宝元年间，先后为苏州、湖州州学教授，以经义、治事教学。皇祐四年主持太学，历经八年，以病致仕。行状具《宋史》本传与《宋元学案》。倪天隐，字茅冈，桐庐人，称千乘先生，曾任合肥学官，晚年主桐庐讲席。事迹具万历《严州府志》《安定学案》。

《口义》十三卷，上下经十卷，《系辞》以下三卷，或析为二卷。《读书志》言《胡先生易传》十卷，无《系辞》。《直斋书录解题》言《周易口义》十三卷，《通志》作十二卷，是有《系辞》。《宋史·艺文志》言《易解》十二卷，《口义》十卷，《系辞》《说卦》三卷，是以《易解》《口义》为二书，误也。今所见《口义》，最早为康熙二十六年李振裕所刊白石山房本。四库馆臣所见吴玉墀家藏本，实是此本。

《口义》是对胡瑗讲解《周易》的述记。称倪天隐述，恐是倪天隐以己述为主，综合他人所记而成。胡瑗在苏湖和太学讲授《周易》多次，听者数千计。蔡襄言其主太学，"五经异论，弟子记之，目为胡氏口义"。王得臣《麈史》记胡瑗讲易，而《周易程氏传》数次言及胡瑗，是否此二人亦有所述记？倪天隐述其师说，或是博采诸本。翻检《口义》，犹可见其弥缝之迹。如说颐卦"圣人养贤以及万民"，先详释其义，又云"言圣人之有天下，必先养贤，然后及民也"，其义相同，推知是绾合两本而成。又如说蛊卦上九，先讲疏经文，后云"圣人之德，始终如一，无有衰耗"，前后之义稍有疏离。又《口义》阐明经义多以"言"字引起，偶有以"谓"字引起者，如坤卦初六、解卦九四等，此或为记述者不同，倪天隐整合时未能完全统一。

胡瑗易学当北宋古文运动之时，处于道学发生之际，反映了当时士大夫的精神风貌与诉求，在易学史和思想史上都颇具特色，今略陈数端如下。

1. 疑经

唐宋疑经，往往针对固守汉魏旧注的学风，以义理为归宗，力图重振儒学。赵、啖开其端，韩、柳承其后，宋则蔚然。《口义》所见疑经，一为羡文，如乾卦文言上句"其唯圣人乎"，坤卦初六"坚冰"，《系辞》"能研诸侯之虑"的"侯之"；二为脱文，如贲卦象传"天文也"上脱"刚柔交错"，《系辞》"大衍之数五十"脱去"五"；三为误文，如睽卦六三、夬卦大象；四为倒错，如夬卦九三与革卦九三爻辞，以及大衍章。

2. 不守注疏

宋代经学，首在破除对汉唐注疏的墨守，直面经文以求其义。胡瑗虽执注疏以说经，但并不依从，往往以己见讲明经义，并时有攻驳，如乾卦初九、屯卦六二、随卦大象、蹇卦六四等。或攻其训诂，或攻其义理，而以后者为重。虽然，胡瑗也有沿袭，如"性者，天生之质，有刚柔迟速之别也。命者，人所禀受，有贵贱夭寿之等也"，此孔疏原文。又如"以数言之则谓之一，以体言之则谓之无，以开物通务言之则谓之通，以微妙不测言之则谓之神，以应机变化则谓之易"，此稍变孔疏。又如以天地为形，以乾坤为用，以"卦之六爻，上与初为无位"（按胡瑗并不完全遵此例，如家人初九以阳居阳，噬嗑之上九以阳居阴），皆本王弼。

3. 以十翼解易

十翼本为上下经而作。以十翼解易，可上溯于西汉费氏。自郑玄至王弼，分《彖》《象》于卦爻辞下，是以传解经。胡瑗承于其后，不仅以《彖》《象》解说卦爻辞，也注重《系辞》，其于上下经多有引述。最为显目的，是韩康伯以《序卦》"非易之蕴",然胡瑗以其"发明大易之渊蕴",故在解说诸卦(乾、坤、比、蛊等卦除外)时加以引述。此为伊川所因。

4. 轻象数而重义理

《系辞》云"立象以尽意",象数为易学所固有,为通于易道之途,故不可掠过,亦不可陷溺。胡瑗因象以明义,重在讲明天地生成之道、君臣上下之理。其有十二辟卦之说,如"六月则二阴剥二阳,故其卦为遁。以至于七月为否,八月为观,九月为剥,十月为坤";有卦变之说,如"贲卦自泰而得","小过之卦,自中孚而来";有五行之说,如"信属于土,土者分王四季","庚者于五行为金,于四时为秋",又有纳甲。虽然,胡瑗仅借此以明义,留心于五常、中正、刚柔之间,而无机祥之说。

此是《口义》的易学特色,其思想与当时的精神气质亦多有契合,如:

1. 学以至圣

周敦颐以圣可学,《口义》数言圣可学而至,如对蒙卦大象、复卦初九、恒卦初六等的解说。既圣可学而至,则胡瑗极为重学,其言当求圣贤之道,以致君泽民;学者须长久笃实,渐积成性,又须与师友切磋讲习,如此方可成就圣人之道。

2. 掊击隐逸

胡瑗云:"以天之所以生圣人者,必将有以益于天下,而兴天下之利,除天下之害,举天下之教化,行天下之大道也。"故极力掊击隐逸之风,以为非圣人之教,如蒙卦象传、井卦上六,最为显出的,是对"潜龙勿用"的辨明。此与韩愈批驳佛老、振兴士风一脉相承,强调对于天下生民的担当和对自身德性的成就。由此，胡瑗特重忧患，如对需与随卦大象、既济卦辞等的解说。

3. 君臣共治

胡瑗既以天下为己任，故特重君臣，《口义》也广论君臣之道，如尊君、谏止、待君之聘、正身以事等。其中最突出的是君臣共治，如对乾卦九二九五、师卦六五、未济卦六五等的解说。此前于王安石。与此相应，胡瑗强调求贤、养贤，如对蒙卦九五、大畜与颐卦象传、姤卦九五等的解说。

4. 褒举《孟子》《中庸》

《孟子》本为子书，《中庸》本《礼记》中一篇，《口义》多有褒举，引述《孟子》二十来处，《中庸》十几处。且胡瑗以孟子为亚圣，"知至至之"，是学为圣人的典范；以《中庸》所谓"博学之，审问之，慎思之，明辨之，笃行之"，言学为圣人，又以圣人之德乃积诚明以至于至诚。如此之类，可谓四书学之先导。

5. 君子小人之辨

此《周易》本有，而胡瑗特重之，常以两者对比，以为君子小人各从其类，"君子同于君子之人则吉，小人入于君子之党则凶"。又以小人毁坏正道，荼毒良民，谗谤君子，故必黜退小人，陟进君子，君子居内而小人居外，如此方可成天下之治。

《口义》讲明经义，文辞清晰，颇有利于学者。程颐令学者先看王弼、胡瑗、王安石三家易，其《易传》亦多有所取；李衡《周易义海撮要》、胡一桂《易本义附录纂疏》、叶良佩《周易义丛》等多有引述，由此可见其流风所及。

（白辉洪撰）

《删定易图》提要

李觏（1009—1059年），字泰伯，北宋建昌军南城（今江西省南城县）人，著名思想家。无论是研究经典还是政论文章，李觏的文字都以康国富民为目标。其虽有治国之志，然无理政之缘。李觏两次科举不中，在晚年由范仲淹等人举荐而为太学助教，后为直讲。

李觏的学问比较全面，当然对《周易》也有所涉及。其易学著作主要有《易论》十三篇、《删定易图》六论。

北宋太常博士刘牧著《易数钩隐图》，在仁宗朝影响广泛，随其研究易学的人很多，只要谈及《周易》的"数"，都以刘牧的《易数钩隐图》为准。而李觏所知关于图书易学的说法很多，不知孰是孰非，于是就购买了不同版本的《易数钩隐图》。李觏提到《易数钩隐图》不同的版本主要有两个：一是，所书的五十五图；二是，有黄黎献的序文，比五十五图多了些内容。

李觏认为黄黎献序文本只是徒增诞谩，并无可读之处。另外，他认为《易数钩隐图》中的五十五图，有价值的图只有河图、洛书、八卦三图，其余的五十二图多是赘余。故《删定易图》中首列河图、洛书、八卦三图，其余均皆废弃。即李觏认可了刘牧以河图、洛书为《周易》来源的说法，亦以刘牧所绘的黑白点河图、洛书为是。但并不认同刘牧以河图洛书之数的变化，阐释万物生成过程的做法。

李觏对刘牧《易数钩隐图》的观点，多有批驳。首先，李觏认为刘牧以形和象的差异来区分河图、洛书是不可取的。他指出象是阴阳二气刚交汇，乃物之胚胎；形是耳、目、鼻、口、手、足。而河图之时，二气未交，所以河图不是象；而洛书五行已交，形象俱在其中，进而认为刘牧以河图生八卦的说法并不确切。

其次，李觏认为伏羲根据洛书画八卦，刘牧以伏羲根据河图画八卦是错误的。刘牧所言河图的七、八、九、六居四正，裂变成四正位的坎、离、震、兑和巽、艮、坤、乾。而四卦均以三为数，七、八、九、六除减去数三，为四、五、六、三，即是巽、艮、坤、乾。李觏认为若是以位为数，八卦均是三；若是以笔画数之，八卦亦各有别，总之刘牧的说法并无一以贯之的标准，甚不可取。另外，刘牧又根据河图画三画卦时，万物未生，人亦未产生，所以三画卦中没有天、地、人三才。李觏认为画卦之时已有万物，三画卦、六画卦中均有三才。

再次，大衍之数五十，其用四十有九，为何不用其一。刘牧认为天一乃有之根源，所以尊崇之。而李觏认为，去一不用，是因为不去一就无法在筮占中得到七、八、九、六。是以又与刘牧观点不同。如此等等，不再一一赘述。

整体而言，李觏著《删定易图》驳斥刘牧的《易数钩隐图》，有中肯之处，有利于图书易学的完善。但李觏并未从整体上认识刘牧的易学思想，亦未考虑其自身对形、象、河图、洛书等名词的理解与刘牧的理解是否一致，不一致的原因是什么，便以自己的理解为标准，对他人进行批驳。尤其是，刘牧为筮占中"大衍之数"要弃"一"不用寻求学理上根据，而李觏以为不弃一不用就不能取得七、八、九、六的结果，不能占此结果，就不能成卦，并以此批驳刘牧在学理上做出的努力。根据李觏的《删定易图》可以看到刘牧《易数钩隐图》影响广泛，虽有被误解的现象，也展现了其学说中存在的问题。另外，虽然李觏在割裂刘牧学说的基础上做出批判，很多难以成立，但其中亦呈现着李觏的易学观，即《删定易图》是了解李觏易学观和北宋图书易学的重要材料。

（刘　严撰）

《周易玩辞》提要

《周易玩辞》十六卷，南宋项安世撰。项安世，字平父，或作平甫，号平庵，江陵人，生于宋高宗绍兴二十三年（1153年），宋孝宗淳熙二年（1175年）赐同进士出身，官至太府卿，卒于嘉定元年（1208年），终年五十六岁。

项安世的著作今天能见到的有三种：《项世家说》《丙辰悔稿》《周易玩辞》。《项氏家说》是项安世在庆元党禁中罢职闲居江陵时"耽思经史，专意著述"的读书笔记，《四库全书》收录，已经不是完本，其中前两卷都是论说与《周易》有关的内容。《丙辰悔稿》，此书是项安世的诗集，《续修四库全书》收录，但也不是完本。

《周易玩辞》是项安世唯一完璧传世的著作，马端临在为此书所作《序》中说其"尝谓必遍通五经而后归老于《易》，且自言窥其门墙而未极其突奥，今将尽心焉，则是书必暮年所著"，实际上此书最终写定于"嘉泰二年（1202年）壬戌之秋"，距其去世仅六年，与马氏推论基本相合，则马氏所说当属可信。于此可以推知项安世对《周易》的重视，将其视为五经之道的根本与归宿。项安世在此书的《序》中说："安世之所学，盖伊川程子之书也。程子平生所著独《易传》为全书，安世受而读之三十年矣。今以其所得于《易传》者述为此书，而其文无与《易传》合者，合则无用述此书矣。世之友朋以《易传》之理观吾书，则本末条贯无一不本于《易传》者；以《易传》之文观吾书，则未免有使西河之民疑汝于夫子之怒。"就思想旨归而言，书中所论大都不外乎君臣人事，可以说义理阐发层面并未有明显超越程颐《易传》之外的内容，可见其自述并非虚言。所谓"其文无与《易传》合者"则主要体现在具体诠释中对象数的重视方面，《四库全书总目提要》认为"盖伊川《易传》惟阐义理，安世则兼象数而求之"，所指即此意。具体而论，又包括两个方面的内容。

从诠释的方法上看，项安世明确提出"因辞测象"的观点，其自《序》中说："《大传》曰：'君子居则观其象而玩其辞，动则观其变而玩其占'，读《易》之法尽于此矣。《易》之道四，其实则二，象与辞是也；变则象之进退也，占则辞之吉凶也。不识其象，何以知其变？不通其辞，何以决其占？然而圣人因象以措辞，后学因辞而测象，则今之读《易》所当反复纽绎精思而深味者，莫辞若也。""因辞测象"的前提是承认象的独立存在意义，这正是项安世将"象与辞"视为最实质的《易》之道的原因所在。他在解释乾卦《文言》中九四称"君子"时说："进修者，人事也；跃渊者，天时也。跃可言龙，进修不可言龙，故爻曰'或'，《文言》曰'君子'，示兼之也。《易》道尚象，此爻在天人之间，取象不得不然，其实皆君子之事也。"意思是说《文言》在解释九四爻时之所以同时有人事与天时两种内容，是由此爻的爻位处于天人之间决定的。项安世还指出，"凡卦画皆曰象，未画则其象隐，已画则其象著，故指画为象，非谓物象也"，可见这里所说的象主要是指卦爻象而非物象。这种认识落实到诠释方法上，就是对文辞的解释必须与对其所处之象的分析一致。正是在这一点上，项安世与程颐"得其义则象数在其中"的认识表现出差异。在基于这种观念进行的诠释中，如何确定象的意义指向成为最核心的问题。项安世的做法是比勘卦爻辞以求其共性，表现在《周易玩辞》，虽然依据经传之次序，但却不录经传原文，也不逐爻予以解释，而是往往将某一卦或某几个卦中两爻或多爻放在一起进行比较，在或同或异的分析中确定其内涵指向。在项安世看来，这种做法是有《周易》经传的依据的，他在解释乾卦《文言》中的"大哉乾乎"一节时说："此章移易本文，故为错综，使人反复参玩以尽其意，其读《易》之法乎？"可见他认为错综对勘文辞是《文言》的固有之义。

从诠释的资源上看，项安世对易学史上的象数内容基本都有所采择，其中较为其所重视的有两种。一是先天后天之说，他解释《系辞传》"天尊地卑"章说："此章论天地自然之《易》，以明伏羲作《易》之本义也。……大抵先以天地之理明圣人作《易》之本，复以在人之理明圣人体《易》之用也。"解释《说卦传》"水火相逮"一节说："苟无此章，则文王为无体，伏羲为无用矣。"他还认为"有立象之本，有制器之本，有作书之本"，"立象之本"指六十四卦的依据，"制器之本"指筮占之术的依据,"作书之本"指《周易》成书的依据。这种先天后天体用相分的观念贯穿于他对《系辞传》《说卦传》的解释中。不过项安世不信刘牧以黑白点为河图洛书的说法,而认为河图洛书应当是"天地之文字也,圣人则其义理之明以作彖辞爻辞"。二是卦变之说,包含三种类型,这点他在讼卦中做了纲领性的说明。首先是九二爻辞"以'逋'明遁,所以发凡起例,使人知六十四卦皆复姤十二卦之所变也"。这是讲六十四卦之间的关系,书中运用最为普遍,其说在虞翻、李之才、朱熹等皆不同而自成一家,值得重视。其次是六三爻辞言"旧德"是"所以发凡起例,使人知三百八十四爻皆乾坤之旧也"。这是从生成的意义上讲乾坤两卦对于理解其他六十二卦中爻象意义的指导作用。再次是九四爻辞"以'渝'字发逐爻自变为四千九十六卦之例也"。这种方法以《焦氏易林》一书最为典型,至宋代则有沈该、都絜专用此法解《易》。综此三类,卦爻象之间的变化大体算是完备了。不过项安世对于卦爻之变并不偏执,"《易》以变易为书,用九用六,以其能变也;故爻辞多取变象为言,至本爻义重者则自从本爻,不必尽然也。或者专用变象,则反为执一,非所谓《易》也"。

以上所说并不足以涵盖《周易玩辞》的全部内容,理解也未必准确,敬请读者鉴察。

(杜 兵撰)

《周易外传校注》提要

《周易外传》七卷,明遗民王夫之撰。

一

王夫之，湖南衡阳人，字而农，号姜斋。他曾居湘西石船山，故以船山先生名世。船山生于明万历四十七年，卒于清康熙三十一年（1919—1692年）。自晚清以来，船山以"明末三大家"之一而为士人所推崇，其思想对近代影响巨大。

崇祯十六年（1643年），张献忠攻陷衡州，逼迫船山的父亲王朝聘入辅。船山为救父而自残肢体面皮，示以不屈，后经友人营救得脱。1644年，李自成攻陷北京，崇祯自缢；紧接着，清军入关。三年时间内，南明先后有福王、潞王、唐王等几个政权旋立即灭。桂王政权在肇庆建立后，船山曾往效力，后因奸臣当道，船山回到家乡隐居，躲避清军追索。

政治生涯的终结，正是学术生命的新开始。在四十岁前后的二十年内，船山作了《周易外传》《老子衍》《尚书引义》《读四书大全说》《春秋家说》《春秋世论》《诗广传》《礼记章句》等。晚年，又有《四书训义》、《张子正蒙注》（庚午重订）、《周易内传》、《读通鉴论》、《宋论》等。

1692年正月初二，船山正衾而终。自题墓石曰：

> 抱刘越石之孤愤而命无从致，希张横渠之正学而力不能企，幸全归于兹丘，固衔恤以永世。

综观船山一生，前半生匍匐救世，赴汤蹈火；后半生埋首经籍，以守道自任。要言之，其正大刚健之章姿、卓绝特立之制行，实仰不愧天、俯不怍人。他博涉四部、融摄三教,是中国古典思想和学术的一座高峰。

二

船山的主要学术著作,自《周易外传》始,以《周易内传》终。可以说,《易》学是贯穿船山一生的学术。他论《易》与他经的关系说:

> 《诗》之比兴,《书》之政事,《春秋》之名分,《礼》之仪,《乐》之律,莫非象也,而《易》统会其理。

在船山看来,《易》为诸经之本。至于易学与理学的关系,船山曾说《易》是"性学之统宗,圣功之要领",也就是理学所依止的最核心经典。至于船山易学的宗旨,其《周易内传发例》尝总结道:

> 大略以乾坤并建为宗;错综合一为象;彖爻一致、四圣一揆为释;占学一理、得失吉凶一道为义;占义不占利,劝戒君子、不渎告小人为用;畏文、周、孔子之正训,辟京房、陈抟、日者黄冠之图说为防。

《周易外传》是他的早年著作,未必包含以上所说的全部内容,但很多思想已可在《外传》中见到端倪。

值得注意的是"外传""内传"这样一个诠释系统。"外"意味着对于经典比较自由的解释。在船山那里,《外传》是以问题为中心,经书成了发挥问题的凭借;《内传》则谨守体例,依经文立注。《外传》由许多单篇小论文构成,每一篇就卦爻中的某一个话题展开讨论。论述的内容,则包括治国、教民、用兵、理财、君臣关系、君子小人关系、出处、生死、修养工夫、形上学等各类问题。当然,这些问题都紧贴着他所生存的那个时代的精神。

不少学者认为,《周易外传》晦涩难读,不易理解。困难的根本原因自然是义理的艰深,但也有一部分原因在于其修辞风格。总体而言,外传的风格类似经义文,这应该与他从事举业有关系。当然,他的经义文不同于那种僵化的、程式化的八股。他认为,"经义之设,本以扬榷大义,剔发微言;或且推广事理,以宣昭实用。"(《夕堂永日绪论》,《船山全书》第十五册)《外传》每一篇皆有一个主题,许多篇章都能看到起承转合。它对《周易》卦爻辞的引证,多是拈为己用,服从于文章的中心思想;而不是遵照古代注解,以训诂字词为目的。

相较于《周易内传》的中和含蓄,《周易外传》显得更加宏肆,甚至有一些"狂狷"精神。《外传》对道家、佛教、阳明学都有尖锐批评,甚至制造话题来引出批判。许多研究佛、道和阳明学的学者也可以辩护和反批评。但有趣的是,船山于佛教有《相宗络索》,于道家有《庄子解》,于丹道有《愚鼓词》《楚辞通释》。这些都说明,船山对于他所批评的对象有深入了解,而且并非完全拒斥佛、道、阳明学。那么《外传》的一些批评,就可以理解为针对末流的棒喝和遮诠,其措辞虽然激烈,但只要能接通船山的所指,这些言辞,便能如冰之将释了。

综言之，《周易外传》是以发挥《周易》的道理为主，不在于解释《周易》自身的文本。但他的这种发挥，恰恰是大《易》精神的淋漓展现。此书的论述崇有、崇实，反对凌空蹈虚。在人生观上，船山既反对消极颓废的枯寂隐遁，淡漠一切功利；也反对一味追求功利和贪图享乐。在政治上，他既反对无为而治，也反对惨苛寡恩。通过双谴，他的追求也可以推知，那便是儒家的中道。这种中道，是以敦实的品格、以刚健昂扬的精神奋发有为，不因时局衰乱而沮丧放弃，不因繁荣太平而流连忘返。这种力量，不是忽然之间的爆发，一冲之后便没有了力气；而是一步一个脚印地踏在大地上，坚实地前行。唯有如此，才没有什么能使他有所畏惧和气馁。中华民族至今犹能自立于世界，也是这种精神在起作用。

三

船山幽居僻壤，所论又犯当政之忌讳，故著作未能在清代前中期广为流传。清后期，经过邓显鹤、曾国藩等人刊刻表章，船山著作才大行于世，且对中国近代许多思想家和政治人物如谭嗣同、熊十力、青年毛泽东等产生了重要影响。谭嗣同有取于其中的民族主义思想，以及对"孤秦陋宋"的批评。熊十力则对于船山哲学有体会，其"翕辟成变"的说法，与船山乾坤并建思想有很大关系。

曾国藩同治间在金陵节署所刻《船山遗书》，搜访遗稿不遗余力，在近代以来比较通行。后来太平洋书店重印，亦主要以此本为底本。岳麓书社于1996年出版了《船山全书》的点校本，此书依据多种抄本，对于船山研究的文献学基础有极重要的意义。此外，王孝鱼曾取曾国藩刻《船山遗书》本《周易外传》加以点校，又参考了周调阳据抄本所作的《校记》，由中华书局于1962年出版。1976年，中华书局又出了修订版，改为简体。

  该书的注本方面，王孝鱼先生有《周易外传选要译解》，中华书局于2013年出版。孝鱼先生学殖深厚，《译解》一书亦颇得体要。可惜此书只选了《外传》的一小部分。日本学者高田淳有《王船山易学述义》，以《周易外传》为中心。陈宝森、陈献猷两先生著有《周易外传镜诠》，对其中的字义、典故、文句等皆作了注解，还附有翻译，用了很大的功夫，但错谬时见。谷继明的《王船山周易外传笺疏》（上海人民出版社2016年版）一书，及其修订后在中国社会科学出版社出版的《周易外传校注》，是目前比较平实可靠的注本。

（谷继明撰）

《周易内传校注》提要

  《周易内传》六卷（每卷分上下，实十二卷），明遗民王夫之撰。

一 治《易》历程

  王夫之的生平及主要著作，已见前文《周易外传》提要。《周易内传》是船山晚年的著作。其《周易内传发例》尝自述治

《易》经历曰：

> 夫之自隆武丙戌，始有志于读《易》。
>
> 戊子，避戎于莲花峰，益讲求之。
>
> 乙未，于晋宁山寺，始为《外传》。
>
> 丙辰，始为《大象传》。亡国孤臣，寄身于秽土，志无可酬，业无可广，唯《易》之为道则未尝旦夕敢忘于心，而拟议之难，又未敢轻言也。
>
> 岁在乙丑，从游诸生为之解说。形枯气索，畅论为难，于是乃于病中勉为作《传》。

由上可见，船山的几部《易》学著作皆与他的出处进退、哲学思考密切相关。最后的《周易内传》，则是其一生精神之总结。

船山晚年自题其住所观生居曰："六经责我开生面，七尺从天乞活埋。"前半句是其学术志向，后半句则是其暮年的生存处境。由前句可以看出，船山以经学的新开展为己任。他要让古老的六经焕发新的生机。《周易内传》正是他以"开生面"自任的代表作。

二 《内传》的主要内容

《外传》类似于专题论文的集合，《内传》则是依经立注。看上去，《外传》更具有哲学品格。但这种观点是不对的。我们强烈地主张：研究中国哲学，不要总把目光聚焦在论体文献上，不要从完整论证的构建来要求和选取中国古代哲学的书写方式。经注，对一个思想家来说更重要。《外传》的诠释方式是"依体起用",《内传》是"摄用归体"。船山晚年已臻化境,没有了以前的激烈,归之于深沉内敛。尽管船山的观点表面上被经文所分解,但实际上较之《外传》的思考更为深刻。

《内传》的末尾附有《周易内传发例》,是船山注《易》的指导原则,其中有段话说:

> 大略以乾坤并建为宗;错综合一为象;彖爻一致、四圣一揆为释;占学一理、得失吉凶一道为义;占义不占利,劝戒君子、不渎告小人为用;畏文、周、孔子之正训,辟京房、陈抟、日者黄冠之图说为防。①

我们就根据以上的这个提纲,来解释一下《内传》的要点。

1. 乾坤并建与错综合一

"乾坤并建"从字面上的意思是乾坤二卦一起建立,然而船山赋予它的含义远为丰富和深刻。首先它说明了乾坤共同成为六十四卦的基础。乾坤代表了成卦的元素,而非具体的卦;具体的、其他六十二卦,每一卦都有阴和阳,每一卦皆以乾坤为基础。这象征着每一个个体事物皆有阴与阳——此判断的本体论和价值学说之意义是十分重要的。

乾坤并建的第二个意义在于"并"。"并"所指示的不仅仅是二者的地位相同,且说明乾坤不是两个独立的个体。乾坤二卦是

---

① 《周易内传发例》,《船山全书》第1册,第683页。

隐显两面的平面展开，二者本来就是一体的。这才是"乾坤并建"与前儒最不同的地方。船山受到天文学的启发，认为显现的六位只是一半，在它的背面还有六位，一共十二位。这样，整个存在便皆由阴阳构成，每个具体的个体亦由阴阳构成，不存在独阳或者独阴。阴阳只是因为隐和显而展现出差别。于是有无的视域被隐显的视域所代替。

乾坤并建，必然联系着"错综合一"。乾坤两个表面上独立的六卦画，其实是整个存在的两方面，而其中的联系便在于"错"。屯、蒙卦象相互颠倒，便称作"综"。以前的学者用来表示两个独立个体卦之间的关系，船山用来指整体存在中两个方面的关系。

2. 象爻一致与四圣一揆

象断定一卦之总体意义，而爻则是构成总体的部分。由此看来，象与爻首先是总体与部分的关系。

但"象爻一致"的内涵不止于此，还在于为诠释设定边界，反对诠释的随意性。解释爻要以象辞、象传为准的。当然，解释者常常会遇到象辞与爻辞不一致甚至相反的情况，比如履卦卦辞说"不咥人"，六三爻却说"咥人"，如何算得上一致？船山的解释策略是：而"爻不悖象"是说每一爻应然之行为与象之大义一致；但此爻的主体是自由的，其行为于象之大义或顺或悖，皆适足以证明象爻之一致。且"象爻异占"之例不仅不违背"象爻一致"的原则，乃更从反面有力地支持了这一原则。

象爻一致，还不仅仅是卦辞与爻辞一致。因为构成总体（象）的，不仅仅是每一个元素，还包括元素与元素之间的关系。六爻构成了一种特定情境中的"共在"。

象爻一致要建立卦爻辞在解释时的统一性；而朱子易学的特色，是要清晰地区分《周易》不同类型的文本因作者和时代而产生的差别，所以伏羲、文王、周公、孔子各自有《易》之一部分，不可相互解释而混淆。船山发明象爻一致，更进一步强调四圣一揆，反对朱子的解构工作。这种争辩的意义在于，朱子的四圣分别突出了伏羲画卦、文王卜筮的独立意义，术数与义理产生了断裂；四圣一揆则将三圣易学的诠释皆归向孔子的解《易》原则，这也就是"占学一理"的原则。

3. 即占即学，得失吉凶一道

《易》有两种使用方式，《系辞传》所谓"君子居则观其象而玩其辞，动则观其变而玩其占"。这可以看作"即占即学"的第一层意思：占学并用。平时将《易》作为哲理经典来学习，而有重大疑惑时则以《易》占筮。

"即占即学"还是对占筮的限定约束。占筮的目的和对象首先要有正义性。譬如一个劫匪占问今天抢劫是否能成功，肯定不会得到准确的结果。其次，占得一卦，在对卦爻辞进行解读的时候，有一番"拟议"的功夫。某一爻辞只是告诉了占者一个道理，而非一个现成的结果。

将德义作为诠释卦爻辞的原则，便要求德与福的一致，此即"得失吉凶一道"。《系辞传》说"吉凶者，失得之象也"，在船山看来，"失得"就是得理则吉，失道则凶。就个人一时的遭遇而言，未必有德便会吉。德与福的张力在儒家那里一直存在，在《易》的诠释中表现得尤为突出。船山的解决也比较复杂，值得我们仔细阅读、思考和玩味。

以上是就《内传发例》的提纲做的介绍，船山晚年的《易》理甚深，需要我们在具体的阅读中加以体会。另外，同为船山晚年著作的《张子正蒙注》，也是了解船山晚年《易》学思想的基础读物，读《内传》的时候可以参考。

三　流传与影响

如果说《周易外传》最初并未引起关注，而是等到近代哲学学科建立的时候才被重视的话，《内传》被关注得更晚，主要还是因为其经注的体裁，受到了哲学家的冷落。但数十年来研究船山学的专家，还是渐渐对此书重视起来。

《周易内传》的主要版本，有抄本以及几个《船山全书》的本子。《船山全书》的各种版本情况，我们在《周易外传提要》中已提及。注本方面，郭嵩焘曾经有一个注本，十分简明，类似于感想。萧汉明的《船山易学研究》附有《周易内传发例》的注解，比较平实可靠。中国社会科学出版社收入《哲学典籍大全》的，是笔者所作的《周易内传校笺》。

（谷继明撰）

《易说》提要

《易说》（六卷），惠士奇撰。惠士奇（1671—1741 年），字天牧，一字仲孺，晚年自号半农人，江苏吴县（今属苏州市）人。年二十一为诸生，康熙四十七年（1708 年）取得乡试第一，次年

（1709年）成进士。继而选庶吉士，散馆授编修。又于癸巳、乙未两科会试充同考官。康熙五十九年（1720年）冬奉命提督广东学政，为政期间，以大力提倡经学闻名。

吴县惠氏自惠士奇祖父惠有声起，祖孙四代均以治经学闻名，惠士奇与其父惠周惕、其子惠栋均为清代吴派学术的代表人物。由于吴派学术以治经名世，知名度最高的惠栋也以阐发汉代郑玄、虞翻等人的易学著称，著有《易汉学》，因此，惠士奇的易学也因此被梁启超等学者冠以了"汉学"名号，吴派学术也被固定在了"汉学"的范畴之下。但这种判断更多的是站在"汉宋之争"的思想大背景下，以惠栋作为吴派学术代表人物而做出的结论。然而事实上，虽然惠栋的治学理路在很大程度上取法汉儒，但与其父惠士奇之间也存在很大区别，惠士奇的《易说》对于两汉、魏晋、两宋的《易》学均提出了大量质疑和批评，无论在治《易》方法还是义理阐发上，都有着鲜明的特点。

1. 重"实象"、论史事

《易说》着重强调"易象"的阐发，但惠士奇对"象"的理解则既不同于汉代学者所讲的象数之"象"，也不同于魏晋、两宋学者所喜言的义理之"象"，而认为"六十四卦皆实象"。惠士奇认为，汉人以天文、地理、物候、历法等实象配合卦爻象阐发的方法本身没有问题，但他们构建出的爻辰、纳甲系统则过于拘执象数。而义理派易学所注重的以抽象义理解说卦爻的方式同样不能为惠士奇所接受，在他看来，以纯粹的抽象概念解释《周易》，是凭空造出并不存在的"虚象"来混淆对"象"的理解。

惠士奇认为，所谓"六十四卦皆实象"，并不仅仅落于卦爻象的说解，应该将卦爻辞结合历史、政治来加以解释，以阐发《周易》中所蕴含的道理。如惠士奇便认为，《泰》卦九二爻辞"包荒，用冯河"，象征果断刚决，奋发改革，也就是历史上的王安石熙宁变法之象。诸如此类，惠士奇引用《尚书》《左传》《史记》《汉书》《国语》等史实以解释卦爻之"实象"的例子，在《易说》中多达百余次。

2. 不拘于易例与家法，旁引谶纬道家之说以言易"象"

惠士奇的易学与汉代象数易学之间的一大差别便在于，不刻意构建将所有的卦爻都要纳进同一个统一的易学体系。惠士奇认为，阐释易象也不必拘泥于易例，而只要能在"实象"标准下解释通畅即可。

惠士奇重视"实象"，实际上也表达了他对易学实际作用的重视。因而，惠士奇一方面强烈驳斥王弼、程朱形而上层面的义理诠释，另一方面也避免陷于汉儒家法或易例中。所以，惠士奇之易学不以任何理论或派别作为基础，从这一点上也便否定了以"汉学"将之归类的可能性。惠士奇既然打破一切家法或例的限制，便是为了能够更加扩大其阐发易象的取象角度和范围，虽然这一点也是为汉代象数易学家如京房和虞翻也采用的，但他们所致力的是建立一个几乎无所不包、让万事万物相配合的体系，而在惠士奇的易学中，则只求能够在某一卦象、某一爻象上阐发通达即可。也就是说，前者追求无所不包，但恰是这一点使之无处不在严格的限制之中，稍有疏忽，便可能因某一处没有配合到而谬以千里；后者则是打破前者的一切限定，而只要得其一者即可。而在实际的解说中，惠士奇不但不拘执汉儒家法与解《易》体例，更广征诸家理论以阐发易象,其中,无论是道家文献《老子》《庄子》《淮南子》,还是谶纬文献《乾凿度》,惠士奇总共数十次加以引用,并在易"象"阐发中予以充分认可。

3. 六经尊服郑,百行法程朱

"六经尊服郑,百行法程朱"为惠士奇手书楹帖。钱穆、张舜徽认为,这副楹帖的内容主旨是在区分汉学、宋学的情况下,将治学和做人之道二分,前者属汉学,后者属宋学。而王应宪则认为,这副楹帖是对于宋学的极力贬低,在他看来,"百行"不属于学术范畴,要等而下之,认为这是一句"学术口号",带有明显的"尊汉抑宋"的倾向。事实上,这些论断都是在将惠士奇的学问定义为"汉学"的前提下进行的,但无论从哪个角度来讲,惠士奇与"汉学"之间都不是这样一种简单对应的关系。"六经尊服郑,百行法程朱"一来不能以汉宋对立来看待,二来也不应该以学术与生活二分的角度来看。"六经尊服郑"实际上与"训诂之学,莫精于汉"是同一个意思,对于六经的解读当然避不开汉儒章句训诂之学,但正如同其对于汉儒训诂之学和汉代象数易学所持的态度,惠士奇并不完全以服虔、郑玄经说作为理解经义之标准,而是在具体的学术成果和治学方法上的肯定。

而在阐发经义上,惠士奇对政治思想尤其重视。在《易说》中对"实象"的阐发上,惠士奇屡次表达出对孟子的理想主义政治思想的认可,以及他对历史、政治的热情。而这一点,则是服、郑无法提供,而程、朱毕生热衷的。也就是说,将"六经尊服郑"与"百行法程朱"两者以是否归属学术二分的最大问题便在于,在惠士奇本身的学术思想中，两者很大程度上便是一而二、二而一的，而长期以来因为惠士奇所贴的"汉学"之标签影响太大，其政治思想与政治主张的影响在最大程度上被弱化了。但实际上，惠士奇以"实象"解《周易》，也旨在着力发挥《周易》的实际作用。

《易说》现存《四库全书》本、清经解本、嘉庆十五年璜川吴氏真意堂刻本、璜川吴氏经学丛书本等版本。此次整理，以清经解本为底本，文渊阁《四库全书》本为校本。

（陈　岘撰）

《易汉学新校注（附〈易例〉）》提要

《易汉学》七卷，清惠栋撰。

一　惠栋治《易》历程

惠栋，字定宇，一字松崖，吴县人。清代著名的经师、学者和思想家，吴派领袖。在清代前期，惠栋率先扬起了"汉学"的大旗，开创了新的、以汉学来研究经典的学术风气。

惠栋家号称"四世传经"，而尤其长于《易》学。惠栋不满于魏人王弼的注释，也不满于宋学，试图恢复汉代《易》学，遂作《易汉学》。该书初名为《汉易考》，但后来改名为《易汉学》，具有相当大的鼓动和示范意义。

惠栋大约在三十岁开始学《易》，三十九岁（1735年），取李鼎祚《周易集解》反复研究，"恍然悟洁静精微之旨"①（忽然间悟到了周易的精妙道理），开始写《易汉学》。四十八岁，《易汉学》初成。《九经古义》也大约在此时成书。五十三岁，他开始撰写《周易述》。此年，朝廷诏举经明行修之士，陕甘总督尹继善、两江总督黄廷桂举荐惠栋，结果落选。

后来，卢见曾任两淮盐运使，延请惠栋到扬州校刊《雅雨堂丛书》。在扬州，惠栋会晤了顾栋高、王昶、戴震等人。极大地影响了当时的学界风气。1757年，惠栋六十一岁，将亲自书写的《易汉学》定稿赠给王昶。② 次年，惠栋去世。

二 《易汉学》的基本内容和体例

《易汉学》是学案体著作。在这部书中，惠栋很少展开自己的诠释和议论，而是以蒐集、排比汉代《易》学资料为主。但这并不意味着此书仅仅踵袭前人，无所是非，没有创见。

在清初，宋学已经呈现颓势，但仍是主要的学术思想。在这个背景下，揭起汉学的旗帜，本身就是一种学术转型，《易汉学》恰恰是这个转型的代表。惠栋在《易汉学》《自序》中说："《春秋》为杜氏所乱，《尚书》为伪孔氏所乱，《易经》为王氏所乱。"（《春秋》的意思被杜预注释所扰乱，《尚书》的意思被伪孔（假托孔安国）的注解所扰乱，《周易》的意思被王弼的注释所扰乱）其中杜预、伪孔注都因袭汉儒，尚能残存一二；而王弼对于汉易的变革，则是颠覆性的。沿着这个风气下来，又有了宋人的新

---

① 惠栋：《松崖文》钞，《续修四库全书》，第一四二七册，第287页。
② 王昶：《春融堂集》卷四十三，载《续修四库全书》第一四三八册，第108页。

《易》学。所以惠栋尤其不满《易》学的现状，而在《易》学中恢复汉学，相较于其他经典也最困难。

欲恢复汉《易》，可资借鉴的，主要就是《周易集解》。唐人李鼎祚撰《周易集解》，因不满于朝廷颁布的《周易正义》专门宗主王弼，要"刊辅嗣之野文，补康成之逸象"（把王弼注中不对的删去，郑玄有所欠缺的加以补充）。但此书所采诸家，郑玄注并不多，最多的是虞翻，其次是荀爽。西汉的施雠、孟喜、梁丘、京房诸家，《集解》几乎未保存。还要求之于《周易集解》以外的资源。

孟喜《易》学的一个特色，是卦气说。所幸的是，历代正史的《历志》多载当时历法制定的原理，而《正光历》等历法，多取卦气作为定气和推事的依据，所谓"推卦用事"（依照六十四卦安排生活）。根据一行的《卦议》《正光历》等，孟喜的卦气说大致可以复原。同时，京房的卦气说，还散见于正史（如《后汉书》）、《京氏易传》的一些记载。

虞翻《易》学，《周易集解》保存得最多。同时，他自称家世传孟氏《易》。那么，通过复原虞翻《易》学，也可以略窥孟氏《易》之一斑。虞翻说《易》，除了互体、取象等象数体例之外，比较有特色的是纳甲说。惠栋因而据《参同契》的纳甲说进一步补充虞翻。

对于京房而言，他注释《周易》的书也已亡佚，但由于他被术数家所推崇，所以大量的术数类著作托他的名字保存下来。这些著作未必是京房本人所撰，但其理论基础和象数结构基本上继承自京房。《京氏易》这部分，惠栋基本上就是以京氏的占筮理论和条例为原型来讲的，只是淡化了其中筮占的色彩。

郑玄的《易》学，惠栋应该是最熟悉的。相较于汉代其他诸家，《郑氏易注》最晚亡佚。宋代王应麟就曾辑佚《郑氏易》，后来惠栋专门重新加以补订。惠栋有一个判断，认为汉末三国诸家，虞翻最深，荀爽次之，郑玄又次之，郑玄的《周易注》大概是行旅中所为，撰次仓促，不如其他经注深粹。

荀爽读"箕子"为"其子"，与孟喜弟子赵宾的读法一致。惠栋认为，这是荀爽深得汉人家法的证明。其乾升坤降之说，又与虞翻的元亨利贞成既济相通。惠氏所录荀氏易，主要依据《周易集解》。

通过以上一系列的钩稽参伍，惠栋基本上复原了汉代《易》学的概貌。当然，惠氏的工作也不是凭空而立，而是建立在前人的一些基础上，比如朱震、黄震、王应麟等人。其实在朱子学人中，出现了一些兼治汉学的学者，他们虽然以理学的眼光来看待汉学，但对惠栋等清代学者产生过不小的影响。

汉代《易》学留下的材料实在太少，惠栋只能根据残存的资料加上自己的推求，来作复原。故《易汉学》数易其稿，犹未完美。此书大概有几个缺憾。一是仍嫌粗略。比如虞翻部分仅仅介绍了八卦纳甲和逸象，而没有介绍最关键的卦变说；郑玄部分介绍了爻辰，而无爻体。二是缺少系统性。汉代《易》学家的思维都是比较缜密的，但由于存下的资料太少，要重新恢复其结构、呈现其系统，非常困难。三是对于汉易背后之道的把握，《易汉学》没来得及展开。

这些遗憾，部分地在晚年的《易例》中得到弥补，特别是

《易例》对于《周易》之根本道理的揭示，十分深刻。象数知识方面，更系统的要待张惠言完成。张惠言对于虞氏易学的重构，十分精巧。精巧化的代价可能是加入自己太多的见解；而《易汉学》这种给出材料、间下己意，使学者自求之的模式，反而有优点。要言之，张惠言的《易》学后出转精，但还是有惠栋谓之先道。《易汉学》的地位，是十分重要的。

三 《易汉学》的版本流传情况

《易汉学》一书的主要版本，有抄本、刻本两个系统。

复旦大学图书馆所藏稿本《易汉学》，是比较早的本子。它比四库本、《经训堂》本少了许多条目，有些批评理学的文字，在后来的本子中也删去或改写。此本半页十行，行二十四字。漆永祥认为：书版左下角有"红豆斋藏书钞本"字，盖为惠氏亲笔。[①] 其次是陆锡熊家藏本，后来成为《四库全书》本的底本。再次是王昶藏定本。王昶回忆说："丁丑与余客扬州，始定此本，命小胥录其副，以是授余。"[②] 此稿可视为惠栋最终定稿。王鸣盛、褚寅亮皆考订过此书。

《易汉学》的刻本系统，主要以《经训堂丛书》本为主。此版本半页十一行，行二十二字。当刻于乾隆五十年或五十二年河南巡抚任上。虽未明言所据底本，但我们推测源出王昶藏"定稿"。后来王先谦刻《清经解续编》，收入《易汉学》，所据底本即是《经训堂丛书》本。

[①] 漆永祥：《惠栋易学著述考》，《周易研究》2004年第3期。
[②] 王昶：《春融堂集》卷四十三，《续修四库全书》第一四三八册，第108页。

另外，四库本和《经训堂》本、《清经解续编》本皆有第八卷，内容是"辨河图洛书"等。但此卷在复旦稿本中并不存在，且《易汉学自序》也仅仅说七卷。漆永祥指出，此卷原来是附在《周易本义辨证》之末。① 漆说论之已详，今不赘述。

附《易例》提要

《易例》，上下两卷，清惠栋撰。

惠栋及其《易》学的简要介绍，已见上文《易汉学》的提要中。《易汉学》还是有一些遗憾，《易例》则试图弥补这个遗憾。相较于《易汉学》，此书有以下几个特点：

首先，《易汉学》以人物为纲，介绍每家的具体学说，各家之间的体例不免有重复。《易例》则打散各家，以体例为纲，进行纂辑。

其次，《易汉学》鲜下己意，而《易例》却颇多论定。

最重要的在于，《易例》作为晚年作品，鲜明地表达了惠栋的义理和经世诉求。惠栋在《易例》中指出，孔子作《易》，首先是要赞化育，其次是寡过。这当然有所针对。比如有人强调《易》是卜筮之书，用来指导自己的人生。而惠栋却说，这仅仅是次要的功用；首要的意义则是赞化育。所以惠栋还将《易》与《中庸》相贯通，作《中庸注》。他有竭尽心力考察古代明堂之制，其实是要借此构建他心目中的宇宙—政治论模型。而《说卦》与明堂相关，也在《易例》中加以揭示。

---

① 漆永祥：《惠栋易学著述考》，《周易研究》2004 年第 3 期。

但《易例》毕竟是一部未完的稿件。许多条例比较散漫，所以四库馆臣对此颇有批评。另外，《易例》中间的许多条例，直接过录自《易汉学》的一部分。

尽管有诸多不足，却也不能掩盖此书的光芒。通过此书，以及《明堂大道录》等书，我们可以看到惠栋的《易》学不是琐屑的考据，也不是"信古而愚"（愚蠢地一味相信古人），乃是有其宏伟志向和深刻体悟的。

此书最早是由李文藻收入《贷园丛书》中加以刊刻，半页十一行，行二十二字。《四库全书》即据此誊录，后来的《清经解续编》本亦据此刊刻。此外，还有《借月山房汇抄》本、《指海》本，亦皆祖于《贷园》本。

（谷继明撰）

《周易学》提要

《周易学》是吴县曹元弼先生的作品。曹先生（1867—1953年）字毅孙，又字师郑，一字懿斋，号叔彦，晚号复礼老人，又号新罗仙吏。其撰作缘起于光绪戊戌年，张香涛撰《劝学篇》，叔彦先生亦撰《原道》《述学》《守约》三篇以相呼应。不久，张香涛命叔彦先生编《十四经学》，立治经提要钩玄之法，约以明例、要旨、图表、会通、解纷、阙疑、流别七目。此后叔彦先生发愤覃思，闭户论撰，寝食俱忘，晷刻必争，专注于十四经学的创作。《周易学》与《礼经学》《孝经学》于光绪丁未年同时撰毕，并于宣统元年刊成，《原道》《述学》《守约》三篇列于前。

《原道》一篇论经学之宗旨。六经之立，皆以扶植纲常，笃实爱敬，胶固王道，从而生民相生相养相保，捍灾御患，救国家万民于水火之中。《述学》一篇论历代经说之是非，使学者得其门而入。经学昌明，兹事体大，而经义繁杂，众说纷纭，何以择善而从？一言以蔽之，曰：得孔氏之传者为是，背孔氏之传者为非。《守约》论诸经之核心要义。盖此危急存亡之秋，不能皓首穷经，当守约而施博，归时而达用。

三篇之后，又有《十四经学略例》和《〈周易〉、〈礼经〉、〈孝经〉三学合刻序》。《略例》依照张香涛《劝学篇》所列七目，设立十四经学的体例。现依《略例》之七目，为《周易学》提要如下：

1. 明例

"例者，经之所以为体。"明例，即表明经书的体例。考虑到体例的复杂性，叔彦先生又在《明例》一篇中分出《通例》与《别例》。《通例》叙述经书的一般体例，《别例》阐明各家经师的家法。叔彦先生在《周易学》的《通例》之下列"生蓍倚数""立卦""生爻及六十四卦变成既济""系辞""十翼"五条目，借鉴历代经说，阐述生蓍立卦的过程，揭示六十四卦皆成既济，澄清系辞、十翼的基本内容。《别例》之下分为"郑氏例""荀氏九家例""虞氏例""汉、魏诸易家例""王弼注例""孔氏正义例""李氏集解例""程传例""朱子本义例""惠氏易学例""张氏易学例""姚氏易学例""治易例"十三例，详述各家解易特点，点评各家之得失，权衡各家之长短。

2. 要旨

"旨者，经之所以为心，圣人所以继天觉民、幸教万世。"叔彦先生依照顾亭林《日知录》的体例，掇举《周易》中最重要的经句，广引诸家之说，探求圣人立教治世之道，体察圣人吉凶与民同患之情。《要旨》最经常征引者，为郑氏、虞氏、程氏、惠氏、张氏、姚氏，以及王氏应麟，而尤尊郑氏、程氏。诸家不明者，叔彦先生断下己意。疏通经义，探赜索隐，于易学功莫大焉。

3. 图表

"取旧图、旧表尤要者著之，正其误，补其阙。"叔彦先生"依《通例》次第图之，附《别例》虞氏图"。此处所列之图表，形象地展现了《通例》所言生蓍倚数、立卦、生爻等过程。末尾附有虞氏消息图，以解其纳甲之法。

4. 会通

"极论一经与群经相通大义，条列事证。"易道于六艺之文，无所不贯，叔彦先生仿《汉书·艺文志》和郑君《诗谱》例，按照《书》《诗》《周礼》《仪礼》《礼记》《左传》《公羊》《谷梁》《孝经》《论语》《孟子》《尔雅》的顺序，而于《礼记》中又特别举出《中庸》，依次阐明《周易》与其他经书宗旨之会通。故而，《周易》之"扶阳抑阴""皆成既济""履信思顺""思患豫防"等思想得以与《春秋》"拨乱反正"、《中庸》"天地位万物育"、《孝经》"至德要道"、《孟子》"生于忧患"等义相互发明，相得益彰。

5. 解纷

"举各经尤难明而切要之义，穷源竟委，明辩之，俾学者一览而悟。"《解纷》即是对易学史上聚讼纷纭之处进行辨析、调解，并定下结论，内含三篇：《重卦之人及三易考》《〈周易〉〈卦辞〉、〈爻辞〉及〈文言〉名义考》《〈周易〉分传附经考》。第一篇叙述了孔颖达的观点，即伏羲为重卦之人，《连山》和《归藏》分别为黄帝和神农时书。叔彦先生对此予以肯定，尽管郑君观点与此相异。在第二篇中，叔彦先生固守文王作《卦辞》及乾坤《爻辞》、周公作屯以下《爻辞》之说，反对自宋人欧阳永叔《易童子问》以来以至同时代康有为的疑古异说。其以"文言"为"文王之言"，又发千古未发之义。叔彦先生在第三篇中力辟以《三国志》"高贵乡公幸太学"为据主张分传附经自郑玄始的观点，以扎实的考据功夫和严密的逻辑推理，还郑君清白，不愧为高密功臣。

6. 阙疑

"各经多寡有无不定，备存其目而系以说。"《阙疑》是对暂时无法澄清的问题叙述大概，存而不论，以待贤者。此目下有文一篇：《〈河图〉、〈洛书〉、先天、后天疑义略》。叔彦先生细致地叙述了易学史上关于《河图》、《洛书》、先天、后天的争论，多闻阙疑，不强为其说。

7. 流别

"详叙经传源流，标举各家，撰述要略，并列经注疏各本得失，俾学者知所适从。"《流别》的目的在于使学易者有所适从，分为《〈周易〉注解传述人》《〈周易〉各家撰述要略》两篇。前者全录陆德明《经典释文》所述易学传承和著作状况，后者将易学分为"汉易""王弼易"和"宋易"三类，结合《别例》，阐发各家撰述要略。于汉宋易学之中分出王弼易类，实际上将王弼易学逐出正统易学。

《周易学》以汉学为主，兼采宋学，重视易象，不尚卜筮，反对玄虚，强调人伦关系，突出忧患意识，当于后学考镜源流、疏通经义、经世致用甚有助益。

（周小龙撰）

（二）书类

《融堂书解》提要

《融堂书解》二十卷，南宋钱时撰。

钱时，字子是，严州淳安（今浙江省淳安县）人。生于宋孝宗淳熙二年（1175年）。幼奇伟不群，读书不为世儒之习。以《易》冠漕司，既而绝意科举，究明理学。尝从故宝谟阁学士杨简游。紫阳朱文公亦尝访论，深合道契。江东提刑袁甫作象山书院，招主讲席，学者兴起，政事多所裨益。丞相乔行简知其贤，特荐之朝，授秘阁校勘。未几，出佐浙东仓幕，太史李心传奏召史馆检阅。旋以国史宏纲未毕求去，授江东帅属，归。退居蜀阜玉屏街北山之冈，创融堂书院。卒于宋理宗淳祐四年（1244年），葬蜀阜（今浙江省淳安县威坪镇蜀阜村）。其事具见《宋史》本传、《蜀阜存稿》卷首《融堂先生行实》。著有《周易释传》《尚书演义》《学诗管见》《春秋大旨》《四书管见》《两汉笔记》《蜀阜集》《冠昏记》《百行冠冕集》九种，今存《尚书演义》《四书管见》《两汉笔记》《蜀阜存稿》四种。

《融堂书解》，又称《尚书演义》《尚书启蒙》。本书旧本久佚，四库馆臣自《永乐大典》中辑出，依照注疏本五十八篇之序重为编次。其中《伊训》《梓材》《秦誓》三篇全佚，《说命》《吕刑》间有阙文，余尚皆篇帙完善，不失旧观。本书现存文渊阁、文津阁、文溯阁、文澜阁、武英殿聚珍版诸本。本次点校，以文渊阁本为底本，校以文津阁本、文澜阁本、武英殿聚珍本，同时核对《永乐大典》残卷，尝试搜求他书中所引佚文。全书最后附录历代书目著录、历代序跋评论、作者生平资料等。

两宋之时诸多学者都对《尚书》有所疑辨，钱时的立场则完全相反。例如北宋徽宗时吴棫曾从文体角度质疑部分篇目为伪："安国所增多之书，今书目具在，皆文从字顺，非若伏生之《书》屈曲聱牙，至有不可读者。"钱时则认为这种文体差异是由史官写作风格不同导致的："篇内'王曰'，皆周公以王命诰。史述当时之语，润色成文，故谓之'王若曰'也。此后如《大诰》《康诰》《酒诰》《梓材》《召诰》《洛诰》《多士》《君奭》《多方》之文，独聱牙与《盘庚》无异。若谓皆周公所作，则《无逸》《立政》《微子》《蔡仲之命》等篇，又何其平易也？以此知《大诰》诸书乃史氏所记，当时秉笔者适为此文体，故特不同耳。本朝欧、宋二公同修《唐史》，其立言斩斩不类，是乌足怪哉？"又如朱熹曾怀疑《书序》非孔子所作："《书序》不可信，伏生时无之，其文甚弱，亦不是前汉人文字，只似后汉末人。"钱时则认为《书序》不仅是孔子所作，而且是理解全篇之意的锁钥，正如《诗序》之于《诗三百》的意义一样。这种态度在《汩作》、《九共》九篇、《槀饫》之《序》的说解中表述得最为清晰："愚痛念古《书》百篇，而不存者四十有二，今幸先圣之序，发明经旨，粲然具在。书虽亡而义犹未泯也。篇名湮没不著，而学者视之几若赘疣，岂不甚可惜哉！"因此钱时对百篇《书序》一一进行详细疏解。又将《书序》与《春秋》相提并论，二者皆可体现孔子的微言大义。南宋经学发展至乾、淳之际，正值朱熹一派学者陆续提出经学新见，钱时则承袭较为传统的经学立场，反映出南宋浙东学派的某些特点。

钱时思想远取《孟子》《中庸》，近承陆九渊、杨简，而建构出一套完整的心学体系。在《尚书》的说解中，则每每借助三代人物和史事阐发其心学思想。钱时认为"本心"是超越任何时间和空间限制的，且先天地包含仁义礼智等伦理道德原则。本心体用如一，倘若能够保存本心之纯然，当日用之中遇事接物之际，则能自然达到六通四辟之妙用，应对自如，无所滞碍。宋理宗宝庆二年（1226年），其师杨简去世，葬于五峰，简之子恪筑庵，钱时为之记。《记》中说："孩提之童无不知爱其亲者，此不学之良能，此不虑之良知，此万古人人所同有之本心也。此心无体，变化无方，通于神明，光于四海，无所不通。见孺子将入井，则自恻隐者此也；见可羞可恶之事，则自羞恶者此也；宜辞自辞，宜逊自逊，是自知是，非自知非者此也。以此事君自忠，以此临民自爱，兄弟自友，夫妇自别，朋友自信，岂外袭而取之哉？"这是钱时对"本心"概念的较为完整的表述。

然而，常人并不是自然而然地便能保持本心的纯然状态，会被各种气习和私意所熏染蒙蔽。需要注重日用工夫，时时向内省察，最终方能克尽私意、回复本心。在具体修养方法层面，钱时特别注重"敬"的作用，例如在解释《尧典》"钦明文思安安"

时说:"作书者首著一'钦'字,甚为切要,圣学工夫全在'敬'上。罔念作狂,克念作圣,敬不敬而已。"心只是一个心,既包含本心之理,亦兼具个体之心的习染,善恶并存,作狂作圣都有可能。只有时时持敬,方可保存本然之心,而不受习染所惑动。

钱时治学并不墨守师说。在《尚书》的解读上,杨简著有《五诰解》,钱时与之多有异见。杨简心学特别强调"心之精神是谓圣"一语,钱时对此有所引申和发挥。此外,钱时对于天命的认识,对于灾异现象的解释等,都是高度理性化的,从中可以看出南宋理学的时代风貌。

钱时为当世大儒,每于书院讲学,四方从学者云集。然自南宋末年至元代,朱熹、蔡沈之《书》学逐渐定于一尊,钱时之书遂泯没不闻。乾隆后期此书重见天日以后,学者纷纷阅读,百年之间多位学者曾作有序跋,或在其《尚书》著作中称引其说。四库馆臣称其书为"宋人经解中之特出者",卢文弨在乾隆四十六年为此书所作跋文中亦盛赞道:"此等议论,皆能自抒己见,批却道窾。后学得此,蓄疑可顿释矣。"于此可见点校此书不仅仅具有经学史、思想史意义,对理解《尚书》文意亦不无裨益。

钱时另有《蜀阜集》十八卷(《千顷堂书目》卷二十九),该书久已散佚,民国十六年(1927年)刊《徐氏家集七种》附有《蜀阜存稿》三卷,四川大学编辑《宋集珍本丛刊》时收入该本。今以此本为底本,并参考北京大学中文系所编《全宋诗》、四川大学古籍所编《全宋文》中的校勘成果,采集佚诗佚文附录于末。

(张高博撰)

（三）礼类

《读礼疑图》提要

《读礼疑图》二十六卷，明代季本撰。季本（1485—1563年）字明德，号彭山，浙江会稽人。少从其兄季木治《春秋》，以是经闻名于诸生，弱冠中乡试经魁。正德十二年，授建宁府推官。宸濠作乱时，季本守分水关，遏其入闽之路。历任监察御史、南京礼部郎中、长沙知府等职，《长沙守季彭山先生本传》说："先生历郡县，所至辄有声。其平讼狱，宽徭赋，赈饥捍患，绩甚众。"后因政事严苛，锄击豪强过当罢归，里居二十余年，讲学著书不辍。

季本精于考索，重视实践。他早年丁忧，家居十二年，未尝一日释卷，上自经史，下逮星历度数、地理兵农，无不穷究，但未领其要旨。后师事王阳明，听闻良知之旨，乃尽弃所学，一意《六经》。曾考察黄河故道、海运旧迹，辨别三代疆土、春秋川原。罢官后，载书就居诸禅寺，诵读其中，手自校雠，凡二十余年。平生著作甚丰，有《易学四同》《诗说解颐》《春秋私考》《四书私存》《说理会编》《读礼疑图》《孔孟图谱》《庙制考义》《乐律纂要》《律吕别书》《蓍法别传》，共一百二十卷。

《读礼疑图》，又称《礼疑》，是季本致仕后撰写的礼学著作。全书凡六卷。前三卷详论《周礼》赋役之法，认为是书成于战国，多是邪世之制、迂儒之谈。《孟子》记载"有布缕之征，粟米之征，力役之征，君子用其一，缓其二，三者之外，别无征焉"，但《周礼》的征敛却远不止此，赋役繁重，民不暇给，正与轻徭薄赋之意相反。故季本将昔日读《周礼》之所疑，绘成礼图，具于篇首，旁列《周礼》《孟子》及相关典籍，又采诸家注释于下，并以"今按"的形式考证辨析。卷一主要围绕"田亩法"，讨论了田亩制度和田赋制度等议题。卷二主要围绕"赋役法"，讨论了国土划分、赋役之法、分田制禄等议题。卷三主要围绕"出军法"和"乡职"，讨论了乡遂、都鄙的出兵制度和周代的邑宰之职、乡学之教。正文部分引录了《周礼》《孟子》《礼记》《诗经》《尚书》《春秋》《春秋谷梁传》《论语》《尔雅》《司马法》《尚书大传》《汉书》等书；集解部分包括经书的注解和礼家的议论；季本的按语旨在辨别诸说的得失，驳斥《周礼》的妄作。

后三卷包括《礼图本原》和《礼图参考》，这两部分无图，编排方式和前三卷相同。《礼图本原》意在阐明《孟子》谈及的先王制度。季本以为，三代的法制，至周而大备，但坏于春秋、战国，典籍消亡殆尽，唯《孟子》能言其大略，故《礼图本原》具载《孟子》之文，详加说解。这部分的内容较少，不到卷四篇幅的六分之一。正文共引录了十二条《孟子》原文，涉及征税、王政、井田、分田制禄等议题；集解部分只引了朱子的《孟子集

注）；季本本人的意见已经散见于前三卷，故《礼图本原》的按语较为简略，并无太多新见。

《礼图参考》历评自汉至宋的田制、军制得失。季本在序中说，汉代制度近古，保留了先王的遗意，后代法度虽不如汉，然未尝无可取之处，故论叙于后，以备参考。卷四讨论了历代的"田制""卒役""职役"以及汉初的"军制"；卷五紧接上卷，讨论了自汉至唐的"军制"；卷六讨论了五代、宋代的"军制"。《礼图参考》的正文部分引录了历代正史、《资治通鉴》《续资治通鉴长编》《通典》《文献通考》；集解部分包括史书的注解、朝臣的疏札和名家的议论；季本的按语旨在评价历代制度的优劣。

《读礼疑图》在明代已刊刻问世，《万卷堂书目》《国史经籍志》《千顷堂书目》均有著录。此书最大的特点，莫过于前三卷的礼图，其中大部分都被收入万历三十七年刊行的《三才图会》，如《地理图会》"夏贡五十亩图""井田沟洫之图""贡法沟洫之图""贡法洫浍之图""殷田庐舍之图""殷助七十亩图""天子国中之图""王畿千里郊野图""王畿六乡六遂图""大国百里郊野图""次国七十里郊野图""小国五十里郊野图""大国三乡三遂图""次国二乡二遂图""小国一乡一遂图""乡遂军图""《尔雅》郊外五界之图""井邑丘甸总图""井邑丘甸都鄙图""一成之图""邦国一同之图""周彻百亩之图""周田庐舍之图""一亩三畎之图""百亩十阡之图""禄田圭田图""正夫余夫图"；《方田诸图》"今田古田图"；《宫室图会》"五亩宅图"；《古器类》"尺图"。《读礼疑图》在当时的影响，可见一斑。到了清代，此书一度销声匿迹，《四库全书》将之归入《礼类存目》。清人援引此书，大多是转录自他人著述，如焦循《孟子正义》、陈立《公羊义疏》转引周柄中《四书典故辨正》所录《读礼疑图》"农民所宅，必是平原可居之地"云云。今此语见于《读礼疑图》卷一"四民皆有常业国内无农论"下，以为农民之宅当在近田平原处，非如旧说所谓"公田为庐舍"。陈立的按语直谓"周氏说"云云，并无一语提及季本，可见《读礼疑图》在清代并未得到重视。

现今可见的《读礼疑图》版本有《四库全书存目丛书》所收北京大学图书馆藏明嘉靖刻本，中国国家图书馆藏另外两种明刻本，一种为五卷残本，一种书首有"巴陵方氏藏书"字样。三个版本版式、页数、字体皆完全相同，应属同一版刻。这次点校以《四库全书存目丛书》本为底本，以巴陵方氏藏书本及五卷本作为参校。

（胡雨章撰）

《〈周礼·大司乐〉集注汇释》提要

《周礼》作为儒家"十三经"之一、"三礼"之首，两千多年来，在思想、道德、政治、经济、文化、法律等各个方面，对传统中国影响巨大。其中《春官宗伯》一篇，记录并反映了周代礼、乐官制与职能，对研究早期中国礼乐文明的具体形态，诗教与乐教的授受方式，传统思想的递进过程，有巨大帮助。然此篇中尤为重要者，乃"大宗伯"之下与"小宗伯"同列为中大夫的"大司乐"一职。该职与其下二十音乐职官可视为整体，乃《周礼》一书中言乐事者之核心，历来被视作研究两周乐官以及周代礼乐最重要的经典史料。甚至有学者将之目为"六经"之一的《乐经》，其重要程度可想而知。

《周礼·大司乐》篇自汉初发见之日起，直至清末，其为诸多学者所格外关注，关于其研究状况，笔者已于拙作《〈周礼·春官宗伯〉研究综述》（载《中国诗歌研究动态》第十四辑）中从历时的角度予以介绍，这里重点从"四部"分类的角度，谈谈典籍中《大司乐》的研究状况。

首先，《大司乐》篇隶于《周礼》之中，故对其研究考证于"三礼"中多见，以《周礼》历代之注疏为最，《〈周礼·大司乐〉集注汇释》汇集了自汉至清近两千年间八十余家之说法，萃于一编，俾令读者阅此一书而对近代以前历史上有关《大司乐》篇之研究基本掌握。据本人整理、校录《周礼·大司乐》历代要籍之体会，此类典籍中，最为重要者有四部，堪称总结其所处时代之关捩，分别为：唐贾公彦《周礼注疏》、宋王与之《周礼订义》、清初官修《周官义疏》、晚清孙诒让《周礼正义》。此四部书分别总结了唐代之前、有宋一代、清初之前、明清两代的几乎所有《周礼·大司乐》相关重要学说，堪称礼学之义府。

其次，《大司乐》乃中国古代音乐文献中最早、最成体系之材料，也常被学者目为《乐经》，故"经部·乐类"图书中，有不少文献与《大司乐》密切相关，如宋陈旸《乐书》、蔡元定《律吕新书》，明韩邦奇《苑洛志乐》、朱载堉《乐律全书》、黄佐《乐典》，清吴颖芳《吹豳录》、李光地《古乐经传》等。其或拈出《大司乐》篇中重要材料为之疏释，或引其文以证他说，或尊《大司乐》为《乐经》，通篇为之疏解，不一而足。

再次，《周礼》所载"大司乐"一职为周代乐官之长，对周王室乐官之研究，隶于史学中极其重要的职官研究之中。故"史部·职官类与政书类"中，对此职亦偶有涉及。另外，《史记》与《汉书》中，亦有涉及《大司乐》之相关材料。尤其《汉书·艺文志》所录窦公献《大司乐》之事，乃"大司乐"除《周礼》外见于"纸上文献"之最早记录，其重要性自不待言。

复次，"子部·杂家类"中收有大量明清学术笔记，其中有些著作，对《大司乐》有所考订，有些考订十分重要，是不可忽略的前人研究成果。本书第一章所证传世文献记载中窦公献大司乐之事，所涉及材料中《风俗通》等书，即属于"子部·杂家类"。另外，"子部·类书类"中收有《太平御览》等大型类书，对前代史实颇有征引，此类异文亦值得关注。除了类书之外，子部中艺术类图书，如《书断》，以及子部中的姓氏书，如《古今姓氏书辨证》等，由于保存窦公献大司乐之事，故亦不可轻视。

最后，"集部"中有关大司乐之文献，主要集中于后世学者文集中的考订文字，此类研究也颇为零散，掇拾不易，需耐心通览，细细查检。

总之，清代及之前对大司乐的研究遍及四部，而以经部最多。而古代学者多信奉经说，遵从郑注，不敢稍有违背，此以今日研究者看来，其中疏漏尚有不少。故于古人研究中，能疑之者尤为可贵。历代学者中，除郑、贾、孙三人注疏之外，能于疑惑处见真学问者，清人吴廷华与吴颖芳是也，此二人之书于《大司乐》

研究不可废，值得认真借鉴。

作为《乐经》之孑遗，与其他"五经"（《诗》《书》《礼》《易》《春秋》）相较言之，有关"大司乐"之研究，亦不可谓不多，甚至以汗牛充栋来形容，亦不为过。然其文献错综，归理不易，究其因有二：

其一，群经相通，经注疏错杂交织。或有学者疑《乐》本无经，全在声调音曲之口耳相承，然于典籍所观，"乐"于四部频见，以经部尤著：诗乐本自不分，故《诗》类文献之大部亦可算作《乐》类文献；《书》与《春秋》载礼乐之事，故乐之制度，赖此维系；礼乐一体，肇自周公，故三《礼》于用诗用乐颇有记载；《周易》为群经之首，乃宗旨纲领，对乐之总体布局、编排、风格有重要影响。是故现存经部虽并无《乐经》，但对大司乐之研究却可谓遍及群经。然经部图书肇自先秦，间历汉唐宋人之注疏，文献数量以几何级数增长，故司乐之研究文献胶葛于诸经之注疏中，亟待清理疏解，使之秩序井然，意义方得彰显。

其二，四部交叠，乐类故实遍诸载籍。礼乐作为先秦重要的社会制度，其影响不只在上古精神思维之构建，道德品性之培养，其波及后世，非一代也，后世著述中涉及礼乐之处甚多，表现在四部所收书的各个方面。经部已如前所述，后世又置"乐类"于其中，关于"大司乐"之研究，以此为最；司乐为音乐职官，其递相传承之迹，于史部官制之属中最为可观；司乐所掌乃音乐之事，故凡曲艺、音乐诸事，于子部可见；又集部《乐府诗集》等乐府类著作，因其收有后世司乐相关职官所掌歌诗，而为人所重，虽时代较晚，但"传统是一条河流"，在《乐经》亡佚的前提下，于后世音乐文献之征考，往往可见前代乐官、乐制之光影。

本书首次将《大司乐》相关注释、研究文献收集整理，校录于一编，虽整理多年，但挂一漏万，有些已校录好的注本亦尚未来得及分录于诸经条目之下，惟愿读者朋友多多指正，以待再版时增补。

（王霄蛟撰）

（四）春秋类

《春秋释例》提要

《春秋释例》，西晋杜预撰。杜预（222—285年），字元凯，京兆杜陵（今陕西西安东南）人，曹魏至西晋时期著名的政治家、军事家和学者。杜预以"博学多通，明于兴废之道"闻名于当时，常自述其志说："德不可以企及，立功立言可庶几也。"

杜预出身官宦世家。祖父杜畿，字伯侯，曹魏时官拜尚书仆射，为文帝曹丕试船，遇难于孟津。追赠为太仆，谥曰"戴侯"。父杜恕，字务伯，为人清正。明帝曹睿时为散骑黄门侍郎，在朝中不结交朋党，不攀援上司，所发议论皆切中要害，诚恳率直。后历任弘农太守、河东太守、淮北督护军、御史中丞、幽州刺史等职。由于不能与同朝中人和谐相处，屡遭外放。后因遭征北将军程喜弹劾，被免官废为庶民，流放至幽州彰武郡（今河北省中部）。不久，司马懿发动"高平陵之变"，控制了曹魏政权。由于杜恕与司马懿关系并不融洽，终未得赦，嘉平四年，卒于贬所。

司马昭时代，杜预受到司马氏重用，与司马昭之妹高陆公主成亲。参与钟会伐蜀战争，任镇西长史之职。钟会灭蜀之后，联合蜀将姜维，反叛曹魏，魏军佐僚皆遇害，唯独杜预"以智免"。

杜预在政事和军事上颇具才能，协助车骑将军贾充等制定晋律，杜预为之作注，该律于泰始四年颁行。又历任河南尹、安西军司、秦州刺史领东羌校尉、支度尚书等职。杜预尚书任上七年，曾向晋武帝司马炎提出"立籍田、建安边、作人排新器、兴常平仓、定谷价、较盐运、制课调"等五十多项治国治军重大政策建议，均被武帝采纳。杜预曾据《仪礼·丧服》，议论晋武帝皇后杨艳丧礼服制，反对既葬即行变除而用吉祭，建议"皇太子宜复古典，以谅闇终制"，变通三年之丧的古制，其主张亦被朝廷采纳。杜预又因当时通行的历法不合晷度，舛差颇大，经过推算，重新订出《二元干度历》，奏请朝廷，获准颁行。洛阳交通要道孟津，行船渡河非常艰险，常有覆灭之患，杜预力排众议，在富平津（孟津东北）建黄河大桥，武帝赞曰："非君，此桥不立也。"咸宁四年（278年），天降淫雨，蝗虫大起，杜预上疏陈述农事的重要方针，《晋书·食货志》多有记载。杜预又成功制做人排新器，并复制出久已失传的欹器，促进了农业生产及科技发展。七年中，杜预参与革新事项不可胜数，朝野皆称其美，并赠外号"杜武库"，形容其才略智谋"无所不有"。

晋武帝司马炎制定了灭亡孙吴的战略，朝中众臣多不赞同，唯有杜预、羊祜、张华支持武帝的计策。因此羊祜患病后，推举杜预代其统兵。杜预由此成为西晋灭吴主要的谋划者，官拜镇南大将军、都督荆州诸军事等职。咸宁四年（278年），杜预攻袭吴国西陵督名将张政，大破之。又离间吴主孙皓与张政，促使武昌监刘宪取代张政，孙吴遂成"倾荡之势"。太康元年（280年）正月，武帝发起灭吴战争，陈兵二十万，分为六路，大举进攻吴国。杜预任西线指挥，包围江陵，奇袭江南乐乡，活捉吴军都督孙歆。取得江陵之后，进而占据荆州，顺势东进联合攻打孙吴国都建邺。晋武帝灭吴终告成功，杜预以军功进爵"当阳县侯"。

杜预与人物接触，与朋友结交，谦恭而有礼。别人求教，杜预往往"问无所隐，诲人不倦"，又"敏于事而慎于言"。杜预本身武艺不强，史称其"身不跨马，射不穿札"，然而朝廷每有军事行动，杜预常居将帅之列。平定孙吴之后，杜预以其家族世代文吏为业，武事非其所长，故向武帝请退。武帝不许。平吴立功之后，杜预从容悠闲而无所从事，于是沉溺耽思于经籍，修著《春秋左氏传集解》。又参考各家宗族世系，撰成《春秋释例》一书。又撰写《会盟图》、《春秋长历》等书，至老方才完成，遂成一家之学。

《晋书·杜预传》称当时人评论杜预"文义质直"，并不看重杜预的著述，唯有秘书监挚虞欣赏杜预，认为左丘明为《春秋》作《传》，《左传》因此独行于世；《春秋释例》为《左传》而作，所发明的经义不只局限于《左传》，所以也会独行于世。然而考查稽含着《南方草木状》一书，武帝曾赐给杜预密香纸万番，用以写《春秋释例》及《春秋经传集解》，则说明时人是看重杜书的。《晋书》称"世人未之重"，未必可信。当时，王济有相马的本领，极其爱马，和峤喜欢敛聚钱财，杜预常说："王济有马癖，和峤有钱癖。"武帝听闻后，问杜预："卿有何癖？"杜预答："臣有《左传》癖。""《左传》癖"遂传为佳话。

太康五年（285年）闰十二月，杜预被征，任司隶校尉，行至邓县，突然病故，终年六十三岁。武帝司马炎为之悼痛，追赠征南大将军、开府仪同三司，谥号"成侯"。杜预对于后世的名声很看重，常说"高岸为谷，深谷为陵"，并刻成两块石碑，以记录自己的功绩。一块石碑埋在万山之下，一块石碑立在岘山之上（万山、岘山皆在今湖北襄阳县南）。

《春秋释例》与《春秋左传集解》二书，一经一纬，互为表里。杜预认为《春秋经》条理应以《左传》为准绳，《左传》义例当以"凡例"为旨归。《左传》称"凡"的一共五十例，其中不同的有四十九例，这些都是周公留下的文法，是鲁国旧史遗存的旧章。孔子根据这些凡例而删削《春秋》，从而使得《春秋》成为上下条贯、微言大义的通代之典。《左传》中称述的"书""不书""先书""故书""不言""不称""书曰"之类，都是用来引出与鲁史书法不同的新文例，发覆《春秋》大义的语辞，所以称之为"变例"。另有鲁史没有加以记录，但合于孔子之意的事例，《左传》也记录下来，以此发明孔子的旨义。如果不是通过文例的互相比较，就无法弄明白孔子寓于《春秋》文辞之间的褒贬。

《春秋释例》的体例是先罗列《春秋》中的经、传数条，以此来包举其他同例的经、传，然后以传文所述的"凡例"系于其后，再申述杜预本人的意见。在对《春秋》凡例罗列说明之后，杜预将春秋地名、谱第、历数，按部接续在《释例》之后。《释例》的地名部分以《泰始郡国图》为蓝本，世族谱部分则以刘向的《世本》为蓝本。《盟会图》《长历》本来都是《春秋释例》中的一篇，《晋书·杜预传》认为《盟会图》《长历》独立成书，恐怕并不可信。

《春秋释例》的撰稿应当在西晋之前，《释例·土地名》说："孙氏僭号于吴，故江表所记特略"，因此《土地名》的写作不会早于太康元年平吴之前。并且在《土地名》中，杜预用于解释《春秋》地名的郡县称谓，多用两汉、三国之郡县，与晋时不尽相合，这也说明《春秋释例》的撰写很早就开始了。

自从《隋书·经籍志》著录之后，《春秋释例》一直被各家公私目录所收录，且均注明为十五卷。止有元吴莱为《春秋释例》所作《后序》，称《释例》为"四十卷"。明以来，《春秋释例》亡佚不传，是书仅存于《永乐大典》，尚有三十篇，并有唐刘蕡《序》。《永乐大典》本三十篇中，六篇有《释例》而无经、传，其余的文本脱漏也很多。清代四库馆臣根据《永乐大典》本，取孔颖达《春秋左传正义》及其他诸书所引《释例》之文对其书进行编排补充，并校勘其中错谬，析为二十七篇，仍依据旧著录分为十五卷，以存《春秋释例》的旧貌。将元代吴莱的《后序》，一并附在书后。

《春秋释例》由四库馆臣最早从《永乐大典》中撮抄而出，并以己意重新编叙校释，因此《四库》本为今存《春秋释例》辑本的最早祖本。除《四库全书》本外，尚有嘉庆二年（1797年）庄氏刊本，孙星衍刻《岱南阁丛书》本，扫叶山房重刊本及《古经解汇函》本等传世。民国时期，商务印书馆王云五主编的《丛书集成初编》亦收录此书，并以长点的形式首次对《春秋释例》做了标点整理。商务本以武英殿《聚珍版丛书》中所收《春秋释例》为底本，与孙星衍《岱南阁丛书》本进行校勘，成《校勘记》两卷。由于《四库全书》本《春秋释例》成书最早，本书整理时仍以《四库》本《春秋释例》为底本，以孙星衍《岱南阁丛书》本为对校本，参考商务印书馆《丛书集成初编》本所收《校勘记》，对《春秋释例》以现代标点形式进行重新整理，篇目次序一仍《四库》本之旧。

（徐　渊撰）

《春秋尊王发微》提要

孙复（992—1057年），字明复，号富春，北宋晋州平阳（今山西临汾市）人。四举进士不第，于是退居泰山之阳，与胡瑗等同学苦读，聚徒讲学。后因范仲淹推荐入国子监任直讲。孙复为人刚直，如"夏日之日"，石介师事孙复，孙复坐则立，出入升降则扶之，时人有以识师弟子之礼。孙复与胡瑗、石介并称"宋初三先生"，被后世理学家等视作宋学兴起的先驱性人物。传世著作主要有《春秋尊王发微》十二卷和《孙明复小集》，另有《春秋总论》三卷，今已亡佚。《春秋尊王发微》是其病重期间弟子祖无择抄录整理而成的。

孙复在宋初对历代传承周孔之道的儒者十分推重，他在《信道堂记》中讲：

吾之所为道者，尧、舜、禹、汤、文、武、周公、孔子之道也，孟轲、荀卿、扬雄、王通、韩愈之道也。吾学尧、舜、禹、汤、文、武、周公、孔子、孟轲、荀卿、扬雄、王通、韩愈之道三十年，处于今之世，故不知进之所以为进也，退之所以为退也，毁之所以为毁也，誉之所以为誉也。

这展现了孙复自觉复兴儒学、传承儒家之道的意识，也展现了宋初儒者的基本价值取向与思想追求。

孙复的《春秋尊王发微》可以看作宋代《春秋》学的开山之作。关于《春秋尊王发微》，后世评价褒贬不一。欧阳修言：

先生治《春秋》，不惑传注，不为曲说乱经。其言简易，明于诸侯大夫功罪，以考时之盛衰，而推见王道之治乱，得于经之本义为多。①

在欧阳修看来，孙复的著作能够不被以往的《春秋》传注迷惑，不似以往的著作那样曲说而破坏经书所要传达的原意，而是能够透过经文本身来揭示圣人所要传达的"王道"。欧阳修的评价对孙复褒扬颇多，但也不是没有根据。首先，在"不惑传注"这点上，孙复本人有自己的解释和说明，孙复在《寄范天章书二》中亦指出这一点。在这点上，孙复直接继承唐代"啖赵学派"的方法，"尽弃三传"，依托经文展开思想叙述。欧阳修还认为孙复的著作的内容在于明诸侯大夫功罪、考时之盛衰、推见王道治乱，这也是符合《春秋尊王发微》一书的主旨的。至于"不为曲说乱

---

① （清）黄宗羲原本，全祖望补修：《宋元学案》第一册，中华书局1986年版，第101页。

经""得于经之本义为多"这样的评论,宋人亦有不少类似的评价,例如朱子在评价孙复时言:

近时言《春秋》,皆计较利害,大义却不曾见。如唐之陆淳,本朝孙明复之徒,虽未能深于圣经,然观其推言治道,凛凛然可畏,终得圣人个意思。①

然而对于这样的评价,亦有不少反对者,其中尤以《四库提要》的评价为代表。在"四库"馆臣看来,孙复之著作"过于深求",反而失去了《春秋》的本旨,而这"过于深求"则体现在其注经"有贬无褒"的"深刻"态度上,孙复上至天子,下至诸侯大度,无一人、无一事不加以"苛责",其著作仿佛商鞅之法,使孔门"圣经"变为罗织罪名之书。

从注经手法来看,孙复的确是"有贬无褒",且"打击面"极广。孙复虽不是绝对地认为《春秋》全都是"贬",但是所褒者少之又少,其使用"贬""恶""甚""疾"要远远多于"进""善""与",很多"进""善""与",只是"几进""几善"而已。即便有时候有"善"这样的评价,也伴随着另一面的"伤""贬"。"有贬无褒"之"深刻"的另一个体现是,孙复大量使用"交讥""三讥",即在一段注释中经常批评不同地位的对象,甚至是事件当中出现的每一个人物。孙复之"深刻"还体现在细枝末节之事亦诛,即本来一些无关紧要或很细微的事件,甚至一些经文中看起来没有明显态度的地方,孙复都要分析出"诛"的一面。

---

① (宋)黎靖德编:《朱子语类》第六册,中华书局1988年版,第2174页。

王得臣评价孙复言：

> 泰山著《春秋尊王发微》，以为凡经所书，皆变古乱常则书，故曰"《春秋》有贬无褒"，盖与谷梁子所谓"常事不书"之义同。①

在王得臣看来，孙复之所以认为"有贬无褒"，恰恰是由于其对于经书所书的内容有一个基本判断，即经书所书均为"变古乱常"之事。王得臣的理解是十分恰当的，把握住了孙复注春秋的基本关切和整体判断。

孙复使用"有贬无褒"的注释手法，是与其对经书所书的内容的判断相关联的。在《春秋尊王发微》当中，孙复对"春秋"这一特殊时代有着详细的分析和判断，对这一时代，孙复有着自己的独特说明。在他看来，春秋二百四十二年的一个首要特征就是"天下无王"，并且其一系列思想都以"天下无王"为出发。而孙复真正要尊的王，并不是空有其"位"的周天子，而是能够行"王道"、兴"王法"的圣王。孙复揭示王法的手段，就是通过把"贬"的具体原因诉说出来，用这些原因展示王法的具体内容。"王法"是孙复所要表达的"圣人之意"，而"尊王攘夷"无疑是"王法"的重要内容。

孙复对《春秋》的注释与其时代有密切关联。孙复之时，宋兴"八十余祀"，距五代未远。孙复对于春秋时代的描述转换成

---

① 《宋元学案》第一册，第101页。

"五代"是同样适用的。面对一个可能与春秋一样，甚至更混乱的时代，孙复与宋人之"移情"是可以想见的。"五代"的情势是宋人"尊王"的重要历史背景。

（赵金刚撰）

《春秋权衡》提要

《春秋权衡》十七卷，北宋刘敞撰。

刘敞（1019—1068年），字原父，世称公是先生，临江新喻（今江西新余）人。仁宗庆历六年（1046年），与其弟攽同举进士，以大理评事通判蔡州。皇祐三年（1051年），迁太子中允、直集贤院。英宗即位后，侍英宗讲读。治平三年（1066年），授集贤院学士、判南京留守司御史台。神宗熙宁元年（1068年）卒于官，年五十。事迹具见《刘攽行状》《欧阳修墓志铭》及《宋史》本传。

刘敞博闻强记，学问渊博，《欧阳修墓志铭》言其"自《六经》、百氏、古今传记，下至天文、地理、卜医、数术、浮图、老庄之说，无所不通；其为文章尤敏赡"。其所撰《七经小传》五卷，盛行于世，在当时影响较大。晁公武《郡斋读书志》于《七经小传》五卷条解题云："元祐史官谓：庆历前学者尚文辞，多守章句注疏之学，至敞始异诸儒之说。"王应麟《困学纪闻》云："自汉儒至于庆历间，谈经者守训故而不凿，《七经小传》出而稍尚新奇矣。"皆言其在北宋中期的学风转变中具有标志性地位。

而刘敞最大的学术成就,则在于《春秋》学。据刘攽《行状》记载,刘敞的《春秋》学著作有《春秋传》十五卷、《春秋权衡》十七卷、《春秋说例》二卷、《春秋文权》二卷、《春秋意林》五卷。其中以《春秋传》《春秋权衡》《春秋意林》为主。陈振孙《直斋书录解题》曰:"原父始为《权衡》,以平三家之得失。然后集众说,断以己意,而为之《传》。《传》所不尽者,见之《意林》。"四库馆臣据此认为,《权衡》成书最先,《传》其次,《意林》又次;因此《权衡》为其《春秋》学之根柢。

此外,据《宋史·艺文志》,刘敞尚有《弟子记》五卷、《汉官仪》三卷、《先秦古器图》一卷、《使北语录》一卷、《刘敞集》七十五卷;又有《汉书标注》六卷,为敞及其弟攽、子奉世合撰。

《春秋权衡》共十七卷,主要内容为评点三《传》之得失。前七卷批评《左传》及杜《注》,中六卷驳正《公羊传》及何休《解诂》,末四卷议论《谷梁传》。其《自序》谓,三《传》之解《经》多有抵牾,而后世儒者又相与论争,致使《春秋》虽一而众说纷纭,圣人之意蔽而不明。而他则一以《春秋》之《经》文为标准,权衡三《传》之说。

刘敞于《左传》,着力批评其"凡例",揭露其自相抵牾、不可贯通之处,并针对《左传》及杜预将《春秋》看作鲁史旧文的解释倾向,指出:"大率《左氏》解《经》之蔽有三:从赴告一也,用旧史二也,《经》阙文三也。所以使白黑混淆,不可考校。"于《公羊》,则重点批驳其中的"非常异义可怪之论",曰:"《公羊》之所以异二《传》者,大指有三:一曰据百二十国宝书而作,二曰张三世,三曰新周、故宋、以《春秋》当新王。吾以此三者皆非也。"于《谷梁》，则多抨击其逞臆妄言之处，尤以"日月时例"为主。

总而言之，《春秋权衡》以"破"为主，其批驳方法则大致有如下几点：一，以《经》文为准，《传》与《经》不合处则为《传》误；二，三《传》解《经》之义例，多有自相矛盾之处；三，以义理、事理、常例等推断三家之误。其隐含的基本预设，则是以《春秋》为孔子所修，因此必然内容完整，条理一贯，义理全备，没有任何阙失错衍与违背常理之处。

刘敞的《春秋》学善于发挥，勇于立异，以己意解《经》，实开宋人评议汉唐诸儒之新风。《四库》馆臣指出："北宋以来，出新意解《春秋》者，自孙复与敞始。"概言之，其《春秋》学主要有以下几个方面的特点：

第一，疑传惑经。这主要是针对唐代以来，《春秋》学者迷信《传》文、往往信传疑经的风气，也是对中唐以后啖助、赵匡、陆淳三家开创的"舍传求经"之风的继承和延续。主要表现在两个方面：其一，信经疑传。即以《春秋》经文为本位，以《传》为从属，《经》与《传》有不合之处，则应一从于《经》，反对"曲经以合传"。其目的是要直探经义，以"求合于圣人"。其二，妄意改经。这一点多为后世所讥，如《四库》馆臣就指出："宋代改经之例，敞道其先，宜其视改传为固然矣。"

第二，以义理解经。这也直接针对汉唐儒者的章句注疏之学。他指出："圣人之意可求也，求在义而已矣。"为此，他在解《经》时不拘执于一家之师说、家法，而是广泛吸收三《传》的合理内容，"其《经》文杂用三《传》，不主一家，每以《经》、

《传》连书,不复区划"。他的《春秋传》论事多取《左传》,论义则多取《公》《谷》,而尤以《公羊》为主。这种综合三《传》、断以己意的做法,较之同时代的孙复更为平实。

第三,通经致用。这一点同样针对唐代儒者仅关注章句注疏、名物考证等琐细方面,无暇考究经文大义,更遑论以经术干预政治、服务现实。刘敞在解经时常常借题发挥自己的政治主张,其中的重要一点即是"尊王"大义。此外,他在现实的政治活动中也经常以《春秋》大义或事实为立论根据。

皮锡瑞《经学历史》云:"经学自汉至宋初未尝大变,至庆历始一大变也。"刘敞生活的时代,正处于宋学兴起的初期。他的《春秋》学,一方面是时代思潮影响之下的产物,另一方面也构成了时代思潮的重要组成部分。后世所谓"庆历学风",刘敞实是其中的代表人物和重要推动者。

(吕存凯撰)

《春秋本例》提要

《春秋本例》二十卷,北宋崔子方撰。

崔子方,字彦直,又字伯直,号西畴居士,北宋涪州涪陵(今重庆市涪陵区)人。与黄庭坚相友善,黄庭坚在《送徐德郊》一文中,特地提醒徐氏"六合有佳士曰崔彦直,其人不游诸公,德郊可因公事,携此文请之",且嘱其有疑事不能决断的时候,也可以去求教,从中可见黄庭坚对崔子方的称许。

崔子方治学，专守《春秋》一经。时王安石用事，不喜《春秋》，诋为"断烂朝报"，正《经》三《传》，不列学官。绍圣间，再次取消了《春秋》取士。崔子方多次上书，请求恢复，不报，于是便不再应进士科，隐居于真州六合（今南京市六合区），杜门著述三十余年，世称"东川布衣"。能诗，五言如"渺渺连江雨，微微到面风""白日行空阔，青灯耿夜阑"，冲和淡远，穆然有古儒之风，《雪浪斋日记》且评后联为宋人佳句。

崔子方的《春秋》学，以例说经，在当世已难逢知音，诚如晁说之所言："世莫知其为人。"唯江端礼一见而定交，曰："此吾之所学也，愿与子共之。"于是便为其延誉，子方由是知名。有一次，徐积问江端礼："崔子方秀才何如人？"江端礼回答："与人不苟合，议论亦如此。"徐积听了很是高兴，说："不必论其他，只'不苟合'三字，可知其所守之正。"《建炎以来系年要录》也说他"刚介有守，虽衣食不足，而志气裕然"。从中皆可见宋人对崔子方持身之严的敬重。崔子方去世后，江端友上书，请往湖州访求崔氏遗著，于是取其《春秋》学著作，入藏秘书监。

按照传统经学的理路，《春秋》是经世之书，其言弥微，其旨弥显，善读者属辞比事，乃能辨惑崇德，从中发见微言大义的光辉。崔子方之《春秋》学，近于《谷梁》家一派，清儒柳兴恩《谷梁大义述》便将其著录于"述经师"一卷之中。但他实际上又不主一家，认为《左氏》失之浅、《公羊》失之险、《谷梁》失之迂，故于《公羊》《谷梁》已称详密的日月之例，更求详于《公》《谷》之外，又不尽用《公》《谷》之义。由于文献不足征，我们今天已难考知崔子方《春秋》学在当世的学术影响，不过陆佃《答崔子方秀才书》仍存留了两人论学的大旨。陆佃曾受经于王安石，与崔子方并无交臂之新、识面之旧，崔子方致书与论《春秋》，大约其中颇有商榷之语。崔氏之函失传，陆佃所言"设方立例，不可以一方求，亦不可以多方得""春秋无达例，要在变而通之"，很可能是针对崔子方学术观点而进行的反拨。

崔子方传世有《春秋》学著述三种，分别是《春秋经解》《春秋本例》《春秋例要》。《春秋经解》十二卷，首有崔子方自序两篇，后附朱震访求遗书札子二道。《春秋例要》一卷，本已湮佚，四库馆臣从《永乐大典》中裒辑成编，又取《黄氏日钞》补《大典》之阙，董为《例要》一卷。《春秋本例》二十卷，首有崔子方自序一篇，卷一为例目，后则分卷以比例。该书有宋刻善本传世，藏上海图书馆，《中华再造善本》曾据以影印。另有纳兰容若《通志堂经解》本、文渊阁《四库全书》本。《通志堂经解》本覆核三《传》，于宋本之讹多有校订，然也产生了一些新的错误。书首有纳兰容若序文一篇，与朱彝尊《曝书亭集》卷三四《涪陵崔氏春秋本例序》略同，盖纳兰氏据竹垞之文而更为点润。文渊阁《四库全书》本多有忌讳径改之处，比如将"夷狄"改为"外域"，将"中国"改为"诸国"，并不精善。

崔子方《春秋本例》有着经世的追求，辨三《传》之是非，专以日月为例。其得其失，书末附录陈振孙、纪昀、纳兰容若、朱彝尊、周中孚之序跋解题，多有申说，可以参看。总体而言，主古文经一派的学者，对《本例》的批评颇酷，大抵谓其胶柱鼓瑟，间参臆说，故发例此通而彼碍，左支而右绌，与赵汸《春秋属辞》略同。而主今文经一派的学者，则很推重其书之创见，如皮锡瑞便许曰"能成一家之言",清陈立《公羊义疏》、钟文烝《春秋谷梁经传补注》,更是屡引《本例》之说。

此次点校,以《中华再造善本》影印上海图书馆藏宋刻本为底本,校以《通志堂经解》本,偶参文渊阁《四库全书》本。凡宋本避讳字如"桓""完""征""泓"等缺末笔,悉改。凡同字异形者,通改为标准繁体字,如"槩"改"概","朞"改"期","刧"改"劫","叚"改"段"。书末附录有关文献五则,以供学界参考。整理本当有扫叶未尽之处,敬希读者教正。

(李成晴撰)

《春秋集传》提要

张洽撰。张洽（1160—1237 年）,南宋人,字元德,临江清江（今属江西）人,宋宁宗嘉定元年（1208 年）登进士第,曾主讲白鹿洞书院,官至著作佐郎,谥文宪。张洽为朱子门人,习理学、经学,根据《宋史·道学传》的记载,张洽学识广博,自六经传注而下,无论诸子百家、山经地志抑或老子浮屠之说,皆究其指归,无所不读。

而在朱子门人之中,张洽以精研《春秋》闻名。朱子虽遍注群经,但却唯独于《尚书》《春秋》没有亲自下笔作注解,而以蔡沈《书集传》和张洽《春秋集注》作为朱子学派对《尚书》《春秋》的注解。朱子对于《春秋》的理解与其对《周易》等其他经典的诠释方法有类似之处,解经时并不排斥汉人经说,但也并不认同今、古文学派的家法,从方法上延续了唐人啖助、赵匡、陆淳等人的解经理路,对《左传》《公羊传》《谷梁传》都有汲取和阐发,并在不同条目中适时援引三传经义进行阐发,作为调和之说,并不拘于一家。而张洽对于《春秋》的诠释,基本延续了唐宋以来诸儒尤其是朱子以调和三传、间下己意为主的路径。如《公羊传》阐发微言大义,喜言"灾异""改制"和"一字褒贬",受其影响,以调和三传著名的宋代《春秋》学大家胡安国也喜欢用"一字褒贬"解说《春秋经》。但朱子和张洽却并不认可《公羊传》的"一字褒贬"之说,他们认为,对圣人褒贬的判断,不能以对一字的推敲来断定。

在完成十一卷本的《春秋集注》之前,张洽率先完成了二十六卷的《春秋集传》的整理、撰写工作。相比较《春秋集注》,《春秋集传》更具有资料汇编的性质,此书以《春秋经》为纲,在每一条经文后,根据经义阐发的需要,张洽酌情将其认为有价值的三传中的解释,及两汉、隋唐、两宋学者如杜预、何休、范宁、啖助、赵匡、陆淳、孔颖达、程颐、刘敞、胡安国、吕祖谦诸儒的议论间取之而一一罗列,加以少量个人见解的抒发。而《春秋集注》则是在《春秋集传》综合汉唐诸说的基础上,仿照朱子作《论语集注》《孟子集注》的方法,对《春秋集传》中所引汉、唐、宋诸儒之说进一步加以精选,荟萃其精义,以己意为之调和、折中,最终做成了精详版的十一卷《春秋集传》,成为朱子学派注解《春秋》的扛鼎之作。可以说,《春秋集传》是张洽能够写定《春秋集注》的基础,其内容较之后者也更为丰富、全面。

根据《四库提要》记载,《春秋集传》一书在清朝时已经亡佚，然而此说失考。《春秋集传》并未失传，该书尚存委宛别藏元延祐刻本，只不过在流传过程中有所散佚。根据张洽自序，原书共有二十六卷并《纲领》一卷。而于今所见委宛别藏元延祐刻本中，只存第1—17卷及21、22卷共十九卷，阙18、19、20、23、24、25、26七卷，所存十九卷除少量缺页外，基本保存完整。该书后来被收录到《续修四库全书》之中。除此之外，还有另外七种清代抄本存世，分藏于国家图书馆、浙江图书馆、南京图书馆、北京大学图书馆、北京师范大学图书馆和黑龙江图书馆。

《春秋集传》和《春秋集注》都是朱子学派注解《春秋》的代表之作。按照张洽本人在《呈进表》中的说法，这两部书在甲申年（1224年）前已经粗成初稿，至端平元年（1234年）则基本上已经完成。同年（1234年）八月初一，有尚书省札子至临江军，求张洽的所有《春秋》类著作，以期上缴尚书省，以备御览。次年（1235年）七月，张洽将《春秋集注》十一卷和《春秋集传》二十六卷写定，并《春秋纲领》一卷、《历代郡县地理沿革表》二十七卷并《目录》二卷，一并送临江军上呈。

张洽的《春秋》学在明初时还被立为官学，但自从明成祖时开始纂集《春秋大全》之后，胡安国的《春秋传》确立了官学地位，因此研习张洽《春秋集传》和《春秋集注》的学者渐少。清代学者则不满调和三传的学风，对《春秋》的研究开始逐渐恢复到汉儒家法上来，在古文经《左传》的研究上逐渐形成了以辑释贾逵、服虔古注以批驳杜预的学风。而在今文经学的《公羊传》方面，也形成了以常州学派为代表的以何休"例"解经，以及凌曙以"礼"解经的新风气。张洽的《春秋集注》也在《春秋》学研究重归汉人家法传统的学风中愈发式微。

但随着大陆地区经学研究在近年来的逐渐复苏,对《春秋》学史的研究也逐渐为学术界所关注,而唐宋学者调和三传的做法在历史上虽不为经学主流所认可,但我们不得不承认他们在《春秋》诠释及自唐代至明代的经学传承中所占据的历史地位,而张洽的《春秋集注》也无疑是其中的重要代表,具有重要的思想史和经学史意义。而《春秋集传》中虽然大量都是对汉唐春秋传、注的摘录,绝大多数内容都可以在仍存的原书或同时代其他学者如吕祖谦等的辑录中找到记载。但一来这些记载可以起到对校的作用,如《春秋集传》所引程颐《春秋传》中,就有一些条目未出现在《二程集》中,可以起到补充作用。二来,在张洽的这些取舍中,我们也可以结合其最终定本的《春秋集注》,研究张洽及朱子学派的《春秋》学思想。因此,对张洽的《春秋》学著作进行点校整理,无疑大大有益于学术界对《春秋》学史研究的推进。

此次对张洽《春秋集传》的整理工作所选取的整理底本是《续修四库全书》影委宛别藏元延祐刻本,虽然此本仅存原书二十六卷中的不足十九卷,但由于此本是现存的唯一刻本,因此具备珍贵的文献价值。而在《续四库》本中,《春秋纲领》一卷同时散缺,但根据张洽在《呈进表》中的记载,《春秋纲领》并没有附在《春秋集传》中,而是附在《春秋集注》中。因此,《续四库》本中所缺失的《春秋纲领》一卷,很可能就是《春秋集注》前的《春秋纲领》一卷。

(陈　岘撰)

《春秋集注》提要

张洽（1161—1237 年），字元德，号主一，南宋临江清江人。张洽自幼聪颖，从朱熹学，为朱熹嫡传弟子之一。张洽不但博览群书，而且勤于思考。张洽的学识不仅得到同门的认可，而且得到了朱熹的嘉许。张洽为南宋嘉定元年（1208 年）进士，为官期间忠于职守，颇有善政。张洽不但政绩卓越，而且学问深厚，曾出任白鹿洞书院山长。张洽所著书有《春秋集注》《春秋集传》《左氏蒙求》《续通鉴长编事略》《历代郡县地理沿革表》、文集。

张洽所著《春秋集注》共十一卷，纲领一卷，书前有自序，亦即进书状。自言于汉、唐以来诸儒之议论，莫不详考细究，取其足以发明圣人之意者，附于每事之左，名曰《春秋集传》。既而又因此书尚属粗备，复仿先师朱熹语孟之书，会其精意，诠次其说，以为《集注》。从张洽自叙《春秋集注》的成书经过看，他对历代关于《春秋经》的注解了然于胸，并反复玩味，取其足以发明圣人之意者，辑录而成《春秋集注》一书。可见，《春秋集注》是张洽穷其一生的心血。

与宋代《春秋》学者如孙复、刘敞、孙觉、胡安国等人一样，张洽好以义理注解《春秋》，发扬《春秋》微言大义。《春秋集注》一书的义理思想主要体现在正人伦之分、倡攘夷之道和倡复仇大义。

第一，正人伦之分。在古代中国，伦理与政治密切相关。张洽在注解《春秋》经时，以大量的篇幅论及了君臣、父子、夫妇关系，认为"夫君臣、父子、夫妇之分，一失其正，则乱之所从生"。张洽敏锐地意识到人伦秩序与国家治理之间的关系。在《春秋集注》一书中，张洽论述了该如何正确处理君臣、父子、夫妇关系。在君臣关系上，张洽主张正君臣之道，认为君主应当明政刑、抑强臣、谨君臣之密，而臣子则应当谏君、死难、为君复仇、不可事二君。对于那些违背君臣之道的乱臣贼子，张洽则极力主张讨伐。在他看来，天子、臣子、伯主、诸侯、夷狄都应当讨乱臣贼子。在父子关系上，张洽主张明嫡庶之分、明待疾之法、为父复仇。在夫妇关系上，张洽主张正婚姻之始、正夫人之位、谨男女之别、尊贤以明妇行。

第二，倡攘夷之道。宋代在政治上饱受夷狄的侵扰，身处南宋的张洽，之前是北宋遭受靖康之耻，被金所灭，之后是蒙古灭金，准备南侵。身处这一时代的张洽特别重视夷夏之辨，提倡攘夷之道。相对于中华正统文化而言，夷可以泛指居住在中原之外的蛮人。张洽在注解《春秋》时，特别强调夷夏之辨，例如注解隐公二年经："公会戎潜于唐"，张洽说："待戎之法，驱之而已。……书曰会戎，所以讥隐公降国君之尊，失中国之重，不修政事以接夷狄。"张洽认为待戎之法，驱之而已，鲁隐公却与戎会盟，降国君之尊，失中国的威严，责备隐公不识夷夏之辨。另外在注解闵西元年经："齐人救邢"时，张洽褒奖管仲劝说齐桓公讨伐夷狄的行为，认为"盖救诸夏，攘戎狄，皆管仲发其端也"。可见张洽提倡攘夷之道。

第三，倡复仇大义。张洽秉承了《礼记》"父母之仇弗与共戴天"以及《公羊传》"臣不讨贼非臣，子不复仇非子"的思想。

关于复仇的论述，《春秋集注》集中于鲁庄公，表现为对庄公忘父之仇而不报的激烈谴责，从而阐发了父仇不报非子的复仇观。鲁庄公为鲁国第十六任君主，为鲁桓公嫡长子，文姜所生。鲁庄公的父亲鲁桓公并非自然死亡，而是在齐国被杀。面对父仇，鲁庄公本来应该勠力讨债，为父报仇。但他却忘父之仇而不报，屡次与仇敌通好。张洽在《春秋集注》中详细描述了鲁庄公忘父之仇的行为，例如庄公元年协助周天子嫁女于齐襄公、庄公二年主持齐王姬的丧礼、庄公四年与齐襄公狩猎等。对于鲁庄公忘父之仇、无复仇之志的种种行为，张洽深恶痛绝，极力贬斥，极力主张复仇，认为父仇不报非子也。而张洽之所以如此提倡父仇不报非子，实际上与当时南宋积弱不振政治局势密切相关。身处南宋的张洽有感于南宋积弱不振的政治局势，而《春秋集注》中关于鲁庄公忘父之仇的详细刻画，映射的正是当时南渡诸君怯弱不振，忘钦徽二帝之仇的事实。而其极力提倡复仇，认为父仇不报非子，也体现了张洽借古喻今、通经致用的观念。

张洽《春秋集注》一书对后世的《春秋》学颇有影响，表现在《春秋集注》一书在明代列入科举考试读本和历代学者对张洽《春秋集注》一书的推崇。根《明史》记载："初设科举时，四书主朱子《集注》，《易》主程《传》、朱子《本义》，《书》主蔡氏《传》及古注疏，《诗》主朱子《集传》，《春秋》主《左氏》《公羊》《谷梁》三《传》及胡安国、张洽《传》，《礼记》主古注疏。"在明代洪武元年，张洽的《春秋集注》与三《传》、《胡安国传》并列为科举考试读本，可见张洽的《春秋集注》一书得到官方的认可和重视。可惜，明成祖时编《四书五经大全》，科举读本不再录用张洽《传》，此后张洽的《春秋集注》便与科举考试无缘。

张洽的《春秋》注解，不仅得到了朱熹的肯定，而且在后世学案中也对其学说多有肯定。在南宋时张洽的《春秋》学已经被视为朱熹《春秋》学的嫡传，所以在南宋时就有一些学者，如陈深和黄震，采取张洽之说来注解《春秋》。元代《春秋》学者汪克宽、程端学等人，明代《春秋》学者胡广、张以宁等人，清代如顾栋高、王掞等人著作中，常引用张洽论点以辩证《春秋》经文说解之依据，可知张洽对后代《春秋》学有颇有学术影响力。

（蒋军志撰）

《春秋师说》提要

《春秋师说》三卷，《附录》二卷，元黄泽撰，赵汸辑。

黄泽（1260—1346年），字楚望，九江人。据其门人赵汸（字子常，号东山，休宁人，1319—1369年）所撰《黄楚望先生行状》，泽生有异志，才智过人，年十二三，即尽通当时进士经义论策之学。年十六，慨然以明经学古、笃志力行自励。年二十余，始旁通古今史志、别集、诗文，皆不习而能，诗尤超迈清美。曾为江州景星书院山长及洪州东湖书院山长。泽生性淡薄，不求闻达，深于经学，吴澄（字幼清，晚称伯清，号草庐，1249—1333年）评价其为"所见明经之士，未有能及之者也"（《六经补注序》，《吴文正集》卷十九）。泽尤擅《春秋》学，著有《春秋指要》《元年春王正月辩》《春秋笔削本旨》《诸侯取女立子通考》《鲁隐公不书即位义》《殷周诸侯禘袷考》《周庙太庙单祭合食说》《丘作甲辩》《经旨举略》《三传义例考》《春秋全解》《论春秋述作本旨》《六经辨释补注》等。

《春秋师说》为赵汸辑录黄泽说《春秋》之文而成，赵汸称其乃即黄氏所著"诸书中取凡为《春秋》说者，参以平日耳闻，去其重复，类次为十有一篇，分三卷，题为'春秋师说'"（《春秋师说题辞》）。黄泽之学以程朱为宗，自称"及其得也，则凡一切要妙之义，不论大纲小目，皆不出程朱平日讨论意思中"。众所周知，朱子在《春秋》学上的核心观点是所谓据实直书而善恶自著说，黄泽亦继承其说，主张"《春秋》固是经，然本是记事，且先从史看"。不过，其对朱子之说有所反省，称："（若）夫子作《春秋》，止是随事记录，止如今人之写日记簿相似，有何意义？……若说圣人止备录，使人自见，则但是史官皆可为，何以见得《春秋》非圣人不能作？"在他看来，《春秋》既有用旧史文者，亦有隐微及改旧史处；有褒贬，但不可事事求褒贬。因而，解经的关键在于区分史法与书法。而要区分史法首先要明了"事情"（"事之情实"），他提出"向上工夫"的方法推寻"事情"，这一方法包含三个环节，第一是比事而观，"如不书即位，当与后面书即位参看；书会盟，当与凡会盟合而求之"。第二是逻辑推证，"推《春秋》如推校日历相似，分毫不可差忒，推到尽处，自然见圣人之心，然亦有穷极推不得处，却须要悟"。所谓"悟"即第三"涵养体悟"。黄氏认为运用这一方法"考索事情，推校书法。事情既得，书法既明，然后可以辩其何以谓之经，何以谓之史。经史之辩既决，则《春秋》始可通"。

黄泽之学颇为后儒推赞，《元史》谓"近代覃思之学，推泽第一"，《四库总目》亦称"有元一代，经术莫深于黄泽"。但亦有批评之者，清儒皮锡瑞虽亦肯定黄氏《春秋》学超迈前儒之处，但又认为其学"惑于杜预之说，先入为主，故虽于春秋有所窥见，而其说半明半昧"。

（张立恩撰）

《春秋阙疑》提要

《春秋阙疑》四十五卷，元郑玉撰。

郑玉，字子美，号师山，徽州歙县人，生于元成宗大德二年（1298年）七月一日，卒于元惠宗至正十八年（1358年）八月一日。自幼颖敏嗜学，十多岁时，闻人诵朱子之言，即默识心通，以为朱子所论出乎其心，于是日诵朱子《四书集注》，沉潜反复，久而融会贯通。二十多岁时曾参加过几次科举考试，皆不第，遂弃举子业，专心于圣贤之道，覃思理学，发明六经，尤邃于《春秋》。后与弟子筑室师山，名曰"师山精舍"，在其中讲论《春秋》。至正十七年（1357年）、十八年（1358年），明兵相继攻陷歙县、淳安、建德，郑玉隐居休宁山中，被拘。守将迫之降，玉抗辞严厉，全节而死。著有《周易大传附注》《程朱易契》，已佚，今存《春秋阙疑》《师山集》。《宋元学案》卷九十四列为"夏吴门人（融堂三传）"。事具汪克宽（1304—1372年）《师山先生郑公行状》《元史》本传等。

中唐以降，新经学思潮的兴起使得汉以来以训诂考据为务的经学遭到摒弃，经学家普遍倡导舍传求经、以意解经，而程朱学派的兴起对这一经学思潮做出了回应，尤其是朱子对经典的注解几乎成为宋元经学解释的典范，但由于程朱于《春秋》无成书，因而对于之后的《春秋》学家来说，接续程朱以重建《春秋》诠释体系在很大程度上构成其为学之首务。郑玉之《春秋》学正是就此而发，他说："唐、宋诸儒人自为说，家自为书，纷如聚讼，互有得失。程子虽得经之本旨，惜无全书。朱子间论事之是非，又无著述。为今之计，宜博采诸儒之论，发明圣人之旨。"（《春秋阙疑原序》）《春秋阙疑》正是基于这一问题意识而发，是书乃折中程朱之说而为之，其称："程子谓：'《春秋》大义数十，炳如日星。'岂无可明之义？朱子谓：'起头一句春王正月，便不可解。'固有当阙之疑。玉之为是书也，折中二说，而为之义例。"（《春秋阙疑原序》）是书体例乃"因朱子《通鉴纲目》之例，以经为纲，大字揭之于上，复以传为目，而小字疏之于下。叙事则专于《左氏》，而附以《公》《谷》，合于经者则取之；立论则先于《公》《谷》，而参以历代诸儒之说，合于理者则取之"。郑玉对《春秋》学的很多问题皆有发明，如对一般认为的《春秋》始隐终麟，郑玉则指出，《春秋》实终于鲁哀公十三年黄池之会。又如在《春秋》性质的理解上，他提出"《春秋》有鲁史之旧文，有圣人之特笔"，因而在解经方法上"固不可字求其义，如酷吏之刑书，亦不可谓全无其义，如史官之实录也"。在这一立场之下，在以往经学家那里相为扞格的解经方法——如以微言大义见褒贬与据实直书以见义，在他这里却变得各得其所、相得益彰。

郑玉的《春秋》学颇为后儒称赏，《四库总目》称其解经"平心静气，得圣人之意者为多"，周中孚《郑堂读书记》亦称其能"平心察理，不拘拘于门户之私，故能发明圣人之旨居多"。尤其是贯穿其经解始终的基于以理性分析和考证事实的阙疑精神更为难能可贵，徐大年《与郑子美先生论春秋阙疑书》称"世儒说《春秋》，其病皆在乎不能阙疑而欲凿空杜撰，是以说愈巧而圣人之心愈不可见也"，并认为郑玉《春秋》学"只'阙疑'二字，所见已自过人"。这种可贵的为学精神，即便在当下的学术研究中亦有其积极意义。

（张立恩撰）

《春秋属辞》提要

《春秋属辞》十五卷，元赵汸撰。

赵汸（1319—1369年），字子常，号东山，休宁人。自幼资禀卓绝，因读朱子书而有悟，遂立志圣贤之学，不事举子业。至元三年（1337年），赵汸往拜九江黄泽（字楚望，1260—1346年）求学，泽授以六经疑义千余条。至正元年（1341年）秋，赵汸复往九江拜黄泽，留二岁，得授《易》六十四卦义与学《春秋》之要。四年（1344年），赵汸拜谒临川虞集（字伯生，号道园，1272—1348年），遂为集高足。六年（1346年），赵汸归乡，筑"东山精舍"，读书著述其中。洪武二年（1369年），应召参修《元史》，事毕请还，未几疾复作，卒。

在《春秋》学上，赵汸所受影响尤以黄泽为最，金居敬（字元忠，休宁人，1321—1369年）《春秋师说》跋称其论《春秋》，"确守师（黄泽）说不变"，汸自述亦称"非黄先生教以'先考史法而后经义可求'，则不得其门而入也"[①]。赵汸撰有《春秋集传》十五卷、《春秋属辞》十五卷、《春秋左氏传补注》十卷、《春秋金锁匙》一卷，辑录《春秋师说》三卷。赵汸的《春秋》学思想经历了一个长期致思过程，最初其依黄泽之教参之《左传》、杜注而悟鲁史书法，后因《礼记·经解》"属辞比事，《春秋》教"之语及孟子之说而悟解经之要在属辞比事。《春秋左氏传补注》代表了其早期的《春秋》思想，而《春秋集传》《春秋属辞》《春秋金锁匙》则代表其成熟时期的《春秋》学思想。后者当中又以《春秋集传》和《春秋属辞》为核心，二书侧重各有不同，一明圣人经世之志，一著圣人笔削之权，所谓"《属辞》是先考定史法以明圣人笔削之权，《集传》是推原事情、世变以达圣人经世之用，二书各有所主，互相发明，而后经意乃备"。

赵汸继承了黄泽"先考史法而后经义可求"思想理路，既反对《春秋》为旧史实录，又反对处处褒贬笔削，而是认为"凡史所书，有笔有削，史所不书，吾（按：孔子）不加益也"，"《春秋》本鲁史成书，夫子作经，唯以笔削见义"。基于这一认识，赵汸重建《春秋》义例之学，其具体思路为：先明策书之例，后求笔削之法。他认为"策书之例"与"笔削八义"之间构成逻辑上的先后关系，他说："学者必知策书之例，然后笔削之义可求。"

[①] （元）詹烜：《东山赵先生汸行状》，《东山存稿》，"附录"。

"策书之例"即鲁史著述原则,"笔削八义"即孔子修订鲁史的八条原则:存策书之大体、假笔削以行权(不书、变文、特笔)、因日月以明类、辞从主人。其中变文又分为变文以示义、辩名实之际、谨中外之辩。笔削八义前后相接,层层递进,后者以补前者之不足,前者为后者之基础,唯第六条"因日月以明类"贯穿全经,以补其余诸条所未备以成其义。他认为圣人笔削鲁史作《春秋》的目的是为了表达其经世之志,也就是《论语》中所谓君君、臣臣、父父、子子,兴灭国,继绝世,举逸民,谨权量,审法度,修废官,足食、足兵而民信之。

赵汸于《春秋》学用力甚深,自谓其早岁"于经学稍知用心,既而以久病故,仅守《春秋》一经",且自命甚高,以为"苦思之功,若有神助,圣人复起,不易吾言"。时人汪玄锡颇推赞赵氏之学,称"东山先生,圣人之徒也。愤当世之乱甚于春秋,筑居东山。《集传》诸书之作,固吾夫子修经之意也"。清人纳兰性德亦肯定赵氏《春秋》学对后世《春秋》学的积极价值,"后之学者知三传之不可废,不仅抱遗经以究终始者,岂必赖是书(按:《春秋集传》)也夫"。赵氏对策书之例与笔削之法的区分,在《春秋》诠释上具有转折性的意义。这一方法虽与公羊家的属辞比事有所不同,但又与公羊家"借事明义"之旨有异曲同工之妙,加之其肯定《公》《谷》二传颇能"得学《春秋》之要",因而亦颇受后世公羊家之肯定,清代公羊家孔广森以为自唐迄清,知《春秋》者,唯赵汸一人,皮锡瑞则称"赵氏分别策书笔削,语多近是"。

(张立恩撰)

（五）孝经类

《宋元孝经学五种》提要

宋代之后，对《孝经》学影响最大者，莫过于朱子《孝经刊误》。朱子的《孝经》著述，惟《孝经刊误》一篇，与《朱子语类》中的若干文字，然其影响延及宋、元、明、清四代，在《孝经》学史上的地位非比寻常。朱熹，南宋时徽州婺源人，号晦庵，谥文，又称朱文公。《孝经刊误》一卷，书成于淳熙十三年，朱子年五十七，主管华州云台观时作。朱子作《孝经刊误》，方式与《大学章句》相同。《刊误》所据为《古文孝经》，朱子将古文前七章（即今文前六章）视为孔子、曾子应答之言，当作"经"，其后是"传"，为齐、鲁间陋儒所作。正是这一前所未有的刊误手法，完全拆解了汉、唐注疏所构成的《孝经》学体系，并颠覆了由《孝经》通往五经的道路，而以《四书》取而代之。如此一来，朱子的《孝经》学提供了一种全新的理解方式，从汉、唐以来以政治的、秩序的方式看《孝经》，转变为以道德的、修身的方式看《孝经》，亦即《孝经》学由经学转变为理学。

朱子作《孝经刊误》之后，《孝经》之学随之一变。盖《刊误》一书，惟拆分经传，删削字句，而未为之注训。是故宋、元、明三代与清代前期治《孝经》者，多受朱子之影响，而继承朱子之事业，为《刊误》重施注解，发明其义。其中影响较大者，有元董鼎之《孝经大义》、元吴澄之《孝经定本》、元朱申之《晦庵先生所定古文孝经句解》、明项霦之《孝经述注》、清熊兆之《古文孝经朱子订定刊误集讲》等。本书收录宋元《孝经》学部分的注本，即以朱子的《孝经刊误》为核心和枢纽，以《四库全书》本为点校底本进行整理和研究，并附《语类孝经》以求其全，然后整理发明其义的《孝经大义》《孝经定本》和《晦庵先生所定古文孝经句解》等三家注本，同时也保留在朱子之前的《古文孝经指解》一家注本。

朱子之后的《孝经》学，因诸家皆从朱子之说，以《孝经》为小学童蒙之作，是故大多仅是训释文句，略明经义，可观者不多。惟董鼎《孝经大义》稍能发明义理，于《刊误》之学，功在第一。并录《孝经定本》和《晦庵先生所定古文孝经句解》两家注本，以窥见朱子影响下宋元时期《孝经》学之概况。董鼎生于宋末元初，字季亨，鄱阳人，朱子后学。朱子传其弟子、女婿黄榦，黄榦传董梦程，董梦程传董鼎，是其学为朱子三传。董氏作《尚书辑录纂注》，复作《孝经大义》，皆收录于《四库全书》。据《四库全书提要》，董鼎遵循朱子改本而为之诠解，凡改本圈记之字，全部删除。改本辨正之语，则仍存于各章之末。所谓"右传之几章释某义"者，一一顺文衍说，无所出入。第十三、十四章，所谓"不解经而别发一义"者，亦即以经外之义说之，无所辨诘。

惟增注今文异同为董鼎所加。其注稍参以方言，如云"今有一个道理"，又云"至此方言出一孝字"之类，略如语录之例。其敷衍语气，则全为口义之体。虽遣词未免稍冗，而发挥明畅，颇能反覆以尽其意，于初学亦不为无益。《孝经大义》之特点，乃将《孝经》纳入宋以来的"道统"之中。董氏言尧、舜之道，不过孝悌，且传之于禹、汤、文、武、周公、孔子，此以孝悌之道依傍于宋代理学所重新构建之"道统"也。在整理上以《通志堂经解》本为点校底本，并参校明历本和《四库全书》本。

《孝经定本》虽从朱子《孝经刊误》之体例分列经传却又有所改易，是更为分裂旧文而颠倒颇多。撰者吴澄，字幼清，号草庐，元代崇仁人，世称"草庐先生"。其长在于注解简明扼要，条理通贯。如《四库全书总目》所言："朱子刊误既不可废，则澄此书亦不能不存。盖至是，而《孝经》有二改本矣。"现以《四库全书》本为底本进行整理，并参校《续四库全书》朱鸿编《孝经总类》本。《晦庵先生所定古文孝经句解》则又在其次，撰者朱申，元人，事迹无考，里贯亦未详。书中以今文章次标列其间，其字句又不从朱子《刊误》本，注解浅陋，是《四库全书》仅存其目。如"子曰"句下注曰"孔子言曰"，"参"字下注曰："呼其名而告之"，故《四库全书提要》以为，盖乡塾课蒙之本，不足以言诂经者。今以《通志堂经解》本为点校底本，并参校《续四库全书》朱鸿编孝经总类本。

宋代《孝经》学在朱子之前，有北宋司马光和范祖禹皆据《古文孝经》而为之注，后人将之合为一书，名《古文孝经指解》，清修《通志堂经解》《四库全书》皆录之。司马光，涑水乡人，世称涑水先生。范祖禹，成都人，与司马光同为北宋人，从司马光编修《资治通鉴》。朱子之前的《古文孝经指解》在唐明皇的御注废古文之后，重新掀起了《孝经》学史上的今、古文之争，司马光本从古文《孝经》，但句下却备采唐明皇今文之注，使二本南辕北辙。不过，如《四库全书总目》所言："光所解及祖禹所说，读者观其宏旨以求天经地义之原足矣；其今文、古文之争，直谓贤者之过可也。"今以《通志堂经解》本为点校底本，参以《四库全书》本进行点校和整理。

（曾海军撰）

《孝经集传》提要

黄道周（1585—1646年），福建漳浦人，字幼玄，号石斋。生于明万历十三年（1585年），天启二年（1622年）中进士，历任崇祯朝翰林院编修、詹事府少詹事，南明弘光朝礼部尚书，隆武朝内阁首辅等职，后募兵抗清，被俘不屈，于隆武二年（1646年）就义于南京。乾隆四十一年（1776年）谕文以品行称他为"一代完人"；道光五年（1825年）清廷将黄道周请入孔庙从祀。

黄道周是明末大儒，著名的理学家、经学家和书法家，时人徐霞客盘数天下名流时，称："至人唯一石斋，其字画为馆阁第一，文章为国朝第一，人品为海宇第一，其学问直接周孔，为古今第一。"所谓学问直追周孔，即指黄道周以六经救世，重拾经世致用的儒家精神；特别是其学术生涯的后期，兼容并跨越汉宋，回归六经，直追周孔，《孝经集传》便是这一时期的重要代表作。

《孝经集传》提炼出《孝经》的"五微义"与"十二著义"作为全书纲领，不仅每一章有黄道周自己的诠释，还分别以二戴《记》《仪礼》《孟子》等作为义疏。以"因性明教"为例，该微义作为《孝经》的五大义之首，黄道周构建了"天—人—社会"的理论模式，并且是《孝经集传》义理思想的始基，以此推衍其他四微义，包括"追文反质"与"定辟异端"等。《孝经集传》以视《孝经》为六经之本并发明"五微义"与"十二著义"，增加了孝经学研究的深度；以《孝经》与先秦儒家经典融会贯通，拓宽了孝经学研究的广度；以发明《孝经》救治人心、经世救世之用，提升了孝经学研究的高度。该书深为后世推许，众多经学家将其视为《孝经》注释本的千古之最。

黄道周一生的学问堪称学在《周易》，行在《孝经》。他之所以重视《孝经》，主要是想以《孝经》救世。我们根据黄子年谱所载关于《孝经集传》编写的始终，可以断定四库馆臣所谓《孝经集传》"历六年而成"是指崇祯十一年戊寅（1638年）秋至崇祯十六年（1643年）癸未八月。其间黄道周曾在狱中发愤著《易象正》与《孝经集传》主要是为了明其心志；并且他不单编写这两部著作，还在狱中演绎《周易》，书写小楷《孝经》一百二十本。我们也可以由此看出黄道周对《周易》与《孝经》的认同与重视，着实堪称人书合一、学行一体。

关于《孝经集传》的版本，其知见者凡九种，其中仅存世本有七种：（1）崇祯十二年初稿，今下落不明。（2）崇祯十六年刻本，张天维、林有柏等弟子刊刻，这是七种今存世本之一。

(3）康熙三十二年刻本，系郑开极辑《石斋先生经传九种》之一，这是七种今存世本之二。（4）清沈大成抄本，沈氏亲为作序，然该抄本已不见存世。（5）文渊阁《四库全书》本，这是七种今存世本之三。（6）清魏源编《古微堂四书》之一，为节录本，道光元年魏源为之作序，这是七种存世本之四。（7）道光十五年刻本，系王德瑛编《今古文孝经汇刻》之一，这是七种今存世本之五。（8）道光二十八年刻本，系长洲彭蕴章对郑开极《石斋先生经传九种》的补刻本，这是七种今存世本之六。（9）民国唐文治编《十三经读本》之一，改名为《孝经读本》，这是七种今存世本之七。

《孝经集传》将《孝经》原文分为十八章。在分完章之后，黄道周对每一章中的原文进行划分，主要是一句一分，由此在每一句之下做相关诠释的内容，其诠释方式并非字句的训诂考据，而主要是对原经文义理的阐发。

在对《孝经》各章中的各句进行诠释之后，黄道周引用《小戴礼记》《大戴礼记》《仪礼》《论语》《孟子》《新书》等为各章内容作传注，分布于十八章各章之后，这是称为"大传"的部分。该"大传"的引用，以《小戴礼记》居多，《大戴礼记》次之，余者为少。之所以引用这一些文献，大概是因为这些文本记载了孔子或者曾子、子思、孟子的言行，都是关于圣人孔子的义理思想。

在引用其他文献为《孝经》原文进行传注之后，也就是在每一则"大传"引文的下面，黄道周又分别作诠释的内容，诠释方式与对《孝经》原文的诠释部分相仿，这是称为"小传"的部分。黄道周在众多"小传"中除了也引用二戴《记》《仪礼》《论》《孟》之外，还杂引《周易》《诗经》《尚书》《周礼》《左传》《公羊传》乃至《逸周书》《国语》《新书》《韩诗外传》《春秋繁露》等上古文献，以此为自己的诠释内容作证。

黄道周以五微义、十二著义总括了《孝经集传》的纲领，其自序道"臣绎《孝经》微义有五，著义十二。微义五者：因性明教，一也；追文反质，二也；贵道德而贱兵刑，三也；定辟异端，四也；韦布而享祀，五也。此五者，皆先圣所未著而夫子独著之，其文甚微。十二著者：郊庙、明堂、释奠、齿胄、养老、耕借、冠昏、朝、聘、觐、祭、乡饮酒是也"。五微义与十二著义是黄道周对《孝经》的独到发明，也是以此奠定了《孝经集传》在孝经学史上的崇高地位，尤其是五微义更为后人所推许。

在《孝经集传》成书刊行之后，清代与民国两季的经学家都十分推崇，包括魏源、唐文治、曹元弼、马一浮等人对《孝经集传》的评价极高，而且大体一致。比如著名经学家唐文治（1865—1954年）认为"《孝经》学最精者，以明代黄石斋先生《孝经集传》与吾友吴县曹君叔彦《郑氏笺》为最"，认为历代治《孝经》最精深者，当属黄道周与其友人曹叔彦（1867—1953年）。而曹叔彦则认为"郑君笃信好学，守死善道，进退容止，非礼不行，故依经立注，为学者宗。若明皇之治有始无终，祸乱偾兴，唐宗几灭，德不足以庇百姓，言安足以训后世耶？自时厥后，注解多浅近不足观，惟明黄氏道周《孝经集传》融贯礼经，根极理要。……郑君而后见及此者，黄氏而已"。还有如马一浮提到"自来说《孝经》，未有过于黄氏者也"，同样是将黄道周的《孝经集传》推为孝经学史上的千古之最。

黄道周作为《孝经》的"素臣",其一生品节也无愧于此。首先,黄道周侍奉父母至孝,一生时间除了短暂的在朝为官之外,基本都在家乡守墓;其次,黄道周事君至忠,即便受到不公正的对待,仍然尽忠尽责,并且直言敢谏,甚至与皇帝当庭辩论;最后,黄道周募兵抗清,兵败被俘之后大节不屈,大义凛然,其身虽殁,却成千古之名。其忠孝如此,堪称以一生证得《孝经》"始于事亲,中于事君,终于立身"之言,或者说他自身就是一部《孝经》,人书合一。所以黄道周著《孝经集传》不仅使自己成为《孝经》的"素臣",他更是《孝经》精神的实践者。

(翟奎凤撰)

《孝经郑注疏》(附《孝经讲义》)提要

《孝经郑注疏》提要

皮锡瑞,字鹿门,一字麓云,湖南善化人,生于清道光三十年(1850年),卒于光绪三十四年(1908年)。皮氏自幼善学,八岁能诗文,十四中童子试,二十四获举拔贡。曾主讲于南昌经训书院,出任南学会学长,创办善化小学堂,此后又相继在湖南高等学堂、湖南师范馆、湖南中路师范学堂等地任教。皮氏具有极高的经学造诣,在晚清学术与政治上均占有重要地位。其治经主宗今文,生平著述,集为《师伏堂丛书》及皮氏八种,并有其余已刊及未刊遗著。《孝经郑注疏》一书成于光绪二十一年

（1895年），是为清代《孝经》学的集大成者。该书不仅精擅学理，并详制度、经义，还发掘了《孝经》的经世性质，体现出一代经师的现实关怀。在此，笔者从学术、政治两个角度，对本书做出简要评价。

本书在学术上的成就，主要可归纳为两点：其一，皮氏对《孝经》及郑注的性质做出了认定，直指《孝经》出自孔子，其注出自郑玄，并无异议。前人屡有怀疑《孝经》作者为曾子门人，或为汉儒所辑，而皮锡瑞认同《孝经》乃是孔子为曾子等生徒所陈孝道之书，并广引汉代经籍文章，以证《孝经》绝非汉人伪作。而如南齐陆澄、唐刘知几等人疑郑注并非出自郑玄，皮氏又考辨源流，于序中一一驳斥刘知几"十二验"，并附以疏中文本证据，其言真实可信。对经、注的性质定位，也同时构成了皮氏作疏的立场依据。其二，皮疏尽力考订和整理了郑注，并对其做出了精审的疏解。自《孝经》郑注散佚以后，不少学者均有所收集，其中以严可均根据日本流传的《群书治要》本所考订的成果最为完善。皮氏采用严可均本作疏，颇具慧眼。此外，皮氏对郑玄的《孝经》学亦有深刻认识。他认为，郑玄《孝经》注乃是早期所作，故纯用今文家言，不掺杂古文说。因此，皮疏征引众多文字，以五经及相应注疏为主，并有诸子论著、两汉文章、诏令、奏议等，即多选取各类典礼，以礼解经。在皮疏以前，便有"以礼制分今古"的做法，故皮氏所选典礼，为今文家之礼说，以证郑注及所据《孝经》均本今文。除此之外，皮疏也因文献不足，造成了些许疏失。在数处疏中，由于缺乏敦煌新出土文献的参校，皮氏囿于严辑本而不得正解，稍显遗憾。但总的说来，本书对于郑玄《孝经》学的阐发仍有不可磨灭的贡献。

除学术以外，皮氏撰此书，亦怀有通经致用、回应现实之心。本书刊刻之时，正值甲午战后，康有为等改良派公车上书，要求变法。皮氏作为今文学家，笃信孔子之法，故主张依托古制，进行政治变革。在《孝经郑注疏》中，皮氏对制度的看重，并非仅仅出于对郑学的服膺，也是为维新变法寻找理论依据。如《圣治章》中对郊祀、明堂礼的辨析，《卿大夫章》中对选举法的看重，以及《五刑章》中对"要君无上"的理解，都充分表现出皮氏身处家国巨变之际，仍旧典学稽古、殷忧社稷的精神。这既是他将《孝经》置于整全的经学体系中考量的结果，也是作为一名今文经师的学术责任所在。

总的来说，清代及其后的《孝经》学与汉唐、六朝、宋明之世相比，整体创见虽有不足，但仍旧涌现出一批有价值的著述。皮锡瑞《孝经郑注疏》作为其中的佼佼者，吸收了前代经注的思想成果，又在文献考辨、义理阐发上做出了自己的创新。它是《孝经》学史上的重要文献之一，也展现出晚清学人对经典、现实的深刻理解。

《孝经讲义》提要

宋育仁，字芸子，号问琴阁主人，四川富顺人。宋氏自小资禀特异，雅好读书。光绪二年入尊经书院，潜研经史，考三代制度，详名物体用，著《周礼十种》，以通经致用为己任。光绪十二年举进士，后任翰林院检讨、典礼院候补学士。光绪十九年，任驻英、法、意、比四国公使参赞，归国后著《采风记》，详尽描绘西欧名物政教。甲午战后，主办《渝报》《蜀学报》，担任尊经书院山长，以伦理、政事、格致之学育人，一时人文蔚起，蜀学勃兴。清廷逊位后，宋氏又出任四川国学会会长。1931 年病逝，享年七十四岁。宋氏博通六艺，泛滥词林，一生著述遍及经史，而亡佚甚多。其尚存者由门人范天杰、胡金等蒐集，编为《问琴阁丛书》。其中《孝经讲义》十八章，以《周官》封建井田、学校军礼之制解释《孝经》，附以详细的训诂、义理考辨，既具有学术价值，也富有强烈的现实关怀。概言之，本书的特点主要有二。

首先，《讲义》成书之时，正值清室危殆，神州激荡之际，宋氏之学本于湘潭王闿运，故《孝经讲义》一书，便旨在托古改制，以孝治国。在序言中，宋氏引孔子"志在《春秋》、行在《孝经》"一语，以揭明《孝经》宗旨为"内圣外王"，成为全书的行文基调。一方面，宋氏认为，由"孝"之情感而来的父子、夫妇、兄弟之伦，可层层外推，用之以治家国、平天下；另一方面，中国地域广大，形势复杂，若非系统的制度设计，便不能挽回分崩离析之人心。在宋育仁看来，《周礼》分封之制严密、详尽，仍是最适合中国的政教体系，又与《孝经》分章一一契合，可为立国之本。故而宋氏眼中的《孝经》，并非一本空言劝孝之书，而是与《周礼》互相发明，为经世政治之范本。

其次，宋氏因远赴重洋，还具有开阔的文明视野，《孝经讲义》中对中西文化、体制的参照比较，在晚清民国的《孝经》解读中亦属新颖。在《讲义》一文中，宋氏也时常运用多种外来词汇，如主观、客观、社会、公理等，足见其解释已不拘于传统，而是更多地融入了自己贯通中西的广博见闻。在仍以经典注疏为主要背景的晚清《孝经》学著述中，本书无疑为读者提供了别具一格的视角。

（常　达撰）

《孝经郑氏注笺释》提要

曹元弼（1867—1953 年），字谷孙，又字师郑，一字懿斋，号叔彦，晚号复礼老人。江苏省苏州吴县人。少受黄体芳器异，选入江阴南菁书院肄业，从黄以周受经。早岁专力于《三礼》之学，治经严守郑玄家法，著《礼经校释》，为海内所推重，后以是书得赏翰林院编修。

1887 年，曹元弼应张之洞聘，为两湖书院经学总教。戊戌，张之洞撰《劝学篇》，曹元弼作《原道》《述学》《守约》三篇以辅翼之，亦其所自道。又受张之洞命，依《劝学篇·守约》所论治经之法，撰《十四经学》，闭户论撰、覃思研精，成仅及半，刊竣《礼经学》《孝经学》《周易学》三种。1907 年，张之洞立湖北存古学堂，重招其为经学总教。翌年苏省效立存古，曹氏任苏存古经学总教，仍兼鄂学。是时，清廷开礼学馆，重修《大清通礼》，曹元弼列顾问。辛亥六月，曹元弼辞苏存古教席，居家注《易》。旋即，存古议废，清帝退位，民国肇立。

自是，曹元弼为清遗民，遁世著述，以守先待后为己任。笺释《周易》《孝经》《尚书》三经郑氏学，又有《周易集解补释》

《大学通义》《中庸通义》《复礼堂述学诗》《复礼堂文集》等作，一生著书二百余卷，总三百余万言。曹元弼一生纂著以全面表彰、恢复郑学为依归，而终构建一以人伦爱敬为宗旨，以礼为体，六艺同归共贯之经学系统，为晚清民国古文经学之殿军。《孝经》学正是曹元弼经学理论的枢纽和根柢。

曹元弼一生疏释群经，于《孝经》反复系念，所治《孝经》已成、未成之作最多。其自少专力《三礼》，而夙兴必庄诵《孝经》，谓"冠、婚、丧、祭、聘、觐、射、乡无一非因严教敬、因亲教爱，与《孝经》之旨意融合无间，通《孝经》而后知礼之协乎天性，顺乎人情"，认为《孝经》之爱、敬是礼乐教化的人性根荄。因不信《群书治要》所存《孝经》郑注，曹元弼欲据臧庸、严可均辑本，拾遗订误，作《孝经郑氏注后定》。又以重疏《孝经》自任，欲"遍辑经传、周秦汉古籍、各经师注涉《孝经》义者为之笺，而博采魏晋以来《孝经》说之有师法、应礼道者，贯以积思所得疏之"，是其笺释《孝经》之志与基本体例已奠定。

至任教两湖书院时期，受张之洞《劝学篇·守约》的影响，先撰《孝经六艺大道录》，立百篇目录，仅成《述孝》一篇，为其《孝经》学之宗旨纲领。后撰《十四经学》之一的《孝经学》，依南皮治经之七法：明例、要旨、图表、会通、解纷、阙疑、流别，全面梳理《孝经》大义，评点学术史，总结表达自己的观点，用作学堂经义课本。《孝经学》的写作既是他对南皮经学教育理念的落实，也从属于曹氏自身的《孝经》学著作脉络，为《孝经郑氏注笺释》的写作做了铺垫。

民元后，曹元弼于1923年始注《孝经》，至1935年刊成《孝经郑氏注笺释》三卷并《孝经校释》一卷。因刊落《治要》所存郑注，邢疏、《释文》所录郑注仅全帙之半，故是书采获郑氏他经注以补缀之。参以今日敦煌出土《孝经》郑注，间有暗合者，是曹氏深于郑学之显证。至于所作笺、释，极尽精详，是其《孝经》学之代表作。至1943年，他又作《孝经集注》以备童蒙课读。

曹氏以前，皮锡瑞作《孝经郑注疏》，以《孝经郑注》多采今文，定为郑君早年所作，而遍辑今文礼制以疏解之。时龚向农亦欲疏《孝经郑注》，见皮《疏》后知不必再作，足见鹿门之精善。及曹氏作《笺释》，不计今古门户，所重亦非礼制，故称引皮《疏》者寥寥。其所推重者，黄道周、阮元与唐文治三人。黄道周以《大小戴记》为《孝经》义疏，阮元以《春秋》《孝经》相配，立人伦之大防，唐文治说《孝经》多情义深挚、感发天良之语，可见曹氏重《孝经》在于人伦道理。

郑玄《六艺论》云："孔子既叙六经，题目不同，指意殊别，恐斯道离散，后世莫知根源所生，故作《孝经》以总会之，明其枝流本萌于此。"曹元弼笃信斯言，认为六经是伏羲以至孔子历代圣王之法，宗旨同在于人伦，而《孝经》揭示出爱、敬是人伦之道的核心。故他说："爱、敬二字为《孝经》之大义，六经之纲领。六经皆爱人敬人之道，而爱人敬人出于爱亲敬亲。"

以爱、敬观照六经，六经就是爱、敬的不同展开。如谓："盖六教者，圣人因生人爱敬之本心而扩充之，以为相生、相养、相保之实证。《易》者，人伦之始，爱敬之本也。《书》者，爱敬之事也。《诗》者，爱敬之情也。《礼》者，爱敬之极则也。《春秋》者，爱敬之大法也。爱人、敬人本于爱亲敬亲，孔子直揭其大本以为《孝经》。"是故，以《孝经郑氏注笺释》的完成为标志，曹元弼构建了以《孝经》会通六艺的经学体系。

（宫志翀撰）

《孝经学》提要

《孝经学》，曹元弼著。

《孝经》之学是曹元弼经学理论的根柢，疏释《孝经》大义贯穿了他一生。他自少夙兴必庄诵《孝经》，欲作《孝经郑氏注后定》《孝经纂疏》《孝经证》，均未成；两湖时期作《孝经六艺大道录》《孝经学》；民国时期作《孝经郑氏注笺释》《孝经校释》，极尽精详，又有《孝经集注》以备童蒙课读。在这条脉络中，《孝经学》有承前启后的意义。该书是他首次全面梳理《孝经》大义、评点学术史、总结表达自己观点的作品。

郑玄《六艺论》云："孔子既叙六经，题目不同，指意殊别，恐斯道离散，后世莫知根源所生，故作《孝经》以总会之，明其枝流本萌于此。"曹元弼笃信斯言，认为六经是伏羲以至孔子历代圣王之法，宗旨同在于人伦，而《孝经》揭示出爱、敬是人伦之道的核心。故他说："爱、敬二字为《孝经》之大义，六经之纲领。六经皆爱人敬人之道，而爱人敬人出于爱亲敬亲。"

以爱、敬观照六经，六经就是爱、敬的不同展开。如谓："盖六教者，圣人因生人爱敬之本心而扩充之，以为相生、相养、相保之实证。《易》者，人伦之始，爱敬之本也。《书》者，爱敬之事也。《诗》者,爱敬之情也。《礼》者,爱敬之极则也。《春秋》者,爱敬之大法也。爱人、敬人本于爱亲敬亲,孔子直揭其大本以为《孝经》。"这种以《孝经》会通六艺的经学思想,在《孝经学》中得到了充分的表达,为之后写作《孝经郑氏注笺释》做了铺垫。

(宫志翀撰)

二

先秦子书类

《管子校注》提要

《管子校注》，黎翔凤撰，梁运华整理。

管子，名夷吾，字仲，春秋时期著名的经济学家、哲学家、政治家、军事家。齐桓公元年（前685年），管仲任齐相。管仲在任内大兴改革，富国强兵。管仲辅佐齐桓公九合诸侯，一匡天下，成为春秋"五霸"之一。《史记》《左传》《国语》中对他的事迹均有诸多记载，孔子称赞"微管仲，吾其被发左衽矣"（《论语·宪问》）；又曰："桓公九合诸侯，不以兵车，管仲之力也，如其仁，如其仁"（《论语·宪问》）！管仲的传记，见于《史记·管晏列传》。

黎翔凤（1901—1979年），字丹池，湖北黄梅人。1925年毕业于武昌师范大学，从师于黄侃先生，专攻汉学。1962年秋，黎翔凤参考郭沫若《管子集校》，同时研究、参考《管子》的各种版本，重新校注《管子》，于1964年完成《管子校注》。黎翔凤先生逝世后，其遗稿被中华书局购得。因字迹不易辨认，经沈啸寰先生以及黎先生遗孀李雪尘女士抄录、核校，后由梁运华加工整理而成。

《管子》一书，依托管仲之名而作，而非成于一时一人之手。但亦与管仲有关。西汉时期刘向最先加以整理，经刘向删订后为八十六篇，后亡佚十篇，现存《管子》共二十四卷，目录为八十六篇，有十篇有目录而无内容，实际共七十六篇。《汉书·艺文志》中将其归入子部道家类，《隋书·经籍志》之后，又将其归入法家类。《管子》一书篇幅宏大，内容颇丰，《牧民》《形势》等篇涉及霸政法术；《侈靡》《治国》《轻重》等篇论及经济生产；《七法》《兵法》等篇言及战事兵法；《宙合》《枢言》等篇谈及哲学及阴阳五行等，包含了道、儒、名、法、兵、阴阳等各家的思想。

《管子》中所提出各种政治主张，在现存的先秦诸子著作中是较为全面和翔实的。学术界通常认为，其中《心术》上下、《白心》《内业》四篇，内容关联，集中体现了《管子》一书的思想特点，地位颇为重要。现以上述四篇为中心，对《管子》的主要思想内容做一简略介绍。

《管子》一书中的道论思想，在继承老子道论观点的基础上，又与"精气"说相结合，提出"精也者，气之精也"（《内业》）。又云："凡人之所生也，天出其精，地出其形，合此以为人。"（《内业》）天地间的万事万物都由精气而生。"凡物之精，比则为生。下生五谷，上为列星。流于天地之间，谓之鬼神；藏于胸中，谓之圣人。"（《内业》）无论是理家还是治国，遵道而行，就会获得成功。"欲王天下而失天之道，天下不可得而王也。得天之道，其事若自然；失天之道，虽立不安。其道既得，莫知其为之，其功既成，莫知其释之。藏之无形，天之道也。"（《形势》）

在政治思想方面，强调君主有德，"德者，道之舍。物得以生生，知得以职道之精。故德者得也。得也者，其谓所得以然也以。无为之谓道，舍之之谓德，故道之与德无间，故言之者不别也"（《心术上》）。对于统治者来说，"无以物乱官，毋以官乱心，此之谓内德"（《心术下》）。感官不被外物所诱惑，心灵不为感官所动摇，就是具有了"内德"。如此一来，君主便会公正无私，因民之心，因物之性，因天时地利而行。正所谓"明主之治天下也，静其民而不扰，佚其民而不劳。不扰则民自循；不劳则民自试。故曰：'上无事而民自试'"（《形势解》）。

那么如何因民之心，因物之性，因天时地利而行呢？《枢言》篇曰："爱之、利之、益之、安之，四者，道之出。帝王者用之，而天下治矣。"又曰："天以时使，地以材使，人以德使，鬼神以祥使，禽兽以力使。"总之，对于统治者来说，遵循自然与社会规律，动静得时，顺天而行，自然可以四海承平，天下安定。"其功顺天者天助之，其功逆天者天违之。天之所助，虽小必大；天之所违，虽成必败。顺天者有其功，逆天者怀其凶，不可复振也。"（《形势》）

在遵道顺天而行的同时，《管子》一书体现了既重视法治，又重视儒家经典教化作用的思想倾向，主张德与法并重，赏罚与教化并举的统治方针。对于法治的作用，正如《任法》篇所说："法者，天下之至道也。圣君之宝用也"；"圣君任法而不任智。"与此同时，将礼义廉耻视为"国之四维"。对于《诗》《乐》《礼》的教化作用，《内业》篇曰："凡人之生也，必以平正。所以失之，必以喜怒忧患。是故止怒莫若《诗》，去忧莫若《乐》，节乐莫若《礼》，守礼莫若敬，守敬莫若静。内静外敬，能反其性，性将大定。"除了《诗》《乐》《礼》，还有敬与静的方法，由此可见，《管子》一书表现出以道、法为主体，道、法、儒、刑名融合的思想特征。

《管子》一书中更有着诸多中国传统民本思想的论述，如

《牧民》《五辅》《权修》《枢言》《大匡》《治国》等许多篇章都在告诫统治者要重视民的作用，以民为本，告诫为政者要"爱民""富民"。"士、农、工、商四民者，国之石民也"（《小匡》）；"夫霸王之所始也，以人为本"（《霸言》）。《管子》一书的作者清楚地认识到民是国之本，"争天下者，必先争人"（《霸言》）；而民心所向是为政之基，警告君主如得不到民心拥护，那将成为孤家寡人。"得众而不得其心，则与独行者同实"（《参患》），而得民心的关键又在于政顺民心，"政之所兴，在顺民心。政之所废，在逆民心"（《牧民》）。对于《管子》中所提倡的这种政出易行，重视民心又符合民情的现实主义政治主张，司马迁"论卑而易行"的评论，可谓一语中的、恰到好处。

（曹婉丰撰）

《十一家注孙子校理》提要

《孙子兵法》托名春秋末齐人孙武，《史记·孙子吴起列传》称其以兵法见吴王阖闾，后为吴将，记述类似小说家言，或全为伪托之故事。孙武其人其事，于《左传》等史籍全不可考，后人或怀疑"孙子"实指战国中期之齐人孙膑，其人或为孙武之后代。孙膑生卒年约为公元前380—前320年，大体与孟子同时，因膑足而得名，据《史记》称曾败魏将庞涓于马陵之役，此或亦为传说故事。马陵之役齐田忌为帅，而孙膑实为田忌门客，因善于兵法而为其于军中谋划。后田忌曾一度流亡于楚，孙膑大约同行。其时楚早已灭吴，以兵法名世的孙膑于流亡期间行经吴故地，而衍生出孙武为故吴王将的传说并非不可想象。

《孙子兵法》之名两见《汉书·艺文志》，有《吴孙子》和《齐孙子》之别，前书即托名孙武的《孙子兵法》，因传说孙武为吴将而称《吴孙子》。《孙子兵法》中的记述，前人已经指出其符合战国时的情况，其成书或亦与孙膑有关，仅托名孙武而已。但吴、齐两种《孙子》确为两书，银雀山汉简两种书均有出土，前者内容不但包含今所见之《孙子兵法》十三篇，尚有四篇佚文，而后者则为早亡佚的《孙膑兵法》。今见《孙子兵法》有两种版本系统，一为宋《武经七书》本，一为宋《十一家注孙子》本，后者保存了宋以前《孙子》的多种注释，有很高学术价值，但直至现代影印前流传不广。十一注家，分别是曹操（三国）、孟氏（名不详，南朝梁人）、李筌（唐）、贾林（唐）、杜佑（唐）、杜牧（唐）、陈皞（唐）、王晳（宋）、梅尧臣（宋）、何氏（或名延锡，宋人）、张预（宋）。其中以曹注影响最大，且始终有单行本流传。曹操本人有丰富实战经验，又有很高的文化修养，其注《孙子》为后世推重，《武经七书》本《孙子》亦为曹注，而《十一家注孙子》或即在曹注的基础上逐步增益而来。《十一家注孙子》明嘉靖、万历年间均有刻本，清经学家、藏书家孙星衍（1753—1818年，字渊如，今江苏常州人，乾隆五十二年榜眼、翰林院编修，官至刑部郎中、山东布政使）参考明《道藏》《孙子》本校订、另刊刻《孙子十家注》（孙星衍未见宋本《十一家注孙子》，以杜佑不注《孙子》，故依《宋史·艺文志》旧题"十家注"），订正校改了以往《孙子》注编排时代上的错乱和正文中的错误，今人杨丙安结合孙星衍刻本，对宋《十一家注孙子》再加整理校雠，综合利用前人研究成果，进一步订正了书中讹误，书后亦附录前人重要书序，为《孙子》研究奠定了文献基础。

  《孙子》全书，强调策略谋划，轻视实际作战技术，作为军事学的著作有空谈理论不及现实的缺陷，但其中蕴含丰富的哲学思想，而为古人所看重。《孙子》十三篇，按内容可分为四部分：第一部分专讲战略设计，包括《计篇》《作战篇》和《谋攻篇》；第二部分讲战术规划，包括《形篇》《势篇》《虚实篇》；第三部分讲战役谋略，包括《军争篇》至《九地篇》五篇；第四部分为《火攻篇》和《用间篇》，专讲特殊的战争手段。战略设计层面的谋略和整体规划，始于战争开始之前的"庙算"，即对于敌我双方军事政治实力和相关制度建设方面的优劣有明确的比较，通过这种比较和对双方长短之处的计算，达到在战争开始前就预判未来局势之胜负走向的目的。有了对整体实力的估算比较，就可以考虑军队作战的基本策略了，其关键在于速战速决，"贵胜不贵久"，避免后勤消耗给部队带来的拖累。有上述准备，再进一步考虑如何通过组织进攻而战胜对手，而此环节中的核心策略是以最小代价取得最大胜利，所以"不战而屈人之兵"才是最理想的胜利。《谋攻篇》末尾，再次强调了由"庙算"得出的"知己知彼"的重要性，为所设计的战略部分做出总结。战术规划始于对军事部署当中易把握的"形"和不易把握的"势"的充分知悉，前者包括了解具体的兵力、后勤和表面上的实力对比，后者包括对特定作战环境中相对优势地位的利用，甚至通过特定的计谋和指挥制造出对我有利的形势。这仍然延续了前文强调计算的思路，如此能否获得关于敌我双方的真实知识，并通过虚实变化误导、欺骗对手对于赢得胜利就是至关重要的，于是战术规划的最后，就是强调通过对"虚实"的安排使敌人无知，并最终使战术形势的发展对我方有利。具体在战场上，在战役谋略的层面，上述有关形势虚实的可计算的知识如何以不同的方式落实下来，就是《军争篇》等关注的内容，这部分内容是《孙子》中最为具体的战斗原则，涉及如何行军、如何进入战场、如何宿营、如何执行军中法令、如何利用地理知识等，其中军事地理问题是关注的重点，只有充分把握不同地理环境给部队带来的形势变化及其影响，才能有有效的应对措施，达到"置之死地而后生"的结果。《孙子》最后讨论了两种特殊的战争手段，即"火攻"与"用间"，前者是深受古人重视的战争技巧，在烧杀敌人的同时还致力于烧毁对方后勤补给，如何在战争中发动火攻，从此不但是《孙子》的发明，也成为中国古人对战争想象的重要环节；后者则专门讨论战争中如何获取并利用情报的问题，即一方面合理利用间谍收集敌人信息，另一方面也向对方传播错误信息以扰乱敌人。《孙子》强调间谍在战争中的作用，将信息视为重要的战争资源，与其全书开头对"庙算"和"知己知彼"的理解形成呼应，充分体现了与战争有关的各种知识对于夺取胜利的价值。

（匡　钊撰）

《墨子间诂》提要

墨子，战国初期宋人，名翟，生卒年约为公元前480—前390

年，约与子思同时代。墨子早年或受教于儒家，后学术自成体系，与之并称先秦显学。墨子生平不详，据记载曾为宋大夫，有发挥自己在军事方面的才能，止楚攻宋之事。旧曾有以"墨"者之名源于刑徒而非姓氏的说法，钱穆考之，以为墨子之名所起，并非由于墨子本人受过墨刑，而是由于墨子提倡俭朴力行，称道大禹，不惜自苦，其行为思考模式如同处于社会下层的刑徒。在很大程度上，墨子也的确是先秦少有的代表了社会下层民众立场的思想家。墨子弟子众多，其中有姓名可考者如禽滑厘、耕柱子、胡非子等，据称墨子曾让禽滑厘率领三百弟子协助自己于宋城防御楚军，可见墨家团体阵容之盛。墨家团体，后期发展具有宗教或秘密结社的性质，其组织首领被称为"钜子"，对团体内部成员操有生杀之权，而团体成员对于钜子和墨家组织，亦有不惜性命的绝对效忠之义务。《韩非子·显学》载墨子死后，墨家分为三支，《庄子·天下篇》亦有对墨家后期分派的记载，墨家有些分支被称"别墨"，具体情况虽不明，但其思想主张已经与墨子本人有较大差异。在孟子的时代，墨家仍然昌盛，但其在战国末期迅速衰落，遂退出历史舞台，而此中因由却成为千载悬案。

《墨子》系门人对墨子本人思想的记述和墨家后学的文集，书名见于《汉书·艺文志》，称有七十一篇，今仅存五十三篇。其中《亲士》《修身》等篇或被认为并不反映墨家思想，而其余内容大致可分为三部分：《尚贤》至《非命》等三十篇，或是门人对墨子本人思想的记述；《经上》《经下》及其"说"与《大取》《小取》六篇，或被认为即"别墨"所尊奉的《墨经》，可能与墨子本人有传承渊源，但其主要内容则应是墨家后学的主张；至于

《备城门》以下十余篇,则为专门的兵法之学,亦应传授自墨子、禽滑厘。墨学在古代不受学者重视,清中期以前不但没有旧注,其部分文本也漫漶错乱,难以阅读。清人毕沅、王念孙等开始对《墨子》进行校注整理,清末孙诒让综合利用前人成果,考订校注而成《墨子间诂》。孙诒让(1848—1908年),字仲容,浙江瑞安人,晚清著名学者,精通考据与训诂之学,在金文、甲骨文方面亦有造诣,另有《周礼正义》《契文举例》等著作。他的《墨子间诂》一书,不但在文字考订方面解决了原始文本中的不少讹误,亦在义理分析方面使墨家的思想初步清晰连贯,诚如梁启超所言,由此《墨子》人人可读,而为现代墨学的复兴奠定了基础。《墨子间诂》书后收入《墨子》以往多种序跋、墨家后学的佚文,并作墨子传略年表等,为墨子思想研究提供了方便。《墨子间诂》于清宣统二年有刊刻定本,后有今人孙启治再加点校。

《墨子》书中门人对墨子思想的记述,要之是以墨子作为儒家思想的批评者。墨子从四个方面批评儒家,认为后者不相信天或鬼、坚持厚葬浪费民力、礼乐设施不过是为了满足少数人的奢侈需求且其宿命论将使民众怠惰而逆来顺受。这些批评反映了墨子与儒家不同的代表社会下层的立场,一方面,是从俭朴力行的角度反对儒家所提倡的那些繁文缛节及其带来的铺张浪费,上升到国家治理的角度,也就是主张儒家开出的礼乐文明的药方,并不符合社会上更多数下层民众的利益;另一方面,认为儒家不信天或鬼且有宿命论倾向的批评却并不完全恰当,天、鬼退位意味着人文精神的兴起,而儒家强调的"命"只是指那些人力无法控制的力量,这种强调本身恰恰是为了给人的德性追求留有余地,不能被视为在主张某种消极的宿命论，这些内容正好反映了墨子的理论盲区。

与对儒家的批评相对，墨子思想的建设性，主要在于提倡"兼爱""非攻"，和具有宗教性意味的"天志""明鬼"。"兼爱"在某种程度上是对儒家之"仁爱"不分高下地全面拓展，墨子认为这样才能对天下所有人都有利，具有功利主义倾向；"非攻"则片面强调和平反对任何形式的战争，这可被视为是对春秋战国历史现实的反思，但反思立场则有不切实际之处。墨子提倡"天志""明鬼"在很大程度上是为了解决自己"兼爱"等主张的合理性问题，并希望通过天或鬼的赏罚力量来保障自己功利主义的道德观。

对于国家治理问题，墨子给出的答案是"尚同""尚贤"。"尚同"强调国家君主的权威，并认为这种权威应得到天意和民意的双重认定；"尚贤"则指君主任用贤人治国，这些思想都可视为是墨子对战国时代国家治理体系转变的反思。

《墨经》六篇，则是与上述墨子思想并不直接关联的专门之学，主要处理的内容依今人眼光看待，在于逻辑学和自然科学方面。名实关系问题是战国中后期中国知识论的基本问题，诸多学者对其有多重讨论，而其对论辩过程的关注，则在现代学科意义上可被视为是先秦逻辑学的一种形态。《墨经》的主要态度是经验主义的，对名实的对应性及名实之间的关系，多主张从经验的角度加以把握，不过其中也包含了对于推理和论辩有效性判定的一系列思考，虽然未能提出从形式上加以判别的方法，但其关注的知识论与语义学问题，却创造出了与现代西方哲学对话的一种可能性。《墨经》还涉及一些诸如光学、力学等自然科学知识，但远未能系统化，而由《备城门》等篇所见，墨家更关注经验知识在现实实践中的工程学运用。《墨子》最后这部分可视为专门的军事学著作，内容涉及守城的各种具体技术、武器装备和法度措施，不空谈战略而注重具体的战术安排，是了解战国时代城市攻防战的难得材料，并已经形成了相对独立的研究领域。

（匡　钊撰）

《商君书锥指》提要

　　商鞅，战国中期卫之庶出公子，公孙氏，祖先本姬姓，史书亦称公孙鞅、卫鞅，生卒年约为公元前390—前338年，大体与孟子同时。商鞅早年曾仕魏相公叔痤，因不见用于惠王而于公叔痤殁后去魏入秦见孝公，说服其变法，先后官拜左庶长、大良造，后伐魏大败其军，而魏割河西之地与秦议和。商鞅或因此军功获封列侯，封于商邑，故后称"商鞅"。商鞅在秦的变法，引起了宗室贵族的怨望，秦孝公卒当年，便因被太子门客诬告谋反而被迫逃亡，但因其曾与魏为敌而不得入其国，返回封地后又与其私属门客等去郑，但仍被秦军捕杀，并因涉嫌谋反而遭车裂、灭族。商鞅事迹见于《史记·商君列传》，在秦二十余年，其政治生涯几与孝公一朝相始终，奖励耕战、严明国法的施政措施，奠定了秦国在战国后的霸主地位，而他也因相关思想而被视为法家先驱。

　　商鞅本人并无著作，《商君书》成书较晚，开篇即称秦孝公谥号,部分篇章与《荀子》《韩非子》相蹈袭,且其《徕民》篇提及长平之战,应为战国后期秦法家的托名之作,但其中大部分内容或追述了商鞅变法的核心思想。《汉书·艺文志》有《商君》二十九篇,另列《公孙鞅》二十七篇,《隋书·经籍志》已用今名,有《商君书》五卷,后世及今本所见或即为此种面貌。《商君书》古无通行校注本,清末至民国方有多种注释本行世,今人蒋礼鸿本严可钧校本,综合孙诒让、钱熙祚等人校注,作《商君书锥指》,广泛综合前人研究成果,是目前最为完善的校注本。蒋礼鸿(1916—1995年),字云从,浙江嘉兴人,毕业于之江大学国文系,后任教于湖南蓝田国立师范学院、重庆国立中央大学师范学院、浙江师范学院和杭州大学中文系,是当代著名文字学家,精音韵、训诂、目录、校勘之学,另有著作《敦煌变文字义通释》《义府续貂》等,曾参与《辞海》和《汉语大词典》的编纂工作。蒋注除对前人在文字校勘方面的说法有自己裁量外,还多参考先秦子史经籍,对书中所涉法令制度有较详细的考辨研究,对于读者结合战国史实加深理解《商君书》有很多帮助。

《商君书》所录内容,均围绕富国强兵的主张,即所谓"农战"展开,这无疑是迎合了战国中后期新兴君主在诸侯兼并已经成为公开之常态的新形势下的意图。欲富国强兵,则传统上因袭而来的宗法封建制不得不加以改变,而改变的关键便在于弱化原有的贵族势力,以提升国君对国家的直接掌控。在此意义上,"变法"可谓全书的关键词,故《更法》篇置于书首,可谓全书之总纲。《商君书》提出变法的根本依据在于强国不必"法故",利民不必"循礼",即法令制度方面,王者不必拘泥于原有的传统,而可根据时代需要而有新的创造，这些创造可归结到四个方面：发展农业生产、建立与之配套的军事制度和法律体系，以及建立新型的君臣关系。书中鼓励农耕、发展生产的主张，被称为"尽地力之教"，此种主张或源于三晋法家的传统，来自李悝、吴起的遗说。如《垦令》《算地》等篇，均提倡致力于农耕，尤其是使民力与土地相适应，最大限度利用生产力。当民众多而地不足时，重在"垦草"，即开垦荒地；而当地广人稀之际，则重在"徕民"，即招揽其他国家的人民来本国务农。汉人评价商鞅的政策，多指其"除井田、开阡陌"，但《商君书》文本，并无明确的上述内容，井田、阡陌的传统土地制度亦不甚明朗，仅就现有文本而言，鼓励垦荒并招揽他国之民则是其相当明确的发展农业的主张。鼓励农耕的另一面，就是抑制商业，如"贵酒肉之价""重关市之赋"，使人们觉得从事商业活动无利可图，这或许是因为农业生产直接服务于以君主为代表的国家利益，而商业活动在当时仍然主要用来满足贵族阶层的奢侈需求，而后一种需求对于君主富国强兵的意图并无帮助。重农之后便可驱民以战，成为君主征服别国的兵源，如《开塞》篇所谓"强国事兼并"，如此需要建立相应的军事制度，《战法》《立本》《兵守》《境内》等篇，不但讨论了用兵的原则，强调战争胜利的基础在于国家内部经济政治的强大而非单纯的人数多寡或"巧诈"，即主张"力战"；也谈到新的兵制的建立，如"五人一屯长，百人一将"，或以"壮男""壮女""老弱"在守城时为"三军"，并使其在战斗中发挥不同的正面战斗或后勤保障作用。服务于上述农战的目标，还需要法律体系的保障，此一方面是"行赏"，即赏赐人民爵位土田等；另一方面则是"明刑",即公开明确处罚任何敢于破坏国家行政秩序的人。将爵禄与重刑连坐的峻法适当匹配而不偏执一端,君主才能收取最好的统治效果。上述主张多见于全书,尤以《错法》《赏刑》《画策》等篇论述集中,后文更特别强调国家不但需要法律,还必须有法必行,即"法必明,令必行",才能真正取得治国的良效。在刑赏体系的设计中,班民爵位的做法成为后来秦国延续下去的基本政策,而重连坐和明法令作为《商君书》的突出特点,则被《史记》认为是商鞅本人的重要主张,《商君列传》专门记载了他的什伍连坐之法和立木南门后给予搬动者五十金的故事,都佐证了《商君书》中的上述主张确出于商鞅本人。以上政策,名义上是为了强国,但实际上是为了君主称霸的需求,而为此目的,君主不但需要通过赏罚实现对人民的有效统治,也需要和臣下形成新的效忠关系,《修权》《君臣》《禁使》等篇便多讨论君主如何控制臣下,即人主如何"托势行权",利用自身的优势地位充分行使手中独有的权力,使臣下不能"任私枉法",做到"臣不蔽主而下不欺上"。《商君书》中鼓励耕战、明确赏罚以治民,利用权势以制臣的思想,均被法家后学发扬光大,而其现实的治理效果,奠定了秦最终统一六国的基础,在战国的历史大变局中,《商君书》的思想史意义尤其值得重视。

(匡 钊撰)

《庄子集释》提要

庄子(约前369—前286年),战国中期哲学家,庄氏,名周,字子休，蒙（今安徽蒙城，又说河南商丘、山东东明）人，是战国时期伟大的思想家、哲学家、文学家。

庄子原系楚国贵族，楚庄王后裔，后因乱迁至宋国，庄周曾做过宋国地方的漆园吏，与孟子、梁惠王、齐宣王是同时期人，庄子的学问渊博，游历过很多地方，对当时的各学派都有研究，进行过分析批判。楚威王听说他的才学很高，派使者带着厚礼，请他去做相国，为崇尚自由的庄子拒绝。

庄子的思想跟老子是一脉相承的，他发展了老子的思想。《淮南子》开始把庄子与老子思想归为一派，合称为"老庄之术"。司马迁则进一步指出，庄出于老，庄子的思想"归于老子之言"。他以"道"诠释宇宙、社会、人生，将老子本体论、宇宙论意味较重的"道"转化为以"体道"为核心内容的人生哲学体系，探索通往精神和生命的安顿之乡，形成了中国传统文化中老庄并称的道家智慧，使得道家真正成为一个与儒家棋逢对手、平分秋色的学派。

庄子的想象力极为丰富，语言运用自如，灵活多变，能把一些微妙难言的哲理说得引人入胜。他的作品被人称之为"文学的哲学，哲学的文学"。《庄子》全书以"寓言""重言""卮言"为主要表现形式，其文汪洋恣肆，气势壮阔，想象丰富，意出尘外，具有很高的文学价值，是先秦诸子文章的典范之作。

《庄子》继承、丰富和发展了老子"道法自然"的思想，认为"道"是客观真实的存在，但又"无为无形"，单凭感官不能把握，"可传而不可受，可得而不见"，为世界最高的本体。它的存在不以别的事物的存在为条件；在时间上和空间上都是无限的，在对世界本体的认识上，既说"精神生于道，形本生于精，而万物以形相生"，认为世界统一于"道"，道与万物同在。

《庄子》同样也继承了《道德经》的辩证法思想。认为一切事物都在发展变化之中，事物的变化是由于矛盾双方相互作用引起的；一切事物都是相对的，可以转化的，"臭腐复化为神奇，神奇复化为臭腐"。

从必然中解脱出来而实现绝对的自由，是庄子哲学所真正关心的问题。在庄子看来，任何物质性的东西，都会受到必然性的限制而难以享受真正的自由。只有精神才能享受到无条件的绝对自由，达到悠闲自得、无拘无束的逍遥而游的境界。

庄子认为"天下非有公是也，而各是其所是"，即天下本来并没有固定的、真的是非在那儿，是是非非都因人而异。庄子承认相对性是客观的存在，但他没有把相对主义变成一种绝对，成为绝对的相对主义，并由此导向虚无。事物之间的差别只是外在表现，认为从"道"的角度看，万物并没有高低贵贱之分。庄子提出"齐物"的观念，反对人类中心主义，强调人同万类比，没有价值上的优先性，选择上是平等的。它还隐喻着各种身份不同、境遇不一的人，都会有自己独特的立场，任何人都没有代替他人做选择，甚至是决定他人命运的权力。因为"自我"本身是局限的、片面的，执着于"自我"的看法，是"井底之蛙"的陋见。庄子说，"以道观之，物无贵贱"。

庄子不仅齐万物，还齐生死。在人生的种种困境中，最根本、最困扰人的心灵的莫过于生死困境。庄子是迄今可考的最早的详尽论述生死问题的中国哲学家。庄子把人的生死还原成一种自然的过程。他立足于生来领悟死的意义，凭借着死来体察生的价值。

《庄子》的生命观崇尚自然、本真，认为仁义、是非、贵贱、利害、生死"皆生人之累"，理想的人生是从这些现实矛盾中解脱出来，变"人为物役"为"物物而不物于物"（利用万物而不受制于万物），进入"万物一齐"，"道通为一"的"逍遥游"的绝对自由境界。庄子主张顺从天道，而摒弃"人为"，摒弃人性中那些"伪"的杂质。在庄子看来，真正的生活是自然而然的，因此不需要去教导什么，规定什么，而是要去掉什么，忘掉什么，应该忘掉成心、机心、分别心，而无须礼乐教化、仁义劝导，这些宣传、教化、劝导，庄子认为都是人性中的"伪"，所以要摒弃它。在庄子看来，不滞就是于自然无所违。不凝滞于思想、利益等任何事物，保持独立人格，才可乘物以游心。

《庄子》具有全新独立的美学观。认为自然界本身是最美的，"天地有大美而不言"。因而崇尚淡然朴素之美，"淡然无极而美从之"，"朴素而天下莫能与之争美"。认为"道"孕育、包容"天地之美"，是最高的美，"游心"于"道"，才能"得至美而游乎至乐"。庄子提出的"心斋""坐忘""丧我""无己"等修养方法，后来被道教佛教修行人士所吸收。

庄子是以抽象思辨的本体论来实现他对宇宙万物的根据和原则的探求的，对中国后世哲学、艺术、宗教产生了深远的影响。《庄子》一书，标志着在战国时代，中国的哲学思想和文学语言，已经发展到非常玄远、高深的水平，是中国古代典籍中的瑰宝。因此，庄子不但是中国哲学史上一位著名的思想家，同时也是中国文学史上一位杰出的文学家。无论在哲学思想方面，还是文学语言方面，他都给予了中国历代的思想家和文学家以深刻的、巨大的影响，在中国思想史、文学史上都有极重要的地位。

郭庆藩，湖南湘阴人，原名立塿，字孟纯，生于道光二十四年（1844年），卒于光绪二十二年（1896年）。郭庆藩是清末大儒郭嵩焘世侄，能传其家学，为养知学派后承之人，其致力于《庄子》研究，颇有心得，著有《庄子集释》十卷、《庄子注释》一卷、《读庄子札记内外篇》。《集释》是清代《庄子》研究的集大成之作，也是当今最流行的《庄子》读本之一。其主要成就在于：精密校订《庄子》本文，既能辨析古本异文正误，也揭示了某些前人未知的讹误；精心辑录散佚旧注，对陆德明《庄子音义》所录司马彪注多有补充；精确考释字词名物，在辨识通假字、训释疑难字及古代名物方面都有创见。在清代学术史上，诸子学是十分重要的学术分支。本书对道家名著《庄子》进行了全面注疏，在继承前人珠玉的基础上，对庄子一书进行全新阐释。

（陈　霞撰）

《荀子集解》提要

荀子，战国后期赵人，名况，早期典籍中多称荀卿或孙卿。荀子生卒年约为公元前340—前245年，十五岁时于齐威王在位晚期游学稷下，后至燕见燕王哙，不见用而返齐为稷下大夫。齐湣王时稷下学宫败坏，荀子去齐至楚，后齐襄王重修学宫，荀子返齐而于学宫中"最为老师"，曾三为祭酒。齐襄王十八年后，荀子或以襄王死而又去齐，赴秦见秦昭王后归赵见赵孝成王议兵，此时荀子或年逾八十，后终老于赵国。《史记·孟子荀卿列传》谓荀子至楚时见春申君并为兰陵令之事不可信，刘向谓荀子后孟子百余岁亦有误。荀子不但有弟子多人，且与多种经典在儒家内部的传承有关。李斯、韩非据称均受业于荀子，而毛、鲁、韩三家《诗经》，谷梁、左氏《春秋》并大、小戴《礼记》的传承亦均以荀子为枢纽。荀子之学，在历史上长期未得到彰显，宋明儒者对其某些观点多有攻击，斥为"异端"，直到近代其书其说方得到足够重视，而荀子也被视为重要性不亚于孟子的先秦儒家代表人物。

《荀子》一书多为荀子自著，后数篇则为门人辑录。《汉书·艺文志》《隋书·经籍志》《旧唐书·经籍志》均称其书为《孙卿子》，《新唐书·艺文志》则改称《荀卿子》，计有三十二篇。荀子书无汉人注释本，唐杨倞始作注二十卷，并改用《荀子》之今名。杨倞为唐弘农（今河南省灵宝县）人，于史无传，其父与元稹、白居易同时。宋明时无人新注《荀子》，至清则有汪中、王念孙、俞樾等多位学者对杨注进行过校勘诠释。光绪年间，王先谦兼采各家之说，编著《荀子集解》。王先谦（1842—1917年），字益吾，湖南长沙人，同治年间进士，官至内阁学士，曾主讲岳麓书院十年之久。在阮元后辑刊《续皇清经解》，另有《汉书补注》《后汉书集解》《庄子集解》等，发挥清代汉学精神，是清末著名经史学家。王先谦在《荀子集解》中汇集杨注与清人各家之说，最后以"先谦案"发挥己说，全书脉络清晰，便于学者参考。并于书前作《考证》上下篇，辑录前人对荀子其人思想经历等的讨论研究和对其书版本注释情况的各种考辨，提供了有价值的学术史材料。清人注解《荀子》，以文字训诂为主，王先谦亦秉承此种学术态度，《荀子集解》所录内容，对杨倞注中的相关错误多有订正，确使全书更为连贯易读。《荀子集解》于20世纪30年代有世界书局"诸子集成"本，后今人沈啸寰、王星贤加以重新点校。

《荀子》书中反映的思想，约可归为四方面：礼乐论、人性论、名辩论和诸子论。礼乐论为荀子思想的中心内容，在这方面继承发扬了先秦儒家以保存、发展礼乐文化为己任的基本诉求。荀子隆礼，将此种涵盖公私生活的行为规范视为人类社会的基本组织原则，不但具有形成共同体、使人"能群"（《王制》）的政治意义，也具有节制人之欲求、分配社会角色即"礼义以分之"（《礼论》）的道德意义。礼意味着对于特定社会秩序安排，此种"礼之分"既是人区别于禽兽的标志（《非相》），也是能让人类和睦相处的关键（《富国》）。对于礼的意义，荀子完全采取人文态度，他虽然重视丧祭之礼，但仅以其为文化设施，是君子眼中的"人道"和化民成俗的手段，而不是具有神秘主义倾向的"鬼事"（《礼论》）。荀子也很看重音乐的力量，主张其具有"动人之善心"的功能（《乐论》），此种对音乐所具备的道德教化力的阐释，与先秦儒家的一贯看法一脉相承，代表了儒家对音乐的根本态度。对于礼乐的起源，荀子归因于早先之圣王（《礼论》），后者被认为是人类社会组织与道德规范的最终制定者，这种观点在某种意义上略缺乏反思的深度。荀子的人性论在其思想中的地位并不算重要，在强调天人分异（《天论》）的基础上，将对人性的思考局限于某种自然人性论，强调其在本来嗜利好欲的意义上是"恶"的（《性恶》）。荀子的这种看法，与较早时孟子对人性的思考本不在同一层面，但因字面上冲突而成为荀子备受传统儒家学者攻击的关键。清人已经为其辩护，称"性恶"之说非荀子本意，事实上荀子并非不看重儒家所推崇的道德价值，只是认为这些价值的获得需要一个"化性起伪"（《性恶》）、"积善全尽"（《儒效》）的学习过程，因此荀子更偏重于强调道德教化与涵养（《劝学》《修身》），并在此过程中十分看重心智的力量（《解蔽》）。荀子的人性论从属于其礼乐论而不是相反，正是礼乐规范的存在，为本来缺乏节制的人性的道德规范化提供了可能，但他的这种看法确与宋明时期被视为儒家主流的人性学说不一致。荀子对名辩问题的思考，一方面是他对礼的思考的延伸，如认为名的制定和运用在于"明贵贱"，即确立合乎礼的要求的社会等级秩序；另一方面也是他对心智能力的进一步说明，如认为心有"征知"而人可据此通过对物的命名而"辨同异"，即根据差异对事物加以明确的分类与称谓（《正名》）。前一种思考，继承了孔子对"正名"的看法，坚持名辩的重心仍然在于政治问题；后一种思考，则是荀子对先秦涵盖墨家、名家等的更广泛的名辩思潮的反思总结，提供了先秦时最为条理分明的对于名实关系的较全面解说。荀子也是最早具有学术史研究意识的学者，他对于稍早和同时代的影响较大的先秦诸子之学说均加以简要述评，为我们提供了宝贵的思想史资料（《非十二子》）。荀子的立场无疑是儒家的，并由此立场出发对其余诸子进行了批评，视之为乱天下的欺众邪说，但因评价同时涉及儒家内部人物子思、孟子，而亦成为荀子受后世儒家攻击之处。尤可重视的是，荀子此处论先秦思想，是以诸子个人为单位，而非依据后世熟悉的学派门户，这提示我们汉人泾渭分明的六家九流之说或为追记，而未必反映先秦思想界状况的真实。

（匡　钊撰）

《韩非子集解》提要

《韩非子集解》，（清）王先慎撰，钟哲点校。

韩非子，（约前280—前233年），战国时期韩国人，杰出的思想家、政治家。他曾与李斯（秦始皇时丞相）共同求学于荀子门下。韩非是先秦法家学说的集大成者，著有《五蠹》《孤愤》《显学》等。韩非见韩国渐弱，数次上书劝谏韩王，韩王终不能用。韩非的著作传到秦国，秦始皇看到韩非的著作，十分赏识他的才华，曾慨叹："寡人得见此人与之游，死不恨矣！"并设法把他招到秦国，但不久即为李斯等人陷害入狱，被迫自杀。

王先慎，字慧英，长沙人，清末官教谕，王先谦从弟，《韩非子集解》由他完成。

韩非"为人口吃，不能道说，而善著书"。现存《韩非子》一书大部分内容为韩非本人所作。据《汉书·艺文志》著录《韩子》五十五篇，《隋书·经籍志》著录二十卷，篇数、卷数皆与今本相符。值得注意的是，先秦后期散文，在议论中使用语言故事以增强说服力，已成为一时风气。《韩非子》中的许多篇章，对寓言故事的运用已经进入自如的境地。《说林》《内储说》《外储说》就集中记录了大量的寓言故事。"守株待兔""自相矛盾"

"讳疾忌医"等，更成为后人常用的成语典故。

韩非是先秦法家学说的集大成者。韩非认为天下很少有"自直之箭，自圆之木"，也很少有"自善之民"，所以，治国必须远离儒家的德治仁爱之说。楚不用吴起（法家）而变乱，秦行商君之法而富强。概言之，韩非认为：人性是自私的；历史是进化的；法、术、势是统一的。

在人性论上，韩非认为人性都是自私的。他看到人人都有衣食等"欲利之心"，进而得出人人都是为利而生的结论："舆人成舆，则欲人之富贵；匠人成棺，则欲人之夭死也。非舆人仁而匠人贼也，人不贵，则舆不售；人不死，则棺不卖。情非憎人也，利在人之死也。"（《备内》）同样道理，"夫卖庸而播耕者，主人费家而美食，调布而求易钱者，非爱庸客也，曰：如是，耕者且深，耨者熟耘也。庸客致力而疾耘耕者，尽巧而正畦陌畦畤者，非爱主人也，曰：如是，羹且美，钱布且易云也"（《外储说左上》）。既然人人为利而生，君臣、夫妇、父子等人与人之间都是冷冰冰、赤裸裸的利害关系，所以君主才能用赏罚来推行法治。"凡治天下，必因人情。人情者，有好恶，故赏罚可用；赏罚可用，则禁令可立而治道具矣。"（《八经》）

历史观方面，韩非坚持"不法古，不循今"。他把历史的发展分为四期，即有巢氏、燧人氏的上古之世，鲧禹的中古之世，桀纣汤武的近古之世和当今之世。韩非认为，历史是向前发展的，每个时代都有进步，人口、财产的变化是历史变化的内在原因。"古者丈夫不耕，草木之实足食也；妇人不织，禽兽之皮足衣也。不事力而养足，人民少而财有余，故民不争。是以厚赏不行，重罚不用，而民自治。今人有五子不为多，子又有五子，大父未死而有二十五孙。是以人民众而货财寡，事力劳而供养薄，故民争，虽倍赏累罚而不免于乱"（《五蠹》）。由此，韩非得出"上古竞于道德，中世逐于智谋，当今争于气力"（《五蠹》）。因此，反对"以先王之政治当世之民"（《五蠹》），主张"不期修古，不法常可，论世之事，因为之备"（《五蠹》）。

法、术、势相结合是韩非思想的重要内容。韩非着重总结了商鞅、申不害和慎到的思想，把商鞅的"法"、申不害的"术"和慎到的"势"融合为一体。

首先，韩非区分了法、术、势三者的内涵。法，是记录在文献中，由有关部门执掌并广布于百姓的赏罚条文。法的特点是公正、无私。一经公布，君臣共守之。术，即权术。"用人有术"，即要有政治手腕。知人善用，用人之智，使人之能。权术与公开的"法"不同，要深藏在君主的胸中。君主无术则受群臣蒙蔽而不"知奸"。所以"术"是君主根据"法"，用以控制群臣和独揽政权的手段。韩非认为君主政权的主要危险来自周围的大臣、公子、后妃、宦官等，所以君主必须有一套权术，时时刻刻考察大臣以及周围接近他的人的情况，才能巩固自己的统治。势，即强权本身。权势是由君主的地位自然而取得的。因此，权势必须要有威严。君主如果"有才而无势，虽贤不能制不肖"。

韩非特别强调君主不能与群臣共用权威。如王良、造父都是天下善于驾车的妙手，但同驾一辆马车就不行。田连与成窍都是天下善于弹琴的音乐家，但他们在同一架琴上弹奏就不行。韩非认为，法、术、势三者，皆帝王之具，不可一无。三者各施其责，又互相联系:"法"是定法,施于事情已发之后;"术"察忠奸,行于事情未发之前;"势"主震慑,贯穿于人主的整个治国过程,但以法为本。发挥法、术、势作用的关键是君主有道,"君主有道,则臣尽死力而奸不生,君主无道,则臣上塞主明而下成私"(《难一》)。

在他看来,"君无术则弊于上,臣无法则乱于下"(《定法》)。因而,商鞅只讲法而不用术是不够的,因为"无术以知奸,则以其富强也资人臣而已矣"(《定法》)。申不害只用术而不讲法也是有所偏颇,因为"不善其法,不一其宪令,则奸多"(《定法》)。所以,"术"是君主用以驾驭臣子的,"法"是君主施令于百姓的。治理国家最好的办法是将法、术、势结合起来。

韩非认为,君主只要重法、用术、贵势,去除"五蠹之民",就能推行他的法治主张了。"是故乱国之俗:其学者,则称先王之道以籍仁义,盛容服而饰辩说,以疑当世之法,而贰人主之心。其言古者,为设诈称,借于外力,以成其私,而遗社稷之利。其带剑者,聚徒属,立节操,以显其名,而犯五官之禁。其患御者,积于私门,尽货赂,而用重人之谒,退汗马之劳。其商工之民,修治苦之器,聚弗靡之财,蓄积待时,而侔农夫之利。此五者,邦之蠹也。人主不除此五蠹之民,不养耿介之士,则海内虽有破亡之国,削灭之朝,亦勿怪矣。"(《五蠹》)在韩非看来,去除"五蠹之民"的不良影响,积极实行耕战政策,国家就会真正富强。

(曹婉丰撰)

《吕氏春秋集释》提要

　　《吕氏春秋》为秦相吕不韦门客的集体著述，堪称我国最早的目的明确、形式严整的私人著述。吕不韦生卒年约为公元前290—前235年，战国末年卫人，本为富商，后助秦公子子楚归国继位为庄襄王，遂为秦相，封文信侯。吕不韦相秦直至始皇帝十年因牵连嫪毐谋反事被免，次年自尽。《史记》中言吕不韦事，或为嬴政生父、与太后私通并献嫪毐等，多为伪造的故事，意在对秦始皇加以污名化，郭沫若、钱穆等均有辨正。秦国政治以法家为主，延续了商鞅变法的传统，而与吕不韦之政见不合，后者命门人作《吕氏春秋》的目的，或即在于申明自己的观点主张，进而委婉表达对秦国政治的不同见解。

　　《吕氏春秋》被《汉书·艺文志》列为"杂家"，但其基本立场本出于战国后期流行的黄老思潮，所谓兼综诸家，是从黄老学的角度整合了先秦诸子所讨论问题的各种领域。《吕氏春秋》有汉末高诱注；清有毕沅（1730—1797年），字纕蘅、秋帆，今江苏太仓人，乾隆二十五年状元、翰林院编修，官至陕西、河南巡抚、湖广总督，获赏轻车都尉世袭，赠太子太保，作《吕氏春秋新校正》，根据以往多种版本对全书进行了校勘，其后清人对该书亦多有研究，不过观点散布于个人著作笔记当中，未得到总结性汇集。今人许维遹综合利用数十种研究《吕氏春秋》的著作，以毕沅校改本为底本，撰成《吕氏春秋集释》。许维遹（1900—1950年），山东荣成人，曾任教于清华大学，著名文献学家，另有《韩诗外传集释》等著作,且为郭沫若等出版的《管子集校》的最初纂集者。许书广泛采用前人校勘训诂方面的合理说法,淘减其穿凿附会之处,并大量引证有关先秦典籍,为《吕氏春秋》的现代学术研究提供了较为可靠的依托。

《吕氏春秋》结构严谨,充分体现编者意图,而不像其他先秦子书多出弟子门人之手。全书分《十二纪》《八览》《六论》,所涉问题极为广泛。《十二纪》篇首文字,或为后儒集为《月令》收入《礼记》,此或因其所论为与一年中十二月份对应的想象中的自然运行的数术原理和天子应行之祭祀典礼。《十二纪》末尾有《序意》一篇,可视为对全书基本立场的说明,其中明确说吕不韦"尝得学黄帝之所以诲颛顼",且欲法天地而验于人事之治乱存亡,可谓直接表明了全书的黄老学底色。以天道推究人事,是战国黄老学的基本思路,从《老子》标举"道",直至《管子》和新出土马王堆《黄帝四经》等莫不如此,《吕氏春秋》中《十二纪》的撰著,亦是对此思路的继承。《十二纪》篇首先论各月份之天文,后言相应的数术知识,再说有关祭祀方法和人事层面的可行之事与不可行的禁忌,强调人间的作为要与天道运行的规律相应和,可谓运用来自阴阳家的数术知识进一步论证了黄老学的天人原则。这种思路,与秦政所本之法家完全不同,后者一味尊君,仅看重政策的实际效果,而对其是否存在源于天道的合法性论证漠不关心。吕不韦希望通过《吕氏春秋》强调政治的天道根源,或一方面委婉表达了对秦国政治缺少理性论证之支持的不满,另一方面也表达了他对君权无限扩张的不满——在黄老学思想中,天道同样是制约君权的重要因素。《十二纪》篇首后所附文章,以季度为单元设立主题，"春纪"所论大体为对人性的理解，春为一年之始，而人性也被认为是一切人事政令的基础。相关论述，以重己顺生为养生的基本原则，由此推广到圣王政令应对天下人均有所关照而杜绝私欲泛滥才算是"达性命之情"，据此方可治身治国。"夏纪"所论为教育和音乐问题，夏为草木成长的重要时节，而教育也是教以成人的基本方面，音乐则是教育的关键手段。此部分对于音乐及其教化性质的理解，应是对较早时儒家观点的发展。"秋纪"所论主要为军事问题，符合传统上认为秋季宜用兵的观念，强调在战争中应占据道义高地，"攻无道而伐不义"，该部分最后四篇未讨论同样话题而泛论顺民心、知贤能等问题，或为文章安排形式上的整齐而置于此。"冬纪"前两篇讲死亡不可避免，且不应在丧葬上过于靡费，在此处讨论这主题，符合以往认为冬为肃杀之季节的传统。"节丧"的理由，一方面是墨子式的出于对不浪费的考虑，另一方面则是为了避免盗墓给死者带来的损辱。后文的大部分内容，则与上述主题无关，讨论人格品质问题，其安排或亦出于形式上的考虑。《十二纪》的内容，《四库全书总目》认为可称《吕氏春秋》之"内篇"，而《八览》《六论》可视为"外、杂篇"，则内篇为该书关于天道人事之间关系的基本主张，而外、杂篇则为上述主张在更具体问题上的推论。《八览》重在知人，但话头仍从开天辟地说起，随后专论为人之道、治国之道以及如何认识、分辨言语、事物，如何用民、为君等；《六论》重在论事，较为自由地运用战国诸子之各家学说在具体的故事中举例说明前文讲述的道理的实际呼应情况，而这一点或即是《吕氏春秋》以往被视为"杂家"的原因。《吕氏春秋》篇幅宏大，且吕不韦以"春秋"为其名，足见其欲以此书作为治世大法的野心，更如《不二》《执一》等篇所示，亦欲以此书作为天子统一天下思想的准绳，不过由于其所论话题过于庞杂分散，而未能在思想史上收取应有效果。《吕氏春秋》"冬纪"部分之前，文章以说理为主，由"冬纪"开始，则多引述先秦史实和战国故事，虽然其中作为"寓言"的内容颇多，但所言及战国事仍不失为重要的参考性史料，对于我们了解战国时期的历史状况有辅助作用。

（匡　钊撰）

三

两汉魏晋隋唐哲学类

《淮南子集释》提要

《淮南子集释》，汉刘安撰，何宁集释。刘安（前179—前122年），沛郡丰县（今徐州丰县）人，西汉著名的思想家、文学家。刘安乃汉高祖刘邦之孙，淮南厉王之子。淮南厉王，名长，其母赵氏女，是赵王张敖的美妾。公元前199年，汉高祖刘邦带兵讨伐韩王信，韩王信逃到匈奴，于是汉高祖北至楼烦。经过赵地，赵王张敖献赵氏女，于是赵女有孕，这就是后来的刘长。后来赵相贯高谋害刘邦一事暴露，刘邦把张敖及其家人都逮捕起来，赵女亦在其中。赵女的弟弟曾求辟阳侯审食其向吕后求情，吕后没有理会此事，审食其也没有极力争求。于是赵女生下刘长之后，就愤恨自杀了。刘邦乃让吕后收养，并封为淮南王。到了汉文帝时，高祖之子唯有文帝和刘长，文帝把刘长诏至长安。然刘长骄傲任性、恣意妄为，因审食其当年未向吕后极力求情挽救其母，而用大椎杀之。这引起了文帝的不满，夺其四县，令其回国。后来刘长又因谋反而被迁至蜀国，死于道。文帝愧疚，于是以其地封其三子，其长子刘安袭封淮南王。公元前127年，汉武帝采纳主父偃的建议，让诸侯王把其封地分给子弟，以削弱诸侯王。公元前124年，刘安的太子刘迁与雷被比剑产生矛盾，雷被到长安告发此事，以致汉朝廷逮捕刘迁。淮南王闻知此事，与太子欲杀其大臣而谋反。公元前122年，谋反事发，淮南王自杀而死，受牵连而死者多达数千人。

淮南王刘安喜好读书，不喜游乐。为了树立恩惠，安抚百姓，扩大声誉，招致宾客方术之士数千人。著有《内书》二十一篇，《外书》三十三篇，还有《中篇》八卷言神仙黄白之术，有二十多万言。汉武帝时，刘安入朝，以所作《内篇》献给武帝，武帝非常喜欢，并秘密保存起来。现在只有《内书》保存下来，《外书》和《中篇》皆已亡佚。

《内书》即现在流传下来的《淮南子》，亦即《淮南鸿烈》。从上面可以看出，刘安的这些书并非其一人所作，而是由"宾客方术之士"共同完成的。东汉高诱《淮南注叙目》说："（刘安）于是遂与苏飞、李尚、左吴、田由、雷被、毛被、伍被、晋昌等八人，及诸儒大山、小山之徒，共讲论道德，总统仁义，而著此书。"据此可知，《淮南子》的作者不仅有以苏飞、李尚等人为代表的道家，而且包含以大山、小山等人为代表的儒家。这也就是现存《淮南子》中既有道家思想又有儒家思想的原因。

《汉书·艺文志》把《淮南子》列为"杂家"。冯友兰认为，杂家并没有一个中心思想，因而不能成为一个体系。但《淮南子》有一个以黄老之学为中心的思想体系，因此，不能称作杂家。从《淮南子》内容来看，其确实有着明显的道家倾向，正如高诱所说："其旨近《老子》，淡泊无为，蹈虚守静，出入经道。"但《淮南子》的抱负并不止于道家，它要建立起一个无所不包、本末兼有的贯通天地人的思想体系，"夫作为书论者，所以纪纲道德，经纬人事，上考之天，下揆之地，中通诸理。……故多为之辞，博为之说，又恐人之离本就末也。故言道而不言事，则无以与世浮沉；言事而不言道，则无以与化游息。""故著书二十篇，则天地之理究矣，人间之事接矣，帝王之道备矣。……然而能得本知末者，其唯圣人乎！"（《要略》）所谓本，指的就是道；所谓末，指的就是事。在《淮南子》看来，必须有本有末，不能离道言事，亦不能离事言道。在先秦诸子中，道家偏重于道，儒家倾向于事。《淮南子》试图综合二者，兼取其他诸家，建立起一个本末兼有、道事不离的思想体系。不管其成功与否，其做出的努力都是值得肯定的。

《淮南子》二十篇正是在本末兼有、道事不离的思想指导下逐步展开的。《原道训》《俶真训》主要对"道"的内涵、生成、作用等情况作了论述；《天文训》《地形训》分别对道产生之后的天、地情况作了论述；《时则训》《览冥训》《精神训》主要论述了人类与自然界之间的关系；《本经训》《主术训》主要讲述君主要在道的指导下治理国家；《缪称训》主要通过人间之事来讲道德之论、仁义之分；《齐俗训》主要讲述在"道"的原则下统一各地风俗；《道应训》主要通过对古代事例的分析来验证老、庄的思想；《泛论训》则通过分析世间古今得失，使人不没于势利，不诱于事态，与道相推移；《诠言训》则通过对人事之指的分析来明治乱之体；《兵略训》对兵法战争的情况作了论述；《说山训》《说林训》则主要对一些具体的事例作了分析；《人间训》通过对人间祸福利害的分析来说明得失、终始方面的道理；《修务训》主要讲述圣人以仁义之道治理万民的思想，前人多认为其偏重于儒家思想；《泰族训》是全书的总结，"上明三光，下和水土，经古今之道，治伦理之序，总万物之指，而归于一本，以经纬治道，纪纲王事"。可以看出，《淮南子》自始至终都有一个道事不离的思想主旨，不管其成功与否，至少在形式上其构建了一个这样的思想体系。因此，刘安对于自己的这部书非常自负，"若刘氏之书，观天地之象，通古今之事，权事而立制，度形而施宜，原道之心，合三王之风，以储与扈冶，玄眇之中，精摇靡览，弃其畛挈，斟其淑静，以统天下，理万物，应变化，通殊类，非循一迹之路，守一隅之指，拘系牵连之物，而不与世推移也，故置之寻常而不塞，布之天下而不窕"（《要略》）。

对于《淮南子》，在东汉的时候，就先后有许慎、高诱为其作注。现存的《淮南子》书中，二注并存，各有佚失。在后来的流转过程中，《淮南子》出现众多版本，各有优劣，其中以清代庄逵吉的校本、王念孙的《读淮南子杂志》以及刘文典的《淮南鸿烈集解》最为著名。何宁的《淮南子集释》则是目前最为详备的注本。何宁曾学于杨明照，其以浙江书局刻庄逵吉本为底本，校以道藏本、道藏辑要本、中立四子本、茅一桂刻本等版本，并收罗乾嘉以来的各种注解，撰成《淮南子集释》一书。该书收罗完备，采集众说，订正舛误，下以己说，应该说在某些地方已经超过了刘文典的《淮南鸿烈集解》。此外，该书附录还附有从古至今的《淮南子书目》《淮南子佚文》《淮南子总评》以及《各本序跋》，颇便于读者。

（任蜜林撰）

《春秋繁露义证》提要

《春秋繁露义证》，汉董仲舒撰，清苏舆义证。董仲舒（前

179—前104年），广川（今河北省景县）人，汉代著名的哲学家、思想家。董仲舒自幼好学，史称其"三年不窥园"。汉景帝时，被封为《春秋》博士。汉武帝即位以后，诏举贤良文学之士，董仲舒以著名的《天人三策》博得了武帝的赏识，被任命为江都相，辅佐易王。易王是武帝之兄，性格骄躁，跋扈好勇。董仲舒面对易王，不卑不亢，以礼匡正，深得易王敬重。后来又遭到公孙弘的陷害，被任命为胶西王相。胶西王亦以骄纵专横闻名。董仲舒两次出仕，虽然辅佐的都是骄王，但他能以身作则，不畏强暴，数次上疏劝谏，使教令行于国中，所居之国皆得善治。去位归家以后，董仲舒以修学著书为业，从不问家中产业如何。居家期间，朝廷如有重大决议，常常派使者到其家里询问，董仲舒皆能对以明法，深得武帝称赞。后终老于家。

董仲舒的著作，据《汉书》本传，包括明经术之意、上疏条教的百二十三篇和阐明《春秋》得失的《闻举》《玉杯》《蕃露》等数十篇。《汉书·艺文志》"春秋类"记有"《公羊董仲舒治狱》十六篇"，"儒家类"记有"《董仲舒》百二十三篇"。"《公羊春秋董仲舒治狱》十六篇"当即《后汉书·应劭传》所说的"董仲舒作《春秋决狱》二百三十二事"。《隋书·经籍志》所记"《春秋决事》十卷"当即此书。然此书到了南宋已经不见于书目志，盖已亡佚。"《董仲舒》百二十三篇"与本传所说"明经术之意、上疏条教的百二十三篇"相合，当为一书。至于阐明《春秋》得失的《蕃（繁）露》《玉杯》等数十篇，当时可能为单篇流传，并未辑录成书。《春秋繁露》之名始见于《隋书·经籍志》，当系后人根据《汉书》本传的著作编辑而成。之所以称作《春秋繁露》，大概因为在编辑董仲舒的这类著作时，《蕃（繁）露》列为第一篇。

《春秋繁露》现有八十二篇，除去三篇阙文外，实存七十九篇。从内容上看，《春秋繁露》大体包含两个部分：第一部分从《楚庄王》第一到《俞序》第十七，主要阐述董仲舒的《春秋》学思想；第二部分从《离合根》第十八到《天道施》第八十二，主要包括董仲舒的哲学以及祭祀、制度等方面的思想。

董仲舒在《春秋繁露》中通过对《春秋》的诠释建立起了一套以"天"为核心的哲学体系。董仲舒认为，"天"是一切宇宙万物的本体，宇宙万物都是从"天"中生出来的。他说："天者万物之祖，万物非天不生。独阴不生，独阳不生，阴阳与天地参然后生。"（《顺命》）"天者，群物之祖也，故遍覆包函而无所殊，建日月风雨以和之，经阴阳寒暑以成之。"（《汉书·董仲舒传》）在董仲舒看来，"天"是宇宙万物的根本，如果离开"天"，则宇宙万物就不能产生。单独的阴气和单独的阳气都不能产生出宇宙万物，它们只有和"天"结合，才能生出宇宙万物。天与宇宙万物的关系，就像父与子的关系一样。在董仲舒看来，"天"不仅仅是指自然界的天道变化，更重要的是指具有意志、有目的的宗教神。道家认为，"道"是宇宙万物的本体，董仲舒则认为"道"也是出于"天"的，"道之大原出于天，天不变，道亦不变"。（《汉书·董仲舒传》）这样董仲舒就在继承和改造孔子"天命"和墨子"天志"思想的基础上建立了一套以"天"为核心的理论体系。

在"天"的哲学的基础上，董仲舒又提出"人副天数""阳尊阴卑""性善情恶""王道通三"等思想。董仲舒认为，宇宙万物都是由天产生的，人也是由天产生的。虽然人与万物都出于天，但人在万物中最为尊贵，与天的关系也最为密切。在董仲舒看来，人实际上不过是天的表现而已，人的一切构造都能在天那里找到根据，如人的骨节本于天的岁数和月数，五藏本于五行之数，四肢本于四时之数，等等。这就是他所说的"人副天数"思想。人性也是从天而来的，天有阴有阳，因此，人有性有情。他说："天两有阴阳之施，身亦两有贪仁之性。天有阴阳禁，身有情欲栣，与天道一也。""身之有性情也，若天之有阴阳也。"（《深察名号》）人之性情是与天之阴阳相一致的，天有阴阳二气，其施诸人即表现为贪仁之性。在董仲舒看来，天道"贵阳而贱阴"。因此，在人性论上，董仲舒也主张性善情恶，扬善抑恶。而这一过程是要通过王者的教化来实现的。在董仲舒看来，王者对上要顺天之命，对下又要对民负责，因此，王者的作用是贯通天人的。董仲舒认为，"王"字本身的构成就说明了这一点。三横画分别代表天、地、人，而一竖画则代表天、地、人三道的贯通。董仲舒通过对"王"字的解释，意在说明只有王者才能贯通天、地、人三道。因此，王者的作用就是按照天的要求来治理民众。

可以看出，董仲舒在新的历史条件下综合各家，对儒学思想做了创造性的改造，创建了一套以"天"为核心的哲学体系。这不仅为西汉王朝提供了改革的理论基础，而且使儒家适应了当时的社会政治需要，成为封建社会的正统意识形态，奠定了儒家文化在中国传统文化中的主流地位。因此，董仲舒不仅对于当时的政治、经济、文化有着重大的影响，而且对于中国传统文化的形成和发展也起了极其重大的作用。

　　至于《春秋繁露》的校注，现存最早的本子是宋代楼钥校本。清代的武英殿聚珍本《春秋繁露》就是四库馆臣在此本的基础上校勘补订而成的。卢文弨、凌曙等人的校订都是在武英殿聚珍本的基础上形成的。只不过二人所依据的校本不同而已，如卢文弨依据的校本是明嘉靖蜀中本、程荣本、何允中本，凌曙在卢校本的基础上又吸收了明王道焜、清张惠言等人的校勘成果。凌曙还对《春秋繁露》作了注解，这是《春秋繁露》的第一个注本。对于董学，凌曙无疑有着筚路蓝缕之功。但由于处于草创阶段，其中舛误疏漏之处颇多，在义理解释方面对董仲舒的思想发挥得也不多，而且还受到清代常州今文学派的影响。正是在这种情况下才有了苏舆的《春秋繁露义证》。苏舆（1874—1914年），曾就学于王先谦，是晚清著名的经学家。其所撰写的《春秋繁露义证》是在清四库馆臣、卢文弨以及凌曙等人校订和注释的基础上形成的。此书在前述诸本基础上，又参校了明天启时期朱养和所刊孙矿评本，择善而从，改正了凌曙等人的一些错误，从而成为目前《春秋繁露》最为权威的本子。除了文本校订外，苏舆还在义理上对《春秋繁露》多有创发，其一方面针对凌曙注解《春秋繁露》时所带有的常州今文学派倾向；另一方面则针对康有为的《春秋董氏学》，认为其"割裂支离，疑误后学"。

（任蜜林撰）

《盐铁论校注》提要

《盐铁论校注》，汉桓宽撰，王利器校注。桓宽，字次公，汝南（今河南上蔡西南）人，西汉后期的经学家、散文家。治《公羊春秋》，汉宣帝时被征举为郎，后官至庐江太守丞，知识广博，善于著文。西汉始元六年（前81年），汉昭帝诏郡国所举贤良、文学之士，询问民间疾苦，商议废除国家对盐、铁、酒的专卖，这就是西汉历史上的盐铁论会议。

汉武帝时，大力征伐匈奴，国家财政匮乏，因此国家加强了对盐铁、均输等方面的横征暴敛，造成了天下疲敝的局面。汉昭帝即位以后面临的首要任务就是如何改变这种局面。霍光建议汉昭帝效法汉文帝，轻徭薄赋，与民休息。这实际上涉及汉代统治政策转变的问题。于是在始元六年，召开了以讨论盐铁为中心的国家会议。汉宣帝时，桓宽根据盐铁论会议的记录，增加条目，详细叙述双方的辩论情况，编辑成《盐铁论》一书，"欲以究治乱，成一家之法焉"（《汉书·车千秋传》）。

《盐铁论》现存十卷六十篇，除去第六十篇《杂论》外，其余五十九篇详细记录了当时盐铁论会议各方的观点和论辩过程，首尾一贯，前后完整。桓宽在编辑撰写此书时，又根据内容加以若干议题。从思想内容来看，从第一篇《本议》到第四十一篇《取下》主要是关于盐铁的讨论；第四十二篇《击之》以下主要涉及征伐匈奴、刑法等问题；第六十篇《杂论》则叙述了盐铁论参与人员的情况及桓宽对于盐铁论的看法，相当于本书的自序。

当时参与会议的人员有以桑弘羊为代表的御史、大夫和贤良、文学以及丞相史、丞相等六十余人。以桑弘羊为代表的御史、大夫主张兴盐铁、设酒榷、置均输，增大财政收入来供应边防的支出，"边用度不足，故兴盐铁，设酒榷，置均输，蕃货长财，以佐助边费"（《本议》）。贤良、文学则认为盐铁、酒榷、均输等导致本末倒置，道德败坏。"今郡国有盐铁、酒榷、均输，与民争利，散敦厚之朴，成贪鄙之化。"（《本议》）本指的是农业，末指的是商业。因此，要废除盐铁、酒榷、均输等国家专卖行为，这样才能"进本退末，广利农业"。可以看出，以桑弘羊为代表的御史、大夫主要反映的是法家思想，而贤良、文学则是坚守孔孟传统的儒生。因此，在国家治理上，贤良、文学认为应该讲仁义，行王政，贵德贱兵，崇本退末，这样就可以无敌于天下，不必通过武力的方式来征伐匈奴，从而也就没有必要对盐铁、酒榷、均输等实行国家专卖。而以桑弘羊为代表的御史、大夫则认为，匈奴狡黠暴虐，屡犯边界，杀伐百姓，因此应该大力征讨，这样就必须对盐铁、酒榷、均输等实行国家专卖，以有更多的财力来作为征伐匈奴的经济保障。通过对于本末、义利的争论，引发了御史、大夫与贤良、文学在其他方面一系列的争论。如在铸造货币上，文学主张贵德贱利，重义轻财，反对汉武帝时的统一铸造货币政策；大夫则主张货币铸造大权应掌握在国家手中，反对私人铸造货币。在如何看待古代的问题上，文学主张效法五帝、三王之政，推行儒家仁义之道；大夫则认为古代名山、大泽不私封，是为了避免下层的专利。盐铁私有会造成奢侈淫荡、奸诈虚伪的风气。因此，国家要统一专卖盐铁，这样可以"建本抑末，离朋党，禁淫侈，绝并兼之路也"（《复古》）。在对待法家的问题上，大夫认为秦用商鞅，国家富强，灭六国而成帝业。文学则认为秦以商鞅重刑峻法为治国之策，从而不能长治久安，二世而亡。

在如何对待匈奴的问题上，贤良、文学与御史、大夫的观点也不太相同。大夫认为，对待匈奴应该采取军事打击的方式，这样才能让匈奴不再侵犯边境，扰乱百姓。文学则认为汉武帝征伐四夷，造成了国家财政的严重匮乏和百姓生活的困顿，因此，对待匈奴要停止战争，厚币和亲，通过文德来感化他们。大夫认为匈奴是夷狄之国，奸诈无信，数背和亲，屡犯边境，因此，以和亲之策来对待匈奴是很困难的，"匈奴数和亲，而常犯约，贪侵盗驱，长诈之国也。反复无信，百约百叛，……而欲信其用兵之备，亲之以德，亦难矣"（《和亲》）。文学认为只要坚持以德亲近的方式对待匈奴，终究能感化他们。"王者中立而听乎天下，德施方外，绝国殊俗。……为政务以德亲近，何忧于彼之不改？"（《和亲》）

在德治和刑法的问题上，贤良、文学与御史、大夫也展开了激烈的争论。御史、大夫主张法治，认为只有严刑峻法才能管理好国家，否则就会带来国家民众的放荡犯禁。"令严而民慎，法设而奸禁。罔疏则兽失，法疏则罪漏，罪漏则民放佚而轻犯禁。"（《刑德》）贤良、文学主张德主刑辅，以仁义为治国之本，以刑法为治国之辅。"天道好生恶杀，好赏恶罪。故使阳居于实而宣德施，阴藏于虚而为阳佐辅。阳刚阴柔，季不能加孟。此天贱冬而贵春，申阳屈阴。故王者南面而听天下，背阴向阳，前德而后刑也。"（《论菑》）

可以看出，贤良、文学所代表的儒学主张主要是以董仲舒为代表的儒家思想。除了上面讲的德主刑辅思想外，贤良、文学受董仲舒思想的影响还表现在很多方面，如阴阳灾异思想，《论菑》说："始江都相董生推言阴阳，……天菑之证，祯祥之应，犹施与之望报，各以其类及。故好行善者，天助以福，符瑞是也。……好行恶者，天报以祸，妖菑是也"；原心定罪思想，《刑德》说："《春秋》之治狱，论心定罪"，等等。

从《盐铁论》的争论双方内容来看，以桑弘羊为代表的御史、大夫的主张在当时显然更具有现实可行性。而贤良、文学的主张则不免有理想主义成分，在道理上虽然能够言之成理，但在实际操作上则很难实现。因此，桓宽在编写《盐铁论》的过程中虽偏向贤良、文学一边，但对于以桑弘羊为代表的御史、大夫的主张也不得不心生敬意，"桑大夫据当世，合时变，推道术，尚权利，辟略小辩，虽非正法，然巨儒宿学恶然，不能自解，可谓博物通士矣"（《杂论》）。

《盐铁论》的版本主要有明涂祯本、张之象注本、沈延铨本、清张敦仁本、黄丕烈旧藏乾隆乙卯传录华氏活字本、卢文弨《群书拾补》所引《永乐大典》本等。《盐铁论》的校订注释则主要有张之象注、张敦仁考证、俞樾《盐铁论校》、孙诒让《札迻》、杨树达《读盐铁论札记》、郭沫若《盐铁论读本》等。王利器（1912—1998年）在前人基础上撰成的《盐铁论校注》一书，体例完备，内容全面，是目前《盐铁论》注释最为完备的著作，有着极高的学术价值。

（任蜜林撰）

《新序校释》提要

《新序校释》，汉刘向撰，石光瑛校释。刘向（前77—前6年），字子政，原名更生，祖籍沛郡丰县（江苏徐州）人，西汉著名的经学家、目录学家、文学家。刘向是汉高祖刘邦弟弟楚元王刘交的后代。刘交喜欢读书，多才艺，年少时曾与鲁穆生、白生、申公学《诗》于浮丘伯。浮丘伯是荀子弟子。因此，刘交之家世传鲁《诗》。到了刘向父亲刘德的时候，还修黄老之术。汉宣帝喜好神仙方术之事，刘向以其父治淮南狱时所得神仙养生之书献之，以为黄金可成。后因其方不验而被捕入狱，罪当死。刘向的哥哥用自己封地一半的户口来赎刘向的死罪。汉宣帝也爱惜刘向的才能，因而免去刘向的死罪。后来因为汉宣帝喜好《谷梁春秋》，让刘向加以学习，并在石渠阁讲论五经。汉元帝的时候，弘恭、石显弄权，当时萧望之、周堪等有名望的大臣都受到牵连，刘向也因此入狱。其后屡有灾异发生，元帝醒悟，萧望之、周堪、刘向得以免罪。当时弘恭、石显专权，灾异屡发，刘向数次进谏以劝元帝。到了成帝的时候，石显等被惩治，刘向被再次征用，迁至光禄大夫。但此时成帝的舅舅王凤又开始专权，灾异屡发，刘向以为外戚太盛所致，乃集上古以来春秋六国至秦汉的符瑞灾异之记，作《洪范五行传论》以上奏成帝。成帝虽然知道刘向的苦衷，然而不能用之。当时社会奢靡之风弥漫，外戚之属多违背礼制。刘向认为王教应该由内及外，由近及远，于是"采取《诗》《书》所载贤妃贞妇，兴国显家可法则，及孽嬖乱亡者，序次为《列女传》，凡八篇，以戒天子。及采传记行事，著《新序》《说苑》凡五十篇奏之"。并数次上疏以言得失，当时汉成帝虽然不能尽用其言，然颇称赞之。刘向任列大夫官前后三十多年，年七十二卒。

对于《新序》，《汉书·艺文志》未单独著录，仅在"诸子略"的儒家类中说"刘向所序六十七篇"，班固注曰："《新序》《说苑》《世说》《列女传颂图》也"。可见这里说的是刘向的所有著作。《隋书·经籍志》则著录《新序》三十卷，《录》一卷。《旧唐书·经籍志》亦著录《新序》三十卷。是书至北宋已经亡佚，仅余十卷。曾巩《校书序》说其可见者只有十篇，《崇文书目》的记载相同。现存十卷也并非全书，其中亦有亡佚者。

对于《新序》的成书，王应麟《〈汉书·艺文志〉考证》说："《新序》总一百八十三章，阳朔元年二月癸卯上。"马总《意林》则说："《七略别录》曰：《新序》三十卷，河平四年都水使者谏议大夫刘向上言。"阳朔二年是公元前23年，河平四年是公元前25年，二者仅差一年，《新序》的成书最晚也在公元前23年之前。

对于《新序》的著述性质，前人有着不同的看法。对于《列女传》，《汉书》本传称作"序次"，即根据已有的材料编订次序，从而成书。对于《新序》《说苑》，则言"著"。从其现有内容来看，其记载的大多是先秦秦汉故事，很少表达自己的思想。因此，有人认为《新序》《说苑》并非刘向自己撰写，而是本来就有的著作。清沈钦韩说："《说苑》本有刘向奏上，言所校中书《说苑》《杂事》及臣向上民间书校雠，其事类众多，章句相溷，除去复重，更造新事。则此二书旧本有之，向重为订正，非创自向也。"（《汉书疏证》）沈氏所说本于《说苑》叙录："（刘向）所校中书《说苑》《杂事》，及臣向书、民间书，……其事类众多，章句相溷，或上下谬乱，难分别秩序。除去与《新序》重复者。……号曰《新苑》。"徐复观不同意沈钦韩的说法，认为二书乃刘向对已有的材料进行整理，是依据古事以著书，这是当时表达思想的一种方式，因此，不应误解《新序》《说苑》在刘向之前就有了。从现有材料来看，徐氏的看法更为合理一些。刘向的《新序》《说苑》中的故事虽然在其之前就已经存在，但其对历史故事并非一味照搬，而是以是否符合义理为标准进行裁定。

现存的《新序》并非全本，仅有三分之一保存下来，其原书的编排内容和逻辑无从得知。从现有内容来看，前五卷为"杂事"，从第六卷以后，每卷都有明确的主题，如"刺奢""节士""义勇""善谋"等。其中"善谋"为两卷，这样后五卷实际上仅有四个主题。所谓"杂事"就是内容比较混乱，没有一个固定的主题。石光瑛说："云杂事者，不专属于一类之事。……余则博采传记，人非一时，事非一类，大要以悟主安国、因事内诲为归，故名杂事。"从前面所说可知，刘向所依据的材料本来就有"杂事"一项，未知此"杂事"是原书本来如此，还是在流传的过程中内容混乱而为后人所题。从后五篇以及《说苑》来看，原书各篇应该都有主题，可能在流传的过程中，有些内容相互混淆以致无从知其主题，故后人据《说苑》叙录以"杂事"系之。

从内容来看，《新序》是通过叙述历史故事的方式来说明一些道理，其对象是当时的皇帝，因此大多涉及治国用人的道理。刘向的叙述仅在说明道理，其所记的很多历史故事未必符合历史事实，而且这也不是刘向著书的目的。书中的故事以战国、秦代的事迹为多，汉代的事迹仅有一卷。其来源则出自《左传》《晏子春秋》《庄子》《国语》《战国策》《韩诗外传》等书。在说明故事道理的时候，其还大量征引了《周易》《春秋》《尚书》《孟子》《荀子》《老子》等书。可以看出，其征引诸书明显以儒家为主。因此，《四库全书总目提要》说："其推明古训，以衷之于道德仁义，在诸子中犹不失为儒者之言也。"

对于《新序》，宋代曾巩曾作过校订。清代以来，对其校勘注释的人越来越多，著名的有卢文弨的《新序拾补》、陈寿祺的《新序校记》、石光瑛的《新序校释》等。在这些著作中，石光瑛的《新序校释》成就最高。石光瑛（1880—1943年），浙江会稽（今绍兴）人，清末曾应科举，中为举人。先后任教于广州女子师范学校、广东大学、中山大学等学校。其主要著作有《新序校释》《三国志校释》《小学大纲》等。《新序校释》以其所见宋本为底本，校以其他各种善本，广泛吸收前人校勘成果，对书中涉及的历史人物、典章制度、文字音韵、地理名物等作了详细深入的疏解，从而为日后的《新序》研究奠定了良好的基础，至今仍有着重要的参考价值。

（任蜜林撰）

《说苑校证》提要

《说苑校证》，汉刘向撰，民国向宗鲁校证。刘向（前77—前

6年），字子政，原名更生，祖籍沛郡丰县（江苏徐州）人，西汉著名的经学家、目录学家、文学家。刘向是汉高祖刘邦弟弟楚元王刘交的后代，其主要经历了西汉宣帝、元帝、成帝三代。当时西汉的政治开始由盛转衰，尤其到了元、成二帝的时候，宦官、外戚先后专政，政治昏暗，灾异频繁，刘向屡次上疏进谏以劝说皇帝，但都没有被皇帝采纳。刘向的著作大多都是针对当时的政治混乱、外戚专权以及社会的奢靡之风而发的。《汉书·刘向传》说："向睹俗弥奢淫，而赵、卫之属起微贱，逾礼制。向以为王教由内及外，自近者始。故采取《诗》《书》所载贤妃贞妇，兴国显家可法则，及孽嬖乱亡者，序次为《列女传》，凡八篇，以戒天子。及采传记行事，著《新序》《说苑》凡五十篇奏之。"

对于《说苑》，《汉书·艺文志》未单独著录，仅在"诸子略"的儒家类中说"刘向所序六十七篇"，班固注曰："《新序》《说苑》《世说》《列女传颂图》也。"可见这里说的是刘向的所有著作。《隋书·经籍志》载《说苑》二十卷。新、旧《唐书·艺文志》则载《说苑》三十卷。是书至宋已经亡佚，《崇文书目》说当时仅存五卷，其余的都已经亡佚了。后来曾巩重新搜得十五篇，与旧合为二十篇，才使得这部书大体完整，然仍有散佚者。

刘向《说苑》叙录说："护左都水使者光禄大夫臣向言：所校中书《说苑》《杂事》，及臣向书、民间书，诬校雠，其事类众多，章句相溷，或上下谬乱，难分别次序。除去与《新序》重复者，其余者浅薄，不中义理，别集以为百家后，令以类相从，一一条别篇目，更以造新事十万言以上，凡二十篇，七百八十四章，号曰新苑。"据此可知，在刘向之前就有《说苑》一类的书。在此基础上，刘向又根据他所见的书和民间书加以校对，除去与《新序》重复的内容和一些浅薄不合义理的内容，以类相从，加以篇目，编成新的《说苑》，即《新苑》一书。可以看出，《说苑》的成书应在《新序》之后，据宋本所题，其在"鸿嘉四年三月"，即公元前17年，这比《新序》成书的公元前24年晚了七年。

现存《说苑》有二十篇，每篇皆有相应的主题，具体内容是：君道、臣术、建本、立节、贵德、复恩、政理、尊贤、正谏、敬慎、善说、奉使、权谋、至公、指武、谈丛、杂言、辨物、修文、反质。除了第一篇《君道》外，每篇开始皆有阐明本篇主题的总论，如《建本》说："孔子曰：'君子务本，本立而道生。'夫本不正者末必倚，始不盛者终必衰。……是故君子贵建本而重立始。"《尊贤》说："人君之欲平治天下而垂荣名者，必尊贤而下士。"然后再以若干故事对本篇主题加以说明。由此可知，第一篇《君道》开始也应该有一段总论，只不过在流传的过程中佚失了。

与《新序》相比，《说苑》在内容结构上更有系统性。徐复观认为，《说苑》二十篇，其篇题由《君道》而至《反质》，反映了刘向的时代，并组成了一个思想系统。由于《新序》大部分已经佚失，我们无从断定其思想的系统性。不过从现有材料来看，《说苑》在思想系统上的确要胜过《新序》。徐复观认为，《说苑》与《新序》的区别大概有三个方面：一是《新序》有"杂事"五篇，未有主题，而《说苑》全有主题；二是《说苑》中的思想性较《新序》为强，更加突出了孔子的地位；三是《新序·善谋下》全录汉事，而《说苑》则无全篇录汉事者。徐氏的分析有些道理，但由于《新序》并非全书，因此，二书的关系究竟如何，我们还不能做出最终的判断。

对于《说苑》，自《汉书·艺文志》以下，历代书目志皆将其归为儒家。然从内容来看，其亦间有引用他家之言者，因此，有的学者把其归入杂家。从其征引文献来看，其征引了《诗》《书》《易》《春秋公羊传》《春秋谷梁传》《论语》《孟子》《荀子》《老子》《司马法》等书，其显然以儒家为主。因此，从思想倾向上来看，《说苑》还应归入儒家，正如余嘉锡所说："夫一书有一书之宗旨，向固儒者，其书亦儒家者流，但求其合乎儒术无悖于义理足矣，至于其中事迹皆采自古书，苟可以发明其意，虽有违失，固所不废。"

《说苑》一书的故事虽然大多采自先秦古书，但其思想则有明显的汉代特征，尤其受到董仲舒思想的影响。如在国家治理上主张德主刑辅，"是以圣王先德教而后刑罚，立荣耻而明防禁"，"治国有二机，刑德是也，王者尚其德而希其刑，霸者刑德并凑，强国先其刑而后德"（《政理》）；在人性论上也受到董仲舒的影响，"凡人之性，莫不欲善其德，然而不能为善德者，利败之也"（《贵德》），等等。

至于《说苑》的校注，著名的有清代卢文弨的《说苑拾补》、俞樾的《读书余录》、孙诒让的《札迻》以及日本关嘉的《说苑纂注》等书。民国学者向宗鲁在前人研究的基础上撰成《说苑校证》一书，可谓当时的集大成之作。向宗鲁（1895—1941年），名承周，四川重庆巴县人。向宗鲁曾在四川存古学堂跟随经学大师廖平学习。毕业后，在汉口做家庭教师。后又问学于黄侃、徐恕等人。1931年以后，先后任教于重庆大学、四川大学。1941年病逝。《说苑校证》完成于 1922 年至 1931 年，其汇校了宋咸淳本、明抄本、明楚府本、何良俊本、程荣本、天一阁本、崇文局本等诸版本，吸收了卢文弨、孙志祖、刘台拱、俞樾、孙诒让以及日人关嘉等研究成果，择善而从，校其讹误，证其异同，达到了当时《说苑》研究的最高水平，至今对于《说苑》研究仍有着重要的意义。

（任蜜林撰）

《太玄集注》提要

《太玄集注》，汉扬雄撰，宋司马光集注。扬雄（前 53—18 年），字子云，四川成都人，西汉末年著名的思想家和文学家。扬雄自幼好学，喜好博览。他反对当时的章句之学，只是通其大义，不纠缠于个别文字的解释。扬雄为人简易舒缓，少私寡欲，清净无为，喜欢深入思考。扬雄家里虽然比较贫困，但他胸怀大志，非圣贤之书不读。如果不符合他自己的想法，即使富贵也不出来做事。

扬雄少年的时候，喜欢辞赋，对于屈原、司马相如等辞赋家非常崇拜，常常模仿他们的作品。到了中年之后，扬雄的兴趣逐渐转向哲学，先后创作了《太玄》《法言》等书。扬雄著书善于模仿，《太玄》《法言》都是模仿之作。具体来说，《太玄》是对《周易》的模仿，《法言》是对《论语》的模仿。扬雄在汉成帝时，就任黄门侍郎，经历了哀帝、平帝两世，一直没有升迁。到了新莽时期，扬雄在天禄阁校书，平时也不参与政治。因为怕受牵累，试图自杀，但未成功。后来为了逃避祸害，扬雄作《剧秦美新》，以赞美王莽的统治。王莽天凤五年，扬雄卒，终年七十一岁。

《太玄》是扬雄在中年时期模仿《周易》而创作的一部哲学著作，集中反映了他对宇宙本原、变化等问题的看法。从形式上来看，《太玄》完全是对《周易》的一种模仿。《周易》的基本构成是阳爻（—）和阴爻（--），《太玄》则发展成三种基本符号，即—、--、---。《周易》每卦由六爻组成，六十四卦共三百八十四爻，爻有爻辞。《太玄》则分八十一首，每首九赞，八十一首共七百二十九赞，赞有赞辞。这里的"首"相当于《周易》的"卦"，"赞"相当于《周易》的"爻"。与《周易》卦象一样，《太玄》每首也有相应的符号。卦有六爻，首有四重。所谓四重就是指方、州、部、家。其把—、--、---分布于方、州、部、家之中，就形成该首的首象。《周易》六爻爻辞皆能与相应爻象对应。《太玄》每首只有四重，而赞辞则有九个，因此，二者不能一一对应。这是《太玄》与《周易》的不同之处。《周易》有经有传，《太玄》也相应地有经有传。《周易》有《象传》，《太玄》则有《玄测》；《周易》有《文言传》，《太玄》则有《玄文》；《周易》有《系辞》，《太玄》则有《玄摛》《玄莹》《玄㧑》《玄图》《玄告》；《周易》有《说卦》，《太玄》则有《玄数》；《周易》有《杂卦》，《太玄》则有《玄错》，等等。

从思想内容来看，扬雄的《太玄》模仿《周易》创造出了一个世界图式，但又与《周易》不同。《周易》的世界图式是按照二分法展开的，由太极生出阴阳，阴阳生出四时，四时生出八卦。以此作为宇宙万物变化的公式。《太玄》则基本上采用三分法，又分为方、州、部、家四层而成。具体来说，一玄分为三方，一方分为三州，共九州；一州分为三部，共二十七部；一部分为三家，共八十一家。与八十一家对应，《太玄》分为八十一首。八十一首分为九个阶段，称为"九天"，每"天"九首。每首又分下、中、上三个小阶段；每个小阶段又有三赞。这里所用的数目都是三或三的倍数，如九、八十一、七百二十九等。这样，一玄、三方、九州、二十七部、八十一家以及八十一首、七百二十九赞，就构成了一个世界图式。

扬雄试图用八十一首来表现一年四时的变化。与一年的天数相应，每首约表示四十天的情况。他把一年四季分为九个阶段，每个阶段称为一"天"，一年总共"九天"。具体来说，"九天"是中天、羡天、从天、更天、睟天、廓天、减天、沈天、成天。与八十一首相配，第一至第八首为中天，第九至第十七首为羡天，以此类推。扬雄还用阴阳消长状况和万物盛衰状况来说明九天的变化过程，如阳气闭藏于内是中天，植物开始萌生是羡天，云雨滋润万物是从天，植物变化繁多是更天，等等。不仅如此，他在《太玄》中，把一切事物的变化发展，都企图用以"九"为基数的格式表达出来。除"九天"外，他还认为，地分"九地"，人有"九等"，人体有"九体""九窍"等。

在扬雄的哲学思想中，"玄"是最高的范畴。"玄"是宇宙万物的最高本原，是一切事物的最初根本。他说："玄者，幽摘万类而不见其形者也。资陶虚无而生乎，规撇神明而定摹，通同古今以开类,擒撠阴阳而发气。一判一合,天地备矣。"这就是说,"玄"是无形的,它在无形之中生出宇宙万物,在虚无中陶养出天体及其运行的轨道,是天地万物、阴阳变化的最终根源。在描述"玄"的过程中,扬雄还提出了一些辩证法思想,如认为"玄"非阴非阳,亦阴亦阳,是阴阳对立的统一体,"阳知阳而不知阴,阴知阴而不知阳。知阴知阳,知止知行,知晦知明者,其唯玄乎?"

总的来看,扬雄在《太玄》中提出了一些他关于宇宙本原、变化等方面的观点,表面上虽然是模仿《周易》之作,但也反映了他在当时学术环境下的哲学思考。

扬雄的《太玄》在当时并没有受到重视,刘歆就曾嘲笑说,《太玄》是无用之作,后人只会用来盖酱瓿而已。不过与他同时或略后的桓谭、王充对其却有很高的评价。桓谭认为:"《玄经》,数百年,其书必传。"王充更是把它与孔子作《春秋》相提并论。桓谭的话后来果然得到应验。到了东汉末年,《太玄》发生了很大的影响,当时的学者宋衷、陆绩等人纷纷对《太玄》作注,从而对魏晋玄学的产生起到了一定的促进作用。其后晋范望在二家的基础上又作《太玄解赞》。之后对《太玄》作注者也不乏其人,其中以司马光的《太玄集注》最为著名。

司马光(1019—1086年),字君实,北宋著名的史学家、政治家和思想家。司马光对于扬雄非常推崇,认为其是孔子之后能明圣人之道的第一大儒,孟子、荀子都不能与之相比。对于《太玄》,司马光也非常推崇,认为其是学习《周易》的基础。因此,司马光花费三十多年的时间对《太玄》进行研究,先后作《读玄》《说玄》《太玄集注》。《太玄集注》收集了汉宋衷以来的七家注解，择善而从，不但对文字异同加以校勘，而且在义理方面也多有疏通，是当时《太玄》注解的集大成之作，有着较高的学术价值，至今仍是研究《太玄》的必备参考书。

（任蜜林撰）

《白虎通疏证》提要

《白虎通疏证》，汉班固撰，清陈立疏证。班固（32—92年），字孟坚，扶风安陵（今陕西咸阳东北）人，东汉著名的史学家、文学家，其主要著作有《汉书》《白虎通义》等。《白虎通义》是汉章帝让班固编写的一部记录白虎通会议情况的著作。

白虎通会议是东汉建初四年（79年）由汉章帝发起的讨论五经异同的会议。自从董仲舒提倡的"罢黜百家，独尊儒术"被汉武帝采纳以后，儒家经学就成了国家的指导思想。当时儒家经学内部由于依据经典文本以及对经典理解的不同，形成了不同的派别。先是今文经学分化为不同的派别，各个派别之间争论不休，不能形成统一的意见。为了统一经学内部的不同意见，在西汉甘露三年（前51年）召开了一次由汉宣帝主持的讨论五经异同的石渠阁会议。由于汉宣帝对于《春秋》谷梁学情有独钟，于是造成了"《谷梁》大盛"的局面。西汉末年古文经学开始兴起。到了东汉初年，古文经学与今文经学之间展开了数次争论。为了解决今古文经学之间的矛盾，汉章帝召集大夫、博士、议郎、郎官以及儒生会讲于白虎观,讲论五经异同。当时会议由魏应根据汉章帝的意思发问,然后由淳于恭向汉章帝上奏,最后由汉章帝做出最后的评断。当时各个官员、儒生讨论五经的情况,被编成《白虎议奏》一书。汉宣帝又令班固对此次会议的记录加以整理,撰成《白虎通义》一书。

《白虎通义》,在《后汉书》中又称作《白虎通德论》。对于《白虎议奏》《白虎通义》以及《白虎通德论》之间的关系,前人有着不同的看法。唐李贺认为《白虎议奏》与《白虎通义》是一部书。宋《崇文书目》则认为《白虎通义》即是《白虎通德论》,没有区别。庄述祖《白虎通义考》认为《白虎议奏》有百余篇,而《白虎通义》四十余篇,二者显非一书。《白虎通义》应是在《白虎议奏》的基础上删节而成的。刘师培《白虎通义源流考》则认为《白虎议奏》是"淳于所奏,汉章所决之词",即淳于恭所奏的白虎通会议讨论五经异同的情况被汉章帝加以评断之后的会议记录。《白虎通义》则是对汉章帝所做的正确决议的汇编。而《白虎通德论》的"德论"上脱有一个"功"字,这样《白虎通德论》就应该是"白虎通"与"功德论"的误写,因为班固也曾作过"《功德论》"。相比来看,刘师培的说法更有说服力。

可以看出,《白虎通义》并非是白虎通会议的全部记录,而仅是反映汉章帝称制临决之后的思想面貌。可以说,《白虎通义》其实是东汉最高统治者意志的体现,其并不能完全反映当时今古文经学双方的观点。因此,在《白虎通义》一书中,我们基本上看不到当时今古文经学争论的状况,正如刘师培所说:"今所传《通义》四十余篇,体乃迥异,所宗均仅一说,间有'一曰'、'或云'之文，十而弗一，盖就帝制所可者笔之于书，并存之说，援类附著，以礼名为纲，不以经义为区，此则《通义》异于《议奏》者矣。"

现存的《白虎通义》有十二卷四十四篇，除去第十二卷阙文外，实有四十三篇。每篇皆有相应的主题，其具体内容为：爵、号、谥、五祀、社稷、礼乐、封公侯、京师、五行、三军、诛伐、谏诤、乡射、致仕、辟雍、灾变、耕桑、封禅、巡狩、考黜、王者不臣、蓍龟、圣人、八风、商贾、瑞贽、三正、三教、三纲六纪、情性、寿命、宗族、姓名、天地、日月、四时、衣裳、五刑、五经、嫁娶、绋冕、丧服、崩薨。每一篇主题下又分若干子题，对该篇的主题予以详细的解释。可以看出，《白虎通义》所列的这些主题都与国家政治有关，反映了当时国家政治的各个方面。其中尤其突出了帝王的绝对权力和当时社会的伦理纲常。如对于帝王的绝对权力，其说："天子者，爵称也。爵所以称天子何？王者父天母地，为天之子也"（《爵》）；对于伦理纲常，其有著名的"三纲六纪"说，"三纲者，何谓也？谓君臣、父子、夫妇也。六纪者，谓诸父、兄弟、族人、诸舅、师长、朋友也"（《三纲六纪》），等等。

在《白虎通义》中，我们还可以看到董仲舒"罢黜百家，独尊儒术"以后儒家经学对于国家政治的影响。如灾变谴告思想，"天所以有灾变何？所以谴告人君，觉悟其行，欲令悔过修德，深思虑也"（《灾变》）；改正朔思想，"王者受命必改朔何？明易姓，示不相袭也。明受之于天，不受之于人，所以变易民心，革其面目，以助化也"（《三正》）；性情思想，"性情者，何谓也？性者阳之施，情者阴之化也"（《性情》），等等。

白虎通会议召开的时候，正是谶纬流行的时候。因此，《白虎通义》中也征引了很多谶纬学说以论证自己的思想，如《五行》说："土所以不名时者，地，土之别名也。比于五行最尊，故不自居部职也。《元命包》曰：'土无位而道在，故大一不兴化，人主不任部职。'"《灾变》说："灾异者，何谓也？《春秋潜潭巴》曰：'灾之为言伤也，随事而诛。异之为言怪也，先发感动之也'"，等等。

可以看出，《白虎通义》的内容虽然有很强的政治性，但其毕竟在一定程度上反映了当时经学的情况。而且其中还征引了很多经学、纬学及其他著作，这些著作有的已经佚失。因此，《白虎通义》对于我们了解东汉时期的经学状况有着重要意义，正如《四库全书总目提要》所说："方汉时崇尚经学，咸兢兢守其师承，古义旧闻，多存乎是，洵治经者所宜从事也。"

对于《白虎通义》的卷数和作者，《隋书·经籍志》载《白虎通》六卷，不著撰者。《新唐书·艺文志》载《白虎通义》六卷，始题班固之名。宋《崇文书目》载《白虎通德论》十卷，凡十四篇（按：当为四十四篇）。陈振孙《直斋书录解题》亦作十卷，四十四门。现存的版本主要有元大德五年无锡州学刻十卷本、明嘉靖元年傅钥刻本、清卢文弨《抱经堂丛书》本八卷，后附《补遗》二卷，庄述祖辑的《阙文》一卷、武英殿聚珍版丛书本、子书百家本等。陈立的《白虎通疏证》是第一部对《白虎通义》进行疏证的著作。陈立（1809—1869年），字卓人，号默斋，江苏句容人，清代著名的经学家，对于公羊学用力尤深，著有《公羊义疏》。在研究公羊学的时候,陈立认为"汉儒说经师法,谓莫备于《白虎通》。先为疏证,以条举旧闻,畅隐扶微为主,而不事辨驳,成《白虎通疏证》十二卷"。陈立的《白虎通疏证》详细全面,疏解深入,达到了很高的水平,目前仍是研究《白虎通义》必不可少的参考书。

(任蜜林撰)

《论衡校释》提要

《论衡校释》,汉王充撰,黄晖校释。王充(27—97年),字仲任,浙江上虞人,东汉著名的思想家、哲学家。王充祖上本居魏郡元城,曾以军功封爵,失爵之后,世代以农桑为业。因躲避仇家,其祖上先后迁至浙江钱塘、上虞等地。王充自幼便与众不同,不好嬉戏。其父奇之,以书教之。王充勤奋好学,于《论语》《尚书》日诵千字,学业大进。王充谦虚谨慎,不毁人非,亦不以富贵贫贱措心。青年以后到了京城洛阳,受业太学,师事班彪。王充为学,喜好博览,而不守当时章句之学。其家贫,常游书肆,所阅之书,过目成诵,遂通诸子百家之学。后归乡里,以教书为业。曾任郡府功曹,因政见不合而辞。晚年曾得同乡谢夷吾举荐被汉章帝征用,然因病未成。后以病卒于家。

据《论衡·自纪篇》,王充曾作"讥俗之书"以批判当时不良的社会风气,作"政务之书"以指导当时的政治治理,作"论衡之书"以批判当时虚华不实的著述风气,作"养性之书"以阐述养生延寿之说。除了"论衡之书"外，其余诸书皆以亡佚。《论衡》，据《后汉书》本传，有八十五篇，二十余万言。现除了《招致篇》有目无文外，其余皆保存完整。《自纪篇》又说："书虽文重，所论百种。按古太公望、近董仲舒传作书篇百有余，吾书亦才出百而云太多。"《四库全书总目》据此认为《论衡》原书应有百余篇，此八十五篇已非其旧。刘盼遂更作《王充论衡篇数残佚考》以证《论衡》篇数应在一百以上，其佚失者至少十五六篇。二者之说，与《后汉书》本传显然不合。王充《自纪》所说"吾书出百"应是王充所作"讥俗之书"等书合起来的篇数，而不是《论衡》的篇数。因此，《论衡》的篇数还应以《后汉书》本传为准。

王充作《论衡》的目的主要针对当时虚伪浮华的社会风气，"伤伪书俗文多不实诚""通人观览，不能订诠"，故作"实论"以澄清"浮华虚伪之语"。他在《佚文篇》中说："《诗》三百，一言以蔽之，曰：'思无邪。'《论衡》篇以十数，亦一言也，曰：'疾虚妄。'""疾虚妄"可谓《论衡》全书的思想宗旨。清代谭宗浚曾总结《论衡》所批虚妄之事有几个方面："一曰论人之失，如谓尧溷舜浊，谓老子、文子德似天地之是也。一曰论事之失，如谓周公不当下白屋礼士，谓李斯、商鞅为奉天行诛之类是也。一曰论理之失，如谓鬼神为无凭，谓祸福不关于天命之类是也。一曰论物之失，如谓日月为不圆，土龙不能致雨之类是也。"（《学海堂四集·论衡跋》）这基本上概括了王充所批虚妄之事的种类。

从现存《论衡》内容来看，其大体包含以下几个方面：（1）对天人感应、阴阳灾异祥瑞的批判，这主要体现在《寒温篇》《谴告篇》《变动篇》《招致篇》《感类篇》《明雩篇》《乱龙篇》《遭虎篇》《讲瑞篇》《指瑞篇》等中。汉代自董仲舒倡导天人感应、灾异谴告以来，这种风气开始弥漫到社会的各个层面。到了西汉末年，又形成了风靡一时的谶纬学说。王充所生活的年代，正是这种思想盛行的时代。天人感应思想认为天与人之间有着相互感应的关系，人间政治的好坏能够引起自然界的灾异或祥瑞，人间君主的喜怒哀乐能够影响到天气的寒温变化。在王充看来，这些都是不可能的，因为天道自然无为，不会对人间的是非对错产生影响。（2）对当时阴阳术数所说的禁忌的批判，这主要体现在《四讳篇》《俊时篇》《讥日篇》《卜筮篇》《辨祟篇》《难岁篇》《诘术篇》《解除篇》等中。如在《讥日篇》中他对当时人们信奉岁月时日的禁忌进行了批判。世俗之人认为行事必须有相应的日期，王充对于这些一一批驳，认为祸福随盛衰而至，与时日无关。又如当时世俗之人信奉卜筮，王充认为卜筮所用蓍草、龟骨只有其名，无有其实，因此不能有神灵，这样卜筮自然也就不能令人相信了。（3）对于人鬼关系的论说，这主要体现在《论死篇》《死伪篇》《订鬼篇》《薄藏篇》《祀义篇》《祭意篇》等中。世俗之人认为人死后变成鬼，有知觉，能害人。王充从经验主义的角度加以批驳，在他看来，人也是万物中一种，既然其他的物种死后不能变为鬼，那么人死后怎么又能变成鬼呢？（4）对各类虚妄之言的批判，这主要体现在《变虚篇》《异虚篇》《感虚篇》《福虚篇》《祸虚篇》《龙虚篇》《雷虚篇》《书虚篇》《道虚篇》《语增篇》《儒增篇》《艺增篇》《问孔篇》《刺孟篇》《实知篇》《知实篇》等中。（5）关于性命、历史、才能等方面的论述，如在《本性篇》《率性篇》《初禀篇》《命禄篇》《气寿篇》《逢遇篇》《宣汉篇》《齐世篇》《程材篇》《量知篇》等中。在人性论上，王充认为人性是善恶混的。在命定论上，王充认为人的生死祸福、富贵贫贱等都是由命决定的。在历史观上，王充认为历史是进步的，当代是胜于古代的。

王充的《论衡》在当时并没有太大的影响，东汉末年蔡邕从吴地始得此书，常常以此作为谈助。其后王朗又得此书，时人以为才进。于是《论衡》才开始受到重视。此后谢承、葛洪等人对王充和《论衡》都评价很高，如谢承认为王充之才，孟子、荀子、扬雄、刘向等人不能过也。葛洪亦说："王仲任作《论衡》八十余篇，为冠伦大才。"然至宋以后，学者对《论衡》大多评价不高，如黄震认为王充"初心发于怒愤，持论至于过激，失理之平"。胡应麟更是认为"王充氏《论衡》八十四篇，其文猥冗尔沓，世所共轻"。相比来看，还是《四库全书总目》评价比较公允，其说："（《论衡》）大抵订讹砭俗，中理者多，亦殊有裨于风教。……儒者颇病其芜杂，然终不能废也。"

《论衡》的版本，目前有两个系统：一是元刊明正德修本，《累害篇》不缺页；一是宋刊明成化修本、嘉靖通津草堂刻本，《累害篇》皆缺一页。至于《论衡》的校注，到了清代才开始有学者从事此项工作，俞樾、孙诒让、孙蜀丞、吴承仕、刘文典、胡适、刘盼遂等人都做了很多贡献。黄晖的《论衡校释》就是在前人基础上完成的一部集大成之作。黄晖（1909—1974年），字政庵，安徽桐城人，早年就学于北京大学，1949年以后先后任教于西北大学、湖南大学。他对于《论衡》的校释采用了对校、本校、他校、理校、分类等方法，汇集众说，择善而从，达到了很高的水平，正如胡适所说："黄晖的《校释》，算是一千年来注释《论衡》最好的一部书。"

（任蜜林撰）

《老子道德经注校释》提要

《老子》，又名《道德经》，是中国春秋时道家创始人老子的著作，记录了春秋晚期思想家老子的学说，是中国历史上首部完整的哲学著作，既是道家哲学思想的重要来源，也为中国古代先秦诸子百家及后世各派学者所共仰。

老子，姓李名耳，字聃，春秋时陈国苦县厉乡曲仁里人，是我国古代伟大的哲学家和思想家、道家学派创始人。因为生卒年月不详，后世学者推论老子约生活于公元前571年至前471年。老子静思好学，知识渊博，曾担任周天子的守藏史，管理夏商周三朝的历史典籍、当朝档案和历史文物。作为史官，老子博览群书，贯通古今。他总结中国古代文化在漫长历史发展中的兴衰成败、存亡祸福的经验教训，加以高度的理论分析、综合和概括，从中求索宇宙人生发展的规律。

在中国哲学史上，老子第一次将"道"作为世界的本原和人生的法则，开创了以"道"为最高哲学范畴的中国哲学。老子追问世界的终极原因，提出了"万物之本"这个究天地人之最高根据的本体论问题。他认为天不是最根本的,天地还有其"始",即"天下有始,以为天下母",这个"天下母"就是道。《老子》开宗明义说:"道可道,非常道",把"道"作为其哲学的基本范畴。道是万物存在的根据,而道的根据却是它自己。"道"是浑然天成的,是超验的,在天地形成以前就已经存在。虽然听不到它的声音也看不见它的形体,寂静而空虚,但"道"不依靠任何外力而独立长存、永不停息,循环运行而永不衰竭,可以作为万物的根本。

"无"是生活中经常遇到的现实,老子却把"无"抽象到概念的高度,作为认识的"客体"对待,以便把作为世界本原的道与有形的具体事物相区别。"无"的提出,是认识的一次大飞跃。"无"首先相对于具体的"有"而言,"有"总是有某种规定,是此物则非彼物,"无"则无任何具体规定,惟其无具体规定,故可以如此,亦可以如彼。

老子讲"有之以为利,无之以为用",特别重视"无"的作用。

老子提出"无为""有为"的观念。《老子》八十一章中讲政治论或兼及政治论的篇章几近一半,所以也可以把《老子》看作一本政治哲学著作。老子提出的治国原则是无为。"为无为"是道家向国家的统治者推荐的一个"最优治国原则"。"无为"指基于对"道"的认知和把握,根据对时势、趋势的判断做出顺势而为的行为,亦即顺应自然的变化规律,使事物保持其天然的本性而不人为做作,从而达到"无为而无不为""道法自然"的境界。老子格外崇尚自然,认为自然是事物的本性或天然状态,事物的自然本性产生的外在表现就叫作自然。"自然"是万物的最佳状态，"道"也通过万物的"自然"表现出来。

在人与道的关系中，老子强调人的主体性，视主体性为人之本质。他讲"域中有四大，道大、天大、地大，人亦大"。老子"四大"之说的内在哲学意蕴，是对本体论意义上的"道"以及人自身在各种境遇中的具体"存在"的双重关注。作为四大之一的人区别于客体的质的规定性是主动、自觉、自由。因为人具有能动性，人是施动者，是行为活动的发出者，思想、行动自至完成、实现正是人的主体性的鲜明体现。同时，人是目的，人的行为活动只有最终指向人自身，其行为活动才能实现意义，人才能真正成其为主体，成为一个真正的人。

在认识论上，老子提出了"为学日益，为道日损"，以区别认识"物"和认识"道"的两种不同方法。

老子有着丰富的辩证法思想，堪称辩证法的鼻祖。他第一次提出了有无、难易、长短、高下、音声、前后、美丑、损益、刚柔、强弱、祸福、荣辱、智愚、巧拙、大小、多少、生死、胜败、攻守、进退、静躁、重轻等一系列对立统一的概念，认为一切事物都是一分为二的。

在矛盾转化方面，老子认为"反者道之动"，一切事物都是向相反方向转化的。他举出"祸兮福所倚，福兮祸所伏"，"曲则全，枉则直，洼则盈，敝则新，少则得，多则惑"等例证，说明事物都会向它们的对立面转化。

王弼，字辅嗣，生于226年，死于249年，三国曹魏山阳郡（今河南焦作）人，经学家、哲学家，魏晋玄学的主要代表人物及创始人之一。

王弼"幼而察慧，年十余，好老氏，通辩能言"。王弼曾任尚书郎。少年有文名，其作品主要包括解读《道德经》的《老子注》《老子指略》及解读《周易》思想的《周易注》《周易略例》四部。正始十年（249年）秋天，王弼患疠疾而亡，年仅二十四岁。

《老子注》是王弼最有代表性的著作，其最突出的特点是"以无为本"的本体论思想，将老子的本源论思想改造成本体论。他认为：天下万物的存在是"有"，而"有"的初始是"无"，是"本"。所谓"有"，即有形有象的现象世界，也就是"末"。"无"即"无形之名"，也就是"道""自然"，即"本"。"本"即根本、根据、本原、本质。天下万物的生存表现为有形有象，有形有象的万物的产生是以"无"作为共同的根据。"无"与"有"的关系就是"本"与"末"的关系，"有"是"无"派生出来的，因此，老子的"道"也就被王弼改造成了"无"，形成了他的"贵无"哲学思想。

《老子注》是魏晋玄学的发端，是第一部系统地阐述玄学理论的著作，将老子的"道"的观念引进到玄学、儒学的思想体系中，在玄学的发展中起了重要作用。王弼通过对本末、静动、体用、一多等范畴，探讨本体世界"无"和现象世界"有"所构成的多重关系，反映了认识的深化，对我国古代理论思维的发展有积极意义。

王弼作《老子指略》与其《老子注》互相阐发，概述《道德经》的主要思想——崇本息末：抓住"道"这个根本，不要被有形世界的形形色色所迷惑。

（陈　霞撰）

《嵇康集校注》提要

嵇康（224—263年），字叔夜，谯郡铚县（今安徽省宿州市西）人，魏晋之际著名的思想家和文学家。其祖先为会稽上虞人，本姓奚，因避怨，迁居于嵇山之侧而改姓"嵇"。嵇康生于官宦之家，幼时丧父，靠寡母及兄长教养，自幼旷迈不群，高亮任性，不修名誉，宽简有大量，学不师授，博洽多闻，不涉经学，却好读老庄，倾向玄学，好属文论，又精通音律，喜弹琴咏唱。

嵇康生活在魏晋交替之际，政治黑暗，官场险恶。其时，司马氏不但擅权、专权，而且图谋篡位，不断诛除曹魏皇室成员及异己。文人学士为了远祸，转而谈玄，因此在学术领域，清谈玄理之风日盛。《老子》《庄子》和《周易》成为名士们研究谈论的对象，被称为"三玄"，魏晋玄学由此开启，形成两派。一派以道解释儒、法，认为名教出于自然，将儒家的礼教观与道家的自然观结合，这一派被称为"正始名士"，以何晏、王弼为代表。另一派是以嵇康、阮籍为代表的"竹林名士"，又称"竹林七贤"，反对礼法名教，主张"越名教而任自然"。

嵇康因娶魏沛王曹林之女为妻，与曹宗室有姻亲关系，曾做过曹魏政权的中散大夫，但司马氏当政后，长期不仕，只与当时名士阮籍、刘伶、向秀、山涛、阮咸、王戎结为"竹林之游"，清议时政，切磋玄学，抨击名教。261年，吏部侍郎山涛迁散骑常侍，举荐嵇康为选曹郎。嵇康写下《与山巨源绝交书》，自称"轻贱唐虞而笑大禹"，"非汤武而薄周孔"，坚辞不受。司马昭闻之，憎怒嵇康。

263年，嵇康之友吕安之妻徐氏被其兄吕巽淫辱，事发后，吕巽反诬吕安不孝，致吕安被囚入狱。嵇康伸张正义，为吕安辩诬，也因此被捕入狱。嵇康在狱中写下《与吕长悌绝交书》和《幽愤诗》。嵇康曾怠慢得罪过贵公子钟会，钟会趁机向司马昭进谗言，说嵇康是"卧龙"，不可放纵，劝司马昭"因衅除之，以淳风俗"。司马昭本就憎怒嵇康，遂听信钟会，杀了嵇康。嵇康临刑时，太学生三千多人请愿留下嵇康当老师，未能如愿。嵇康索琴弹奏一首《广陵散》，说："《广陵散》于今绝矣！"时年仅四十岁。

嵇康一生虽短，却写下了很多富有哲理性的玄学论著和文辞优美的诗篇，后人将之辑为《嵇康集》，存文十五篇，思想独到，辞采精丽，说理绵密；存诗六十首，风格清秀超远。

嵇康在他的诗文中，继承道家的"自然"观，主张听任自然而反对虚伪的名教，对一些旧的观念提出了怀疑和批判。名教，即孔子提倡的以"正名分"为中心的封建礼教。魏晋时期围绕"名教"与"自然"的关系展开了论辩。郭象认为名教即自然；王弼糅老庄思想于儒，认为名教出于自然；嵇康认为，人设定的"名教"极大地束缚了人的思想，固化了人的社会关系，僵化了的"名"逐渐沦为虚伪，因而也是违背自然的，所以名教既不等于自然，也不是出于自然。嵇康认为"人之自然之性"是"人之真性"，人性是人的自然生理的体现，所反映的是自然生命之理而不是社会人伦道德价值。嵇康从自然论出发，否定了人性的天赋道德，因而提出"越名教而任自然"的观点。《论自然好学论》一文指出，名教是与自然人性对立的。六经礼法绝非出于自然人性或其需要，相反它们是束缚人性的，于自然人性有害而无益。社会上之所以存在虚伪和欺诈，都是因为纲常名教的产生及其教育所产生的，所以纲常名教及其教育是产生社会罪恶与破坏"自然"的根源。嵇康自己性喜自由，不愿意受束缚，这在他的《与山巨源绝交书》中表露无遗。

嵇康在"越名教而任自然"的思想基础上，对经学教育及儒家经典进行了无情批判与否定。他指出，六经是束缚和压抑人性的，统治者提倡经学教育，其目的在于以"名教"维护其封建统治。经学教育使人性扭曲，道德沦丧；经学及经学教育只为名利之徒所利用，而对其他人来说却是破坏自然人性的东西。嵇康大胆提出废弃经及经学教育，"与万物为更始"，恢复"大朴之心"未变的状态。这种批判与否定，表达了嵇康对经学及经学教育的消极作用的愤恨和对推行经学教育统治者的不满。《家诫》是一篇著名的关于家庭教育的论著，在中国古代教育史上占有一定地位。尽管嵇康强烈地反对名教，但在《家诫》中却以儒家思想教子做人处世，不仅把"立志"看作做人的基本要求，而且把立志教育放在教育的首位，强调的"士志于道"，即做一有德君子；在为人处世方面，《家诫》要求子弟要善处浊世，小心谨慎，明哲保身。这些思想是针对魏晋之际政治动乱不安、社会风气污浊，容易招祸，朝不保夕的现象而阐发的，这种思想矛盾，也是嵇康针对现实的一种妥协。

嵇康"越名教而任自然"的思想，也反映在他的养生观中。

他主张抛弃名教而顺循人性自然法则，使人在追求内在的自我生命意义与价值中获得"性命之理"与"自然之理"。要求革洗名利之心，荡涤声色滋味之欲，摆脱现世人际关系的羁绊，在自然无为的生活与精神状态中"穷理尽性"，要求人们摆脱纲常名教，回到大自然，远离现实政治，轻视功名利禄，把个体价值作为人生追求的目标。

《声无哀乐论》和《琴赋》是两篇音乐美学著作，探讨了一些音乐问题，表达了他的音乐美学观。首先，嵇康区别了"声"与"乐"的不同。"声"是指自然界的各种声音，这是没有哀乐之分、善恶之别的；"乐"是指人们创作的有曲有调、能奏能唱的音乐，音乐是表达感情的，自有哀乐善恶，但这种哀乐善恶不是来自乐器或歌喉发出的音乐，而是来自人的内心情感的共鸣。《琴赋》对琴的制作、弹奏及音响效果，进行了生动细腻的描绘，为研究古代音乐留下了珍贵的资料。

嵇康的诗以四言为主，他的四言诗受《诗经》中《风》《雅》的影响，文辞简约，含义深广；他狱中写作的《幽愤诗》为四言长诗，长达八十六句，是他诗歌的代表作，全诗直直叙来，毫不含蓄，将幽愤之情抒发得淋漓尽致。嵇康的五言诗上承汉乐府，却有着独特的思想内容，如《五言古意一首》，是一首赠别诗，前两段用比兴手法，以双鸾为比喻；末段议论用典，全诗笼罩着悲切慷慨的气氛，写得精练含蓄，又意味深远，富有较强的感染力。他的六言诗和杂言诗则是学习民歌后的创新，都十分精彩。

（陈　霞撰）

《世说新语笺疏》提要

《世说新语》是南朝宋刘义庆组织一批文人编写的，其内容主要是记载东汉后期到晋宋间一些名士的言行与逸事，是中国魏晋南北朝时期"笔记小说"的代表作，是我国最早的一部文言志人小说集。

刘义庆（403—约444年），彭城（今江苏徐州）人，南朝宋文学家，是宋武帝刘裕的侄子，刘裕对其恩遇有加，袭封临川王。424年宋文帝刘义隆即位，宋文帝性情猜忌狠辣，因为担心自己重蹈少帝被弑的悲剧，刚登基便先后严格控制并杀戮了大量功臣和宗室成员。刘义庆担心祸事临身，多次请求外放，以借故离开京城，远离是非之地。尽管文帝下诏劝解宽慰，但刘义庆坚持外放，终于得以外镇为荆州刺史，在政八年，政绩颇佳。后任江州刺史，到任一年，因同情被贬的彭城王刘义康而触怒宋文帝刘义隆，责调回京，改任南京州刺史、都督加开府仪同三司。不久，以病告退，444年死于建康（今南京）。

刘义庆自幼才华出众，爱好文学，"秉性简素，寡嗜欲，爱好文义"，"招聚文学之士，远近必至"。他门下聚集了不少文人学士，他们根据前人类似著述如裴启的《语林》等，编成该书。刘义庆只是倡导和主持了编纂工作，但全书体例风格大体一致，没有出于众手或抄自群书的痕迹，这应当归功于他主编之力。

《世说新语》依内容可分为"德行""言语""政事""文学""方正"等三十六类（分上、中、下三卷），每类有若干则故事，全书共有一千二百多则故事，每则故事文字长短不一，有的数行，有的三言两语，由此可见笔记小说"随手而记"的诉求及特性。书中所载均属历史上实有的人物，但他们的言论或故事则有一部分出于传闻，不尽符合史实。此书中相当多的篇幅杂采众书而成。如《规箴》《贤媛》等篇所载个别西汉人物的故事，采自《史记》和《汉书》。其他部分也多采自于前人的记载。

在《世说新语》的三卷三十六门中，上卷四门："德行""言语""政事""文学"，中卷九门："方正""雅量""识鉴""赏誉""品藻""规箴""捷悟""夙惠""豪爽"，这十三门都是正面的褒扬。其中，上卷"德行""言语""政事""文学"四门，正是孔门四科，说明此书的思想倾向有崇儒的一面。但全书谈玄论佛的内容也不少，其思想倾向并不那么单纯，而是兼收并蓄。其余各门则褒贬杂糅，各异其趣。

《世说新语》这部书记载了自汉魏至东晋的逸闻轶事，是研究魏晋风流的极好史料，其中关于魏晋名士的种种活动如清谈、品题，种种性格特征如栖逸、任诞、简傲，种种人生追求，以及种种嗜好，都有生动的描写，纵观全书，可以得到魏晋时期几代士人的群像，通过这些人物形象，可以进而了解那个时代上层社会的风尚。从中可以看到道家思想对魏晋士人的思维方式和生活状况，乃至整个社会风气都产生了重要影响。

《世说新语》涉及各类人物共一千五百多个，魏晋两朝主要的人物，无论帝王、将相，或者隐士、僧侣，都包括在内。它对人物的描写有的重在形貌，有的重在才学，有的重在技艺，有的重在个性，有的重在心理，但都集中到一点，就是重在表现人物的特点，通过独特的言谈举止写出了独特人物的独特性格，使之气韵生动、活灵活现、跃然纸上。

《世说新语》的语言精练含蓄，生动通俗，却隽永传神，后世有许多广泛应用的成语便是出自此书，例如："难兄难弟""拾人牙慧""咄咄怪事""一往情深""卿卿我我"等。

《世说新语》还善于运用对照、比喻、夸张与描绘的文学技巧，不仅使它保留下许多脍炙人口的佳言名句，更为全书增添了无限光彩。《世说新语》流传以来，除了文学欣赏的价值外，人物事迹、文学典故等也多为后世作者所取材、引用，对后来的小说发展影响尤其大。《唐语林》《续世说》《何氏语林》《今世说》《明语林》等都是仿《世说新语》之作，称之"世说体"。

《世说新语》所记虽是片言数语，篇幅短小，但内容非常丰富，广泛地反映了这一时期士族阶层的生活方式、精神面貌及其清谈放诞的风气，是记叙逸闻隽语的笔记小说的先驱，也是后来小品文的典范，对后世笔记小说的发展有着深远的影响，而仿照此书体例而写成的作品更不计其数，在古小说中自成一体。书中不少故事，或成为后世戏曲小说的素材，或成为后世诗文常用的典故，在中国文学史上具有重要地位，鲁迅先生称它为"一部名士的教科书"。

余嘉锡（1884年2月9日—1955年1月23日），字季豫，号狷庵。祖籍湖南常德，出生于河南商丘。中央研究院院士，语言学家、目录学家、古文献学家。自幼禀受庭训，立志著述，十四岁作《孔子弟子年表》，十五岁注《吴越春秋》。光绪二十七年（1901年）中乡试举人。1942年，兼辅仁大学文学院院长，当选为中央研究院院士。1949年10月，任中国科学院语言研究所委员。著作有《四库提要辨证》《目录学发微》《古书通例》《世说新语笺疏》《余嘉锡论学杂著》等。余嘉锡一生治学的主要方面就是继承乾嘉文献考据学的传统，以目录学为治学之钥，重视掌握目录以求博通群书。他一生读书涉猎极广，自称："史、子两部，宋以前书未见者少；元明以后，亦颇涉猎。"他对传世典籍阅读之广，钻研之深，分析之细微，考辨之切当，都是超越前人的。他的《世说新语笺疏》的特点是不拘于训解文字，而主要注重考案史实。对世说原作和刘孝标注所说的人物事迹，一一寻检史籍，考核异同；对原书不备的，略为增补，以广异闻；对事乖情理的，则有所评论，以明是非。

（陈　霞撰）

《中说校注》提要

王通（581—617年），隋代著名思想家、教育家，字仲淹，绛州龙门（今山西河津）人，门人私谥"文中子"。《隋书》无传，新《唐书》和旧《唐书》中极简略提及，称其为隋末大儒。王通出身官宦世家，且王氏家学渊源深厚，所以从小就受到儒学的熏染。幼从父王隆学业，后广学儒家经典。隋仁寿三年（603年）西游至长安，见隋文帝，上《太平策》，不见用，经同乡推荐，才被授以官职，王通不久弃官归乡，退居河汾之间，潜心钻研六经。学有所成，便以授徒著述为业，有弟子千余人，时称

"河汾门下"。并模拟六经著《王氏六经》或称《续六经》，如《续书》《续诗》等，《续六经》约于唐代散佚，今存《元经》一书，经考证后，认为是伪造。所以今天研究王通思想，主要依靠其模仿《论语》所作的《中说》，又名《文中子》。《中说》一书，大多数学者认为并非王通所作，是其弟子们对其师言行的回忆和追录，此书经过王通之子的重新分类和编排，虽然多有对王通的不实吹捧，但其中反映的王通思想，仍具有许多可贵之处。

东汉之后，经历了南北朝的动乱，帝王之道和天人关系处在一个混沌不明的时期，"帝王之道暗而不明""天人之意否而不交"，有感于此，王通决心明天人之事，以天人关系为发端，推崇周公的王道政治和孔子的仁政思想，一生致力于周孔之道的推行，故有"王孔子"之称。

《中说》序中明确说明了本书的写作形式和核心价值，就是通过记录门人对问的形式，彰显"中"的思想。"中"承载了儒家的精神价值，等同于《易经》中六爻的二五两爻、《春秋》的权衡、《尚书》的皇级、《礼记》的中庸，是贯穿有形和无形，能够随机应变的核心原则。全书共有十卷，排序是按照王通的继先王之道的思想排布的，首倡王道即《王道篇》，圣王俯仰二仪故有《天地篇》，尊卑次第形成即《事君篇》，事君者莫如周公故有《周公篇》，周公之道藏乎易道即《问易篇》，易道莫大乎礼乐故有《礼乐篇》，礼乐文明则为史即《述史篇》，兴文立制莫大于魏相故有《魏相篇》，阴阳和顺穷理尽性以至于命故有《立命篇》，通达性命之旨即是易道，所以以《关朗篇》为末。

十卷次第清晰，思想连贯，集中反映了王通的以下五个方面的思想：

第一，关于王通的政治思想。以恢复王道政治为目标，倡导实行"仁政"。王道即圣人之道，内容是"以德吸人"，并以周礼作为王道的最高标准。圣人之道即先王之道，其核心是仁义，形式是礼乐，目的是社会秩序的维持和人自身的道德修养。仁政的具体实施，是以中庸之道为原则的，就是将仁义礼智信的五常统一体贯彻在政治中。尤其精彩的是提出了"民本说"。

第二，关于王通的天人思想。围绕"天人"关系这个核心，致力于探究"天人之事"，力挺人的主体性地位。区分了天、地、人，"夫天者统元气焉，非止荡荡苍苍之谓也；地者统元形也，非止山川丘陵之谓也；人者统元识焉，非止圆首方足之谓也"，以气、形、识分别作天、地、人的特点，三者相分却不相离，天生、地长、圣人成之，天的功用是化生万物，地长养万物，圣人则是成物，使得万物各得其所、臻于善。所以在天人关系中，主张"顺其自然"并"乘时而动"，顺其自然是充分尊重事物的客观实在性，乘时而动彰显了人的主动性。基于此，对传统的"命"的思想也进行了改造，认为命是"稽之于天，合之于人，谓其有定于此而应于彼"，就是统合天人的综合因素，有顺其自然也有乘时而动，二者相合而后有所谓的命，王通关于命的理论，充分体现了人的主动性和功能性。

第三，关于王通的三教思想。提出儒、佛、道三教可一，从理论上以儒学为主调和三教，对儒学新思想局面的开创起到了重要的启示作用。王通阅读《洪范谠议》，感慨"三教于是乎可一矣",进一步来讲就是统一于"使民不倦"。即使儒家吸收佛学和道学的思想精华,增强思辨能力,并保持儒学的独立性,将价值安顿在社会秩序的安定、统治和教化人民上。三家各有所蔽,互相汲取所长,侧重点在三教不是合一,而是可一的关系上,坚持儒家的精神价值,倡导周孔之道,是王通以儒者自居的价值追求所决定的。

第四,关于王通的文学思想。论文主理、论诗主政教之用,主张改革文风,重视文学艺术的教化作用,提出学必"贯乎道",文必"济乎义",不重视文艺审美作用,认为艺术技巧方面的讲求均属"末流",文学是王道政治的一个重要部分。倡导以文明道,躬行实践。

第五,关于王通的道德修养思想。王通从"人心"和"道心"的对立关系中,阐发了道德修养的必要性,即"存道心,防人心",关键在于"以性制情"。道德修养的原则是仁义礼智信,五者是一个统一整体,并且仁在五常德中居于"五常之始"的地位,尤其重要。在道德修养的实践中,礼法能保证道德实践的有效性,所以王通注重礼法的建构。"穷理尽性以至于命"是王通道德修养的价值追求,这句话源自《易传》,易学在王通的思想中具有重要的地位,认为《易经》是教化的根源所在。以王道教化为目的,将六经乃至三教都整合起来,是王通思想的独特之处和重要内容。

王通思想具有深远的历史价值,首先站在儒家立场融合佛学和道学,提出"三教可一"思想,在历史上王通发其端;其次,王通第一次将《尚书》中的"人心惟危,道心惟微,惟精惟一,允执厥中"单独提点出来，作为论述的核心，影响了宋代理学，成为理学的核心思想，可谓开理学之先河；最后，强调了人的重要地位和作用，一定程度上影响了后来思想的发展。

（宁怡琳撰）

四

宋元明清哲学类

《李觏集》提要

李觏（1009—1059年），字泰伯，北宋建昌军南城（今江西省南城县）人。南城位于盱江之畔，庆历初年李觏曾创办"盱江书院"，授徒讲学，故人称其"盱江先生"。李觏是北宋中期的重要儒家学者与思想家。虽其家境贫苦，又两次科举落第，却不为沮丧，笃志为学，勤于著述。皇祐初为范仲淹举荐，称其"著书立言，有孟轲扬雄之风义"，授太学助教。嘉祐二年国子监奏荐其为太学说书，称其"素负才学，博通经史。南方士流，皆宗师之"，后授通州海门主簿，卒年五十一岁，其事迹见于《宋史·儒林传》。李觏一生著述宏富，后人辑为《直讲李先生文集》（或称《盱江文集》）。

王国轩点校的《李觏集》，以商务印书馆《四部丛刊》影印明成化左赞刻本为底本，参校他本及相关文献，并标点而成。《内集》涵括了李觏所撰《易论》《删定易图序论》《礼论》《周礼致太平论》《富国策》《强兵策》《安民策》《平土书》《潜书》《广潜书》《庆历民言》《常语》等学术思想论著及其诗文作品。《外集》则收入告词、奏札、荐章及朋友所写书信、诗、序与墓志铭等资料。集后附有《年谱》《门人录》，附录还收入《常语》佚文、《宋史·李觏传》、各版序文与书目提要等相关资料，为今人研究李觏提供了丰富的文献基础。

李觏的儒学思想主要体现在《易》学宇宙论、人性论、礼论、经世论等几个方面。

李觏的《易》学宇宙论，主张太极作为宇宙万物的本原，乃混而为一的元气。由太极一元之气，分化为两仪而有天地之象。天地阴阳之气相交，方有五行之生，五行既备而后有万物之生。李觏还以气、形、命、性诠释《周易》的元、亨、利、贞，由此以对万物的生成过程，以及适宜的存在条件与性质特征加以解说。李觏以气化的观点，解释事物的发展与变化，反对将宇宙构成与事物现象做一种神秘化的理解。

在人性论方面，李觏不取孟子性善、荀子性恶以及扬雄性善恶混的论说，而主张韩愈的性三品论。李觏认为人性可分为上、中、下三品，圣人之性为上智，唯有圣人才具有仁、义、智、信之性，不学而自能，下愚则虽学而不能。大多数人则位于中品，又可分为三类：学而得其本则为贤人，与上智同；学而失其本为迷惑，守于中人而已；兀然不学则为固陋，与下愚同。李觏认为中品三类与上下两品，合为三品五类，基本可以涵括人性的各种情况。

李觏的道德伦理思想主要体现在其礼论方面，并以他的人性论作为基础。李觏认为"礼者，圣人之法制也"，礼由圣人率其仁义智信之性，会而所成，因此礼中也内涵了仁义智信之德。贤人因见圣人所制之礼而知德性之美，并通过学礼而成就美德。李觏还指出"礼之初，顺人之性欲而为之节文"，乃因循人情、人欲而加以调节，并以礼度仪文的形式对于伦理关系中的道德原则加以规范。为政者，通过礼来教导百姓，并化民于善。

在经世思想方面，李觏具有一种鲜明的变革意识，也是范仲淹主导的庆历新政的积极拥护者。李觏能够从辩证的角度，来看待常与变的关系，他提出"常者，道之纪也。道不以权，弗能济也"。李觏认为"时有不同，事有通变"，"古今时异，沿革事殊"，因此为政者应当量时制宜，行权变以济常道之不足。李觏反对将仁义与利欲截然对立，提出"焉有仁义而不利者"，认为"人非利不生"，"欲者人之情"，虽然言利欲不节之以礼，会有贪淫之过，但若不贪不淫而耻言利欲，则不免贼人之生，反人之情。因此，李觏批评同时代的儒者对于关乎国计民生的问题，无所关心，故为世俗所不喜。他个人则针对北宋中期日益暴露的社会政治问题，进行了深入探讨，并提出了一系列政治、经济、军事等方面的具体改革措施与方案，此详见于其所撰各篇策、书、论之中。其中，李觏特别将《周礼》作为一种理想制度的典范，以其中一些制度为依据加以重新诠释，提出改革现实政治经济制度的方案，体现了其通经致用的思想。

李觏对于《周礼》的重视及其富国理财等思想，对于此后王安石及其主导的熙宁变法都产生了一定的影响。

（陈　明撰）

《周敦颐集》提要

周敦颐（1017—1073年），北宋道州营道县（今湖南省道县）人。生于宋真宗天禧元年（1017年），卒于宋神宗熙宁六年（1073年）。周敦颐原名惇实，后因避宋英宗讳改名惇颐，亦作敦颐，字茂叔，世称濂溪先生。周敦颐与邵雍、张载、程颢、程颐一起被尊称为"北宋五子"，因其对宋明理学的开创作用，后世又尊其为"道学宗主"。

周敦颐父周辅成，大中祥符八年（1015年）特奏名赐进士出身，天圣九年（1031年）卒于贺州桂岭令任上。其时周敦颐年少，故投奔舅父郑向，由郑向抚养教育长大，亦因郑向恩荫而得官，初为试将作监主簿，又为洪州分宁县主簿，庆历四年（1044年）任南安军司理参军。庆历六年，程珦知虔州兴国县，兼南安军通判。程珦视周敦颐气貌非同寻常，遂令其子程颢、程颐随周敦颐学习，周敦颐令二程体会"孔颜乐处"。周敦颐与二程之间的传授关系在理学史上被称为"周程授受"，是理学发生史上的一个重大事件。周敦颐后累官各处，熙宁四年（1071年）以知南康军之职致仕，任闲职南京应天府分司官。熙宁六年（1073年）六月初七逝世，终年五十七岁。嘉定十三年（1220年），因魏了翁等人之请，谥号"元公"；端平二年（1235年）从祀孔庙。周敦颐为官职位不高，但政声颇佳，其精神境界更为人推崇，时人称他"人品甚高，胸怀洒落，如光风霁月"。

周敦颐生前未将著作编成文集，去世时家藏《太极图》等数十篇，诗十卷，但大部分亡佚。南宋朱熹注重周敦颐著作的整理收集，现传周敦颐文集底本多为朱熹的门人度正在朱熹建议下编辑的本子。除《太极图》与《通书》之外，其他作品基本为后世收辑所得。陈克明先生整理的《周敦颐集》以清光绪十三年贺瑞麟编辑的《周子全书》为基础，参考明嘉靖五年吕柟编《宋四子抄释》内《周子抄释》、清康熙四十七年张伯行编《周濂溪先生全集》、清乾隆二十一年江西分巡吉南赣宁道董榕编辑进呈本《周子全书》、清道光二十七年邓显鹤根据《道州濂溪志》原本编辑《周易全书》。将传略、墓志铭、年谱等编为附录一，各种版本序跋编为附录二，有关《太极图》及《图说》的各种资料编为附录三。此本《太极图》《太极图说》《通书》等还附有朱熹所作的《解义》。《周敦颐集》中的《太极图》《太极图说》《通书》是周敦颐的主要哲学作品。

周敦颐被认为是理学的开山，主要基于以下两点：第一，周敦颐在人生理想方面开了新儒学的风气；第二，依据儒家经典《周易》建立了一个宇宙论体系。这两方面对宋明理学的起源有重要意义，对理学后来的发展也有重要影响。

关于人生理想，周敦颐最主要的两个主要哲学命题是"圣人可学"和"孔颜乐处"。所谓"圣人可学"认为每个人都可以通过学习成为圣人，而圣人则是儒家认为的最高理想人格。《通书》第十《志学》认为，圣人以天为榜样，贤人以圣人为榜样，一般的士人则以贤人为榜样；第二十《圣学》强调"圣可学乎？曰：可。"此章同时指出了学习圣人的具体方法，那就是要做到"无欲"，也就是《太极图说》中强调的"主静""无欲故静"。做到"无欲"就能达到"明、通、公、溥"的境界。强调"圣人可学"就与魏晋玄学讲的"圣人不可学而至"不同。同时，这个可学的圣人形象也与汉唐儒学强调圣人变革社会"外王"的面向不同。他更强调圣人内在的精神状态、修养与境界。此后，"圣人可学"成为所有理学家共享的思想前提。"孔颜乐处"这个命题则与"圣可学"相呼应。《论语》记载孔子的弟子颜回生活穷困，但没有影响到他对道的追求，孔子对此十分赞叹。程颢回忆早年从学于周敦颐的经历时讲，周敦颐每每令他探寻"颜子仲尼乐处"，到底因何而乐。在周敦颐看来，富贵是常人共同追求的对象，但这只是一般人的生活态度，君子必须超越对富贵的追求，对君子来讲世界上有比富贵更可贵、可爱的东西，以之实现内心的充实、平静与快乐。颜回已经达到了此种超越富贵的人生境界，因此不会因贫困改变他内心的"乐"。此种"乐"超越对象，超越人生利害，是一种高级的精神享受。这就为儒学超越世俗提供了一种路向，也针对佛老对当时人的精神影响提供了一个儒家方案。

周敦颐的宇宙论主要体现在《太极图》和《太极图说》，其基本图示是：太极—阴阳—五行—万物。宇宙的原初实体为太极元气，太极元气因此自身运动分化为阴阳二气，阴阳二气变化形成五行，五行的组合变化则构成天地万物。宇宙万物生生不穷，本质上都是一气演化的结果，宇宙动静没有极限，宇宙间一切事物的变化也没有极限，宇宙处于无休止的运动变化当中。

人则是由宇宙间最灵秀的气构成的，由此灵气而有知觉思维能力，但也因为由气而成，人也就有了善恶，圣人则以"仁义中正"为道德原则，在修养上则主张"主静"。

周敦颐的思想具有逻辑上的一贯性，宇宙论上的"太极""动静"思想，为人生论上的"人极"提供了形而上学基础，也就是说为儒家的价值学说提供了形上学基础，从而将天道与人道贯通为一。周敦颐的这一思路也为后世理学家继承，并由此展开了理学思想的一般形态。

周敦颐的著作虽然简短，但却奠定了宋明理学的一般思想结构与理论形态，故而其思想在理学史上具有重要地位。

（赵金刚撰）

《邵雍集》提要

邵雍（1011—1077年），字尧夫，先世居河北范阳，其父时移居河南，宋真宗大中祥符四年十二月二十五日，生于河南衡漳（今河南林州市康节村），又迁共城（今河南辉县市），三十七岁时移居洛阳。邵雍青年时代就刻苦力学，迁居洛阳后条件艰苦依旧坦然自乐。五十一岁时，宰相富弼曾想请邵雍出来做官，被其婉拒。后王拱辰、富弼、司马光等人为其在洛阳置备宅院居住，邵雍躬耕其中，自得其乐，将园居命名为"安乐窝"。邵雍闲居洛阳三十年，与司马光、二程等人交游论学。二程称邵雍为"风流人豪"，十分推重他的人品境界。邵雍熙宁十年去世于洛阳，葬于伊川神阴原（今伊川县伊水西紫荆山下）。邵雍与周敦颐、张载、二程被后世并称为"北宋五子"，死后赐谥"康节"，后人称康节先生。

邵雍的主要著作为《皇极经世》，其中一至六卷为《元会运世》，七至十卷为《律吕声音》，十一卷为《观物内篇》，十二卷为《观物外篇》。由于邵雍精通易学，尤其注重"数"，导致历史上有很多象数类易学著作托名邵雍所作，如《梅花易数》。

邵雍的思想十分重视《周易》象数学。据南宋朱震讲，陈抟将先天图传授给种放，种放传给穆修，穆修传给李之才，李之才则传给邵雍。据说，邵雍是在李之才任共城县令时从学于他。这一学问传承系统特别重视对《周易》"数"的发挥，因此邵雍的学问也被人称为"数学"。他认为数是"道之运也，理之会也，阴阳之度也，万物之纪也"，所有的变化都因数而成就，数也体现在天地一切事物当中。其数学较为突出的是对"元会运世"的论述。他将历法上的年月日时看作一种"小年"，认为宇宙大的演化和历史大的变迁还有一种"大年"。具体来讲，十二万九千六百岁为一元，一元分为十二会，一会为一万八百岁，对应子、丑、寅、卯、辰、巳、午、未、申、酉、戌、亥之十二支；一会又分为三十运，以甲、乙、丙、丁、戊、己、庚、辛、壬、癸十天干重复三次为计；一运又分为十二世，再度对应十二地支，三十年为一世；一年分十二月，每月三十日，每日十二时辰，这也就是历法上的"年"。我们可以看到，邵雍的这套计算方式，根据12与30交替进位，对应历法，与天干地支呼应。一元并不是宇宙的终极期限，按照12、30的进位法，还可以有更大的周期。同时，邵雍还将二元会运世对应到周易的六十四卦、三百八十四爻，并将之与中国历史的各个时期对应，其中乾卦对应中国历史上的唐爻盛世，之后到宋的历史则为姤卦代表的"午会"。

　　邵雍还从周易的阴阳二分原则以及《系辞》"易有太极"章一而二、二而四、四而八的数字关系抽绎出了一个"一分为二"或曰"加一倍法"的一致逻辑，创造出以"四"为基数的新的物象分类系统。邵雍以动（天）、静（地）为两仪；动分为二生阳、阴，静分为二生柔、刚，为四象；阳、阴再各分为二生太阳、太阴、少阳、少阴为天之四象，柔、刚各分为二生太柔、太刚、少柔、少刚为地之四象,天之四象、地之四象合为八卦。

"观物"是邵雍思想的重要概念,包括对自然世界的观察,也包括人对世界的基本态度。观物不是用感性器官去观察物,而是用心观、用理观。"以目观物,见物之形;以心观物,见物之情;以理观物,见物之性。"在观物的时候,不能以我观物,而要以物观物,顺应事物的本性状态,而不是把自己的主观好恶带入其中。观物的核心是要做到"无我"。"以物喜物,以物悲物",这样就能做到"发而中节",不用我观物,则能做到"物物",还物之本然。

同时,邵雍十分重视"安乐逍遥"的思想境界,这就与周敦颐讲的"孔颜乐处"遥相呼应。在他看来"学不至于乐不可谓之学",他曾作《安乐吟》,讲"安乐先生,不显姓氏。垂三十年,居洛之涘。风月情怀,江湖性气。色斯其举,翔而后至。无贱无贫,无富无贵。无将无迎,无拘无忌","乐见善人,乐闻善事。乐道善言,乐行善意"。这种乐与孔颜乐处一样,都是不以贫贱富贵而改变自己内心的乐,强调内心达到的精神境界。邵雍自谓"平生不作皱眉事",临死前对程颐讲"面前路径须令宽",劝程颐要"放开",做一个襟怀洒落的人,而邵雍自己的行事和精神追求都表现出了他所强调的洒落。

邵雍传世著作主要有道藏本和《四库全书》本。《观物内篇》各本内容差异不大,郭彧先生的整理本以道藏本为底本点校。《观物外篇》各本差异较大,以张行成《皇极经世观物外篇衍义》中的《观物外篇》正文为最佳。郭彧先生以此为底本,参校道藏本整理。《伊川击壤集》则以正统道藏本为底本,以四部丛刊本为主校本，并参考《四库全书》本。

（赵金刚撰）

《张载集》提要

张载（1020—1077年），字子厚，北宋凤翔郿县（今陕西眉县）横渠镇人。生于宋真宗天禧四年，卒于神宗熙宁十年。宋仁宗嘉祐二年，张载登进士第，此次科举考官为欧阳修，同科中进士的还有程颢、苏轼、苏辙、曾巩。中进士后曾任丹州云岩县令，英宗末任签书渭州判官公事，神宗初年任崇文院校书，不久辞职，回乡讲学。后又任同知太常礼院，不到一年即告退，归家途中病逝于临潼。因张载长期在横渠镇讲学，当时学者称其为横渠先生，后世将其与周敦颐、邵雍、程颢、程颐并称为"北宋五子"。

张载少年时喜欢谈兵，有军功之志，想联络一批人替宋朝取洮西之地。曾上书谒见当时担任陕西招讨副使的范仲淹，陈述用兵谋略和计划。范仲淹一见就知他有"远器"，劝他以儒家名教为志业，并引导他读《中庸》。于是张载用功于《中庸》，有所得但又觉得不满足，又参访佛老之书，累年尽究其说，而知佛老之弊病，反而求之于六经，回到儒家立场，并确立了对佛老的批判态度。后又与二程兄弟往来论学，在居乡讲学期间建立了其成熟的气本论哲学。

张载为学呕心沥血，思学并进。《行状》中记载他整天端坐一室，身旁置满书册，"俯而读，仰而思"，有了认识就赶紧记下来，甚至半夜有所得，也会起来秉烛而书。二程推崇张载，认为孟子之后的儒者都没有他这样的见识。张载影响较大、流传较广的有著名的"横渠四句"：为天地立心，为生民立命，为往圣继绝学，为万世开太平。这体现着张载以及整个北宋道学的精神追求。

张载著述很多，包括《正蒙》以及大量"经说"。但元、明以降，张载大量经说、经解散佚，流传下来的主要著作为《正蒙》《横渠易说》《经学理窟》《张子语录》《文集佚存》。南宋《诸儒鸣道集》收《正蒙》《经学理窟》《语录》；明代吕柟曾编纂《张子抄释》，是张载著作最早的选集；后人又编成《张子全书》。章锡琛先生整理的《张载集》以明万历四十八年沈自彰凤翔府《张子全书》官刻本清初翻刻本为底本，用郿县本、朱轼刻本、《正谊堂丛书》本及《张子抄释》等互校，同时以《周易系辞精义》（古逸丛书本）参校，书中各篇互见的文字也作了内校。《张子全书》沿用吕柟《张子抄释》中所收语录，《张载集》则以南宋本《张子语录》替换，《文集》又参考了《宋文鉴》。同时，《张子全书》清本将朱熹注释的《西铭》《东铭》作为第一卷，置于《正蒙》之前，《张载集》则将《西铭》《东铭》置于《正蒙》原本位置，并删去朱注，这就与宋本《正蒙》的编排一致。基于这些，我们可以看到《张载集》的优势是十分明显的。

张载成熟时期最主要的哲学著作为《正蒙》。张载的哲学以《周易大传》为宗，《正蒙》也体现了这一点。张载关于"虚"与"气"的论述是他整个哲学的基础，他认为宇宙的构成分为三个主要层次，即太虚、气、万物，太虚之气聚而为气，气聚而为万物，万物散而为气，气散而为太虚。太虚、气、万物是同一实体的不同状态，气在时间和空间上都是永恒的，这样也就不存在一个虚空、虚无的状态或阶段。张载还特别关注宇宙间的运动与变化问题，认为气具有内在的动力和运动本性，世间一切的变化不过是气化的不同形态。"气"是变化的实体，气化的总体过程则是"道"，"理"则是变化的规则，"神"是变化的本性。同时，人物之性也都与"气"有关，太虚之气清通无碍，是人物的"天地之性"，气聚而成万物，则会有万物具体的性质，也就是"气质之性"。天地之性本然纯善，气质之性则有善恶，夹杂着各种欲望性的东西，因此张载十分注重"成性"，通过后天的努力返回天地之性，也就是要"变化气质"。对于后天的努力，张载强调"心"的作用，心是性与知觉的综合，能超越见闻的局限而"尽性"。

《西铭》一篇是张载伦理思想与人生境界的代表。张载把整个宇宙比喻成一个大家庭，乾坤阴阳就是我们的父母，每个人、每个事物都是禀受天地之气而成，因此都是这个家庭中的一员，人民是我的同胞，万物与我交好，所以我们相互之间应该充满关爱，正所谓"民胞物与"；而我们又处于这个家庭的不同位置，我们也需尽自己不同的义务，尤其是处在优势地位的人更应该照料这个家庭中的弱者。程颐讲《西铭》所说的道理是"理一分殊"，就是就以上所言。同时，《西铭》又以最积极的态度引导我们面对生命：富贵面前不骄纵，仅把它看成是对生命的一种厚爱；贫贱面前也不应该自暴自弃，仅把它看成对生命的一种成就；活着，就要充分尽自己的义务；死亡，就是充分尽完自己义务之后所获得的安宁。

同时，张载的思想还十分重视"礼"，"礼"是张载开创的

"关学"的重要特色。在张载看来，"礼"根源于天地自然，也根源于人的本性，礼能发挥其功能，正与此有关。张载注重"以礼成德"，"礼"是其"变化气质"的重要方法，变化气质需要通过行礼来实践。同时，礼还有着化民正俗的积极意义，张载主张推行儒家各项礼仪于社会生活之中，进而实现儒家伦理。当然，在张载看来，礼不是一成不变的，礼当中的"天叙天秩"是不可变的，但在具体的历史境况中，则要因时制宜，制作新的礼乐。

张载的哲学是北宋理学"气本论"的重要代表，对理学的发展有着重要作用，尤其是他"心统性情""变化气质"等讲法，更是对后代学术产生了深远的影响。

（赵金刚撰）

《二程集》提要

《二程集》是宋代哲学家程颢和程颐的语录、著作合编，包括《遗书》《外书》《文集》《易传》《经说》五种，另收入程门弟子杨时将二程语录以书面文体改写而成的《粹言》。

程颢（1032—1085 年），字伯淳，后代学者尊称为"明道先生"。程颢之弟程颐（1033—1107 年），字正叔，后代学者尊称为"伊川先生"。程颢和程颐曾共同受学于理学鼻祖周敦颐（1017—1073 年），世称"二程"。

程颢的求学经历，在程颐所写的《行状》中有所概述。程颐说：（程颢）先生年十五六时，听闻周敦颐的学说，遂厌恶科举，慨然有求道之志。但不知求道的关键，于是泛滥于诸家学术，尤其在道家和佛家学说中沉浸很久，但无所得，最后返回儒家六经，终有所得。程颢这种泛滥诸家而后归本六经的求学经历，在宋明理学家中十分有代表性。程颢从学于周敦颐时，周敦颐令他寻求仲尼、颜子乐处，所乐何事。后来程颢再度向周敦颐请益后，曾感叹道："自从再见周茂叔以后，吟风弄月而归，有'吾与点也'之意。"所谓"吾与点也"，指的是曾点向往的那种自然洒脱、自得自乐的境界。周敦颐令寻孔颜乐处的教导，显然对程颢的为人与为学，均有风格上的影响。

相比于程颢春风拂面、温然平和的风格，程颐就十分端整严肃。程颢曾对程颐说：将来能使人尊师重道的是你，不过说到因材施教、培养后学，那我不遑多让。程颐所以能使人尊重师道，是由于他的严肃庄重让人不敢轻视。古今称道的"程门立雪"，恐怕不仅出于杨时的求道热诚，也与程颐平时的严肃有关。程颐晚年虽渐趋平和，但终究与程颢气象不同。

程颢一生未尝著书，他的讲学语录与程颐的语录合编为《河南程氏遗书》。《遗书》所收者，有一部分标明是程颢还是程颐所讲，但也有大量未标明，这是因为记录的学生认为二程思想差异不大，不必加以区分。但实际上二程的思想有很深刻的差异，如何把没有注明的语录区分开，认清归属，这一直是研究二程思想的一个难点。

二程是理学的开创人。程颢曾说："吾学虽有所受，天理二字却是自家体贴出来。"把"理"或"天理"理解为具有本体论意涵的观念，这是由二程哲学奠定并拓展的，由此开展出一种新的哲学和学风。二程哲学中天理的意涵，可以简单概括为：天理既是客观的自然法则，亦是人心和人类社会的当然准则，天理本身就要求人使人心和社会的活动符合自然法则，这表现了天人合一。由于天理是一个普遍的原理，适用于自然、社会和一切具体事物的存在与发展，儒家传统的天人合一思想在这种"天人一理"说中找到了新的形式（说参陈来先生）。

二程分享理的这种本体论意涵，在本体与事物及人的关系上，则有不同的看法。简单来说，程颢试图抹消形而上与形而下的区分，而程颐则严守这一分别。程颢认为：《易传》所谓"形而上者谓之道，形而下者谓之器"，这是在言辞上不得不如此说，但实际上，道即是器，器即是道，道自身是没有今与后之别、己与人之殊的。由此程颢曾有"道之外无物，物之外无道"的论断。程颐则在形而上与形而下之间作出严格区分。他认为，《易传》虽然说"一阴一阳之谓道"，但这句话不能理解为阴阳就是道，而是说那使阴阳变化运转的原理才是道。虽说脱离开阴阳也无所谓道，但阴阳本身不就是道。阴阳是气，是形而下者，而道是形而上者，是气运行变化的根据。这两种不同的思路极为深刻地影响着理学的未来走向。大体上可以说，程颢的思路被明代由王阳明（1472—1529年）开创的心学所继承，而程颐的思想则深刻地影响了南宋理学大师朱熹（1130—1200年）的哲学。

在心性论与工夫论领域，二程亦有微妙然而重要的差别。程颢肯定了告子"生之谓性"的古老命题，但为之注入了儒学意涵。程颢认为，"生之谓性"的意思就是性即是气。人天生所受的气禀不同，因此性亦有善有恶。善性自然是性，但恶性亦不可不谓之性。因为在人出生以前的性是不容拟议的，性既是气，则论性只当论出生以后善恶混杂的气。一般认为，在程颢"才说性时便已不是性"的说法中带有消极的意味，即人性总是善恶混杂之性。但笔者认为，程颢的说法恰恰是积极的。这种理论建立了一种在性体自身中引生、派出工夫的理论。程颢接下来表示，性就是"继之者善"，意思是说：善性只是那使恶性转化、澄澈为善性的性，性善只在继善之工夫上见。人若天生性善，则无需工夫；若禀得恶性，便加以澄治之功。但澄治之功并非在善性之外另起一种工夫，澄治之功是善性的自我引生与派出。恶性既非善性之中的异物，工夫便是内在于性善的，而绝非是出于对治善性之中的异物之物（恶性）的需要，从外引来的另一准则。程颢的这种人性论与工夫论思路被明代心学的"自然工夫""本体工夫"等思想所继承。

相比于程颢认为"性即气、气即性"，程颐则强调"性即理也"。程颐认为只有纯善无恶、永恒不变的准则才是人之"性"。人因有气禀的干扰才有种种杂然不纯的表现。人在后天所受的气禀程颐称之为"才"，即材料、材质。程颐说：才有善有不善，性则无不善。他还认为：孟子的性善论讲性无不善是对的，但孟子没有考虑到才有不善；告子虽然看到才有不善，但在人之本性是纯善无恶的这一点上认识不清。由此他提出了"论性不论气不备，论气不论性不明"的观点。这种观点实际上是把人之现实性理解为是先天性和后天性组合而成的整体。对于这一整体中异质于本质（"性"）的部分（"才"），要通过引入外在的工夫加以克服。由二程对人性的理解之不同，他们对工夫论之存在基础的不同理路，亦可以预见。在风格上，程颢的工夫论更多地呈现出和乐自然的特征，而程颐的工夫论则更具有约束和严整的特征。

（朱　雷撰）

《蓝田吕氏遗著辑校》提要

《蓝田吕氏遗著》是蓝田吕氏兄弟的著作汇编。"蓝田四吕"指活跃于北宋时期的吕大忠、吕大防、吕大钧、吕大临兄弟四人。四吕皆聪慧好学，进士及第，故得"一门四进士"的美名。其中吕大忠、吕大钧、吕大临最早皆师从张载，吕大防虽未随其学习，但对张载帮助甚大。四人于《宋史》均有传。

吕大忠（1020—1066年），字进伯，官至宝文阁直学士。吕大钧（1029—1080年），字和叔，因对王安石推行保甲法不满，和兄弟一起讨论，创建《吕氏乡约》，在家乡蓝田（今陕西蓝田）创立乡约组织，这是中国最早的乡村自治制度。吕大防（1027—1097年），字微仲，北宋政治家，官至宰相，主持元祐政坛八年，在政治、军事方面有所作为。吕大防虽不是张载弟子，但《宋元学案》记载他与张载志趣相投，张载辞官回横渠讲学后，吕大防曾向宋神宗举荐复其官职。吕大临（约1042—1090年），字与叔，号芸阁。吕大临是蓝田吕氏兄弟中年纪最小的，但是学术成就最高，《蓝田吕氏遗书》以吕大临的著作为主。

1070年，张载辞官回到横渠故里讲学，影响甚大。吕大临和其兄吕大忠、吕大钧均从学于张载。吕氏家族在当地属名门望族，在政治和经济上给予了关学很大的支持，推动了关学的发展。吕大临资质过人，博览群书，通六经，尤于三礼之学用功颇深。在从学于张载的七八年时间里，深受关学熏陶，以极高的天赋超过诸兄，受到张载的嘉许。张载在《语录》中曾说：吕大临资质过人，但向学差缓，而且他的思考常常褊狭，但不妨碍由褊狭达于明通。张载由此讲了一番"强学以胜其气习"的道理，可见对吕大临责望之高，鞭策之深。吕大临曾参加科举考试，登进士第，但出于"不敢掩祖宗之德"的原因，到40岁后才以门荫入官太学博士。吕大临这种无意仕途、一心向学的志向，张载也曾赞叹说"吕、范（引者按：指范育）过人远矣"。

张载逝世以后，吕大临去洛阳转投于二程门下，成为程门高足。但他没有放弃关学的基本思想和精神，不背弃张载哲学，成为关学最有力的捍卫者。这一点，二程曾说过：吕大临非常严格地守卫张载之学，某个问题，如果张载没有说过，他会接受我们的看法，如果张载说过，那他是肯定不会接受我们的不同观点的。二程还说过：在今天看来，张载的学生在他过世之后，都没有背弃师门教导。正是因为有像吕大临这样坚守师说的关学弟子，关系思想和精神才能一直绵延不绝，成为理学中重要的一派。在吕大临求学于二程期间，他记下二程的语录，著成《东见录》，为后世研究二程的思想提供了难得的第一手资料。吕大临在众多的二程门徒中非常出色，以其渊博的学识与谢良佐（1050—1103年）、游酢（1053—1123年）、杨时（1053—1135年）并称为"程门四先生"。二程称赞其为学"深潜缜密"，涵养深厚，能领会微妙的义理。南宋理学宗师朱熹（1130—1200年）认为吕大临的学术成就高于与他并称的诸家，在二程门人中最看重吕大临，甚至把他和程颐相提并论。还说自己假如只活到吕大临的岁数（47岁），可能无法达到像他那样高的见识。

除了在理学、经学方面造诣深厚之外，吕大临还是成就极大的金石学家，著有《考古图》十卷传世。需要注意，吕大临虽然在金石学上取得很大成就，并被后代学者所推崇，但他从未把自己对青铜器的收集与研究当作独立的学问，而是视作对倡导和践行礼教、恢复三代礼制的帮助。吕大临的金石学研究是他的关学思想和经学研究的有机组成部分。

吕大临的理学著作，大部分已经散佚了，今天已经较难探寻吕大临哲学思想的全貌。吕大临哲学的最重要之处，在于他对《中庸》的理解。他早年作《礼记解》，即已注意《中庸》；从学于二程门下时，尤其对中与心之未发已发的关系有很深的思考，曾与程颐往复讨论，见于《伊川文集》所收《与吕大临论中书》一文；晚年则有《中庸解》之作，当时人称许为"非明道不能为此"，可见造诣之深。朱子对吕大临《中庸解》十分推重，曾说：吕大临《中庸解》文辞滂沛，义理周洽。当时杨时的门人自己说杨先生解《中庸》颇为枯燥，吕大临的解释却很周备合理，朱熹点评说："吕大临是自己能到中庸的境界，其他人却好似登高望远。"《中庸解》是吕大临现存著作中最为完整的一部，可说是吕大临的哲学总结、晚年定论。吕大临论中，主要是把"中"当作一种实体，认为"中"与"性""道""本心"是同一者。他说："天命之谓性"，就是所谓中，中降而在人，人秉而受之，就是性。"率性之谓道"，可见道是由中所生。中既是天道，也是天德。客观言之即天道，就主体而言即性。他还说：情之未发，就是本心，情之能为本心，在于以中为准则。吕大临的思路，正如牟宗三先生所总结的："于喜怒哀乐未发之时或前，跨越一步，异质地指目一超越实体为中，此就《中庸》说，即'天命之谓性'之性体。若会通于孟子，即本心。"吕大临这种以中为本体的理论，有很强烈地把中实体化的倾向，因此遭到程颐的反对。程颐认为中只能是状词，不能是实体，故和吕大临有分歧。除了以中为实体之外，吕大临还以中为如赤子之心那般纯一无伪、不偏不倚的状态。更为重要的是，吕大临把中体的最高状态理解为"虚明"，他说，天以中降于人，人受天地之中以生，应该是寂然不动，虚明纯一，与天地相似，与神明为一的状态。可见他对"中"赋予了多么高的意涵。

（朱　雷撰）

《张九成集》提要

张九成（1092—1159年），字子韶，号横浦居士、无垢居士，祖先涿郡范阳人，后徙居钱塘。宋高宗绍兴二年（1132年），张九成进士第一。历任镇东军签判，太常博士，著作佐郎，权礼部侍郎等。兼经筵侍讲，进讲《春秋》，颇得高宗赏识。绍兴十年（1140年），因反对秦桧与金议和，张九成出知邵州，未几落职，后谪居南安军十四年。绍兴二十五年（1155年），秦桧死，次年，张九成复祕阁修撰，知温州。绍兴二十九年（1159年），卒于家乡盐官，年六十八。诏复敷文阁待制致仕，赠左朝请大夫。宋理宗宝庆元年（1225 年），赠太师，追封崇国公，谥文忠。生平事迹具《宋史》《张九成传》。

作为杨时门人，程门再传弟子，张九成是南宋初期重要的思想家之一，也是两宋之际道学传承过程中的重要人物。他一生笃信儒学，思想醇厚，为人刚正耿直，得到时人的尊重和敬仰。他的思想和人格，既是对北宋道学大儒的承继，也是朝廷南渡之后，对南宋道学的开启。在南宋初期衰颓沮丧、腐败懦弱的氛围中，张九成刚大醇厚的思想品格，无疑是一种高贵的精神楷模，激励了一批年轻儒者。在道学发展过程中，南宋初期，张九成和另一位元大儒胡宏在致力于培养道学传统方面做出了重大贡献。较之稍后的心学代表陆九渊，张九成历经了个人和国家的患难，久经磨砺，思想更为浑厚。他有一种极强的思索精神，在贯彻儒家思想的同时，有一种深造自得的阐发。张九成的思想在当时流传颇广，被誉为羽翼圣门、渡江大儒。

经学方面，张九成著述丰厚，对诸经多有训解，时人家置其书。他注经采取"以意逆志""以时考之"的方法，轻于文字训诂，重于思想阐发，尤其注重联系现实问题，运用儒家经典鞭辟时政。这一点在《孟子传》和《迩英春秋进讲》中尤其突出。

思想方面，张九成治学虽守程门理学，阐发天理、格物、慎独等思想，但其思想规模开阔，不拘泥所学，结合自身的思考和经历，对洛学颇有损益。他提出"心即理，理即心""仁即是觉，觉即是仁"等思想，开启宋代心学一脉。

宋代儒学是中国思想史上的一个高峰，儒学经历了隋、唐、五代漫长的沉寂和衰颓，在北宋重新兴起，并在本体论、心性论、工夫论、境界论等多方面达到新的高度。北宋五子，尤其是二程和张载，对传统儒学中的固有概念进行新的诠释和阐发，以期在现实生活中重塑儒家正统地位，使儒学思想根植于人内心，融入生活。二程和张载开启的新儒学，由门人继承发展，至两宋之际，呈现出不同学派的雏形。加之金兵入侵，朝廷南迁，在战乱和迁移的过程中，儒学内部逐渐形成了不同分支。程门高足谢良佐、杨时，以及先后求学于张载和二程的吕大临，三人思想各有侧重，为学工夫也存在差异。私淑洛学的胡安国、胡宏父子及其开启的湖湘学派，学问亦有独到之处。张九成求学于杨时，属道南一脉，他将道南体验未发的思想进一步推进，肯定本心与天理的一致性，在洛学中开出了心学路径。《宋元学案》将其列为《横浦学案》，主要门人有韩元吉、汪应辰、方畴、于恕、刘荀、凌景夏、徐椿年等。

张九成哲学思想主要涉及气论、心论，在本体上主张"心即理"，在工夫论上主张"存养于已发未发之间"。张九成继承张载气论，认为天地间一气流行感通，气化而为万物。他将张载气论进一步引申：人与万物都是气化而成，因此人与天地万物从根本上是同质的，自然可以相互感通，息息相系。人的念虑行为因善恶不同，会产生和气或恶气，和气恶气与周围事物发生感通，进而影响天地之气。通过气的感通作用，人无时无刻不参与天地造化，因而更要戒慎恐惧，不愧屋漏。心之官则思。人的一切思虑和决断来源于心，心是人身体主宰，也是天地间的发窍处。所谓"心即理，理即心"，人与天地本是一贯，心中所存之理，即天地之理。学者为学，首要是存养本心。张九成认为道南主张静坐体验未发的工夫难以把捉，提出"存养于已发未发之间"，通过戒慎恐惧，保持内心澄明。无非心邪意杂扰，不使欲望蒙蔽，内心全然天理。依此心良知而行，便是依天理而行，便是与天地为一。

张九成思想遭到朱熹的强烈批评。朱熹认为心学思想来自禅宗，加之张九成与高僧大慧宗杲交往密切，朱熹认为他"阳儒阴释"。程朱理学成为道学正统后，张九成思想逐渐衰微，部分著作佚散。心学在南宋影响范围远不及理学，被排斥于道学正统之外。但其思想主旨到明代被发扬光大，成为儒学史上的重要学派。

《张九成集》包括《横浦先生文集》《张状元孟子传》《中庸说》《横浦日新》《无垢先生横浦心传录》五部著作和十一篇佚文。张九成著作此前大都是单本独行，此次整理将其合为《张九成集》一书。

《横浦先生文集》取中国国家图书馆藏宋刊本《横浦先生文集》为底本，以明万历甲寅（1614年）新安吴惟明原刻本、《四库全书》本为校本，同时参校明万历乙卯（1615年）海昌方士骐重刊《横浦先生文集》。

《孟子传》取海盐张氏涉园照存吴县潘氏滂熹斋藏宋刊本《张状元孟子传》为底本，以《四库全书》本为校本。宋刊本与《四库本》《孟子传》同残存二十九卷，缺《尽心篇》上下。

《中庸说》原本六卷，残存三卷，取海盐张氏涉园照存日本京都东福寺藏宋刊本为底本，参校朱熹《杂学辨》中对张九成《中庸说》的引文。

《无垢先生横浦心传录》，取明万历甲寅（1614年）吴惟明刊本为底本。张元济曾就明万历甲寅本与明抄本作校勘，此次整理参考了张元济的校勘记。

《横浦日新》，取上海图书馆藏宋端平二年（1235年）黄壮猷修补本《诸儒鸣道》集中收录的《横浦日新》为底本，以明万历甲寅（1614年）吴惟明刊本为校本。

张九成佚文十一篇集自宋代学者文集、地方志及佛教典籍，如《唯室集》《绍定吴郡志》《武林梵志》等，作为该书的附录一。

宋刊本《横浦先生文集》中附张榕撰写的《横浦先生家传》，于有成撰写的序，于恕撰《无垢先生横浦心传录》序，刁骏撰《心传录》后序，张元济撰《孟子传》跋、《中庸说》跋，均放在附录二中。

（李春颖撰）

《胡宏集》提要

胡宏（1102—1161年），字仁仲，福建崇安人。南宋初因战乱迁居湖南，寓居于衡山五峰，学者称为"五峰先生"。

胡宏是著名学者胡安国（1074—1138年）之子。胡安国所著《春秋胡氏传》影响极大，一度取代春秋三传的地位，成为宋明以来关于《春秋》最重要的注本和科举考试的标准解释。二程弟子谢良佐（1050—1103年）在湖北做官时，胡安国为表示尊重师道，以高位执后学之礼从之游，二人关系在师友之间。胡安国精于《春秋》学，对内圣之学没有精深研究，但他有一些基本观念影响了胡宏。胡宏在青年时就倾心于二程学说，二十多岁入京师，师事程门高足杨时（1053—1135年），后来又从学于程门弟子侯师圣。黄宗羲说他"卒传其父之学""卒开湖湘之学统"，确然无疑。胡宏的学问上继张载与程颢，又受到谢良佐和胡安国的影响，以天道性命相贯通义立本，是湖湘学派的真正创立人。

胡安国与秦桧关系颇好，秦桧当权时，曾想招揽胡宏出仕，被胡宏拒绝。胡宏虽绝意仕途，但他对国家的政治、军事情况十分关切，曾向宋高宗上万言书，希望高宗施行仁政，抗击金人，励精图治。尤其强调君主不能有轻疑士大夫之心，希望皇帝能招纳贤才，讲治论道，创造良好的政治局面。他赞同孟子"君之视臣如犬马，则君视臣如寇仇"的说法，认为君臣之间是感与应的关系。臣对于君主的"感"会做出相应的"应"，因此臣子对于君主的忠诚和尽责就不是绝对的，而是相对于君主的作为。如果把孟子的观点当成"非忠厚之言"，那就会把君权绝对化，可能只是向君主报告真实的情况，若不合君主心意，也会被目为叛逆。

胡宏的时代，道学仍处于受压禁的形势，但胡宏并未受时局影响，而是以振兴道学为己任。在程颐之后，二程门人只能传承师说，发明不多，并且因为受到靖康之乱的冲击，理学转入低潮。胡宏曾说：道学衰微，风俗败坏，我们这些人当以不畏死亡的决心承担道学。正是以如此的担当精神，胡宏成为同辈理学家中成就最高的一位。

胡宏的代表作是《知言》。吕祖谦认为《知言》的成就超过张载的《正蒙》，这当然是过誉。朱熹则对《知言》颇为不满，曾写《知言疑义》以八端致疑，包括：性无善恶，心为已发，仁以用言，心以用尽，不事涵养，先务知识，气象迫狭，语论过高。此八端致疑则周纳太甚，颇为无理。朱子的具体意见见《疑义》。分析《疑义》中的一些关键争论，颇能为我们点明胡宏哲学的特色。

《疑义》中朱子首先致疑胡宏哲学的"心以成性"义。胡宏认为，性是天下之大本，但这个大本须有心的作用才能成就、显明。他说：圣人把体叫作性，把用叫作心，心性是体用关系。性体之动即为心，而性体是不能不动的。可见，心在胡宏哲学中是一个和性具有同等重要地位的概念。胡宏的说法中隐含的意思是：心是性自身所具有的能动性因素，性既然不能不动，则性即是心，心即是理。由此，胡宏还认为凡言心，皆指已发，心之活动俱见于形气情欲之中。这显然不是朱子以心为气之灵，将心性分属理气，把心分为未发已发并分别安排针对性工夫的思路。《疑义》中朱子认为"心以成性"义十分可疑（实则就是不以为然），认为应当改为"心统性情"，胡宏弟子张栻则建议改为"心主性情"。其实，无论"统性情"还是"主性情"，皆与胡宏原义不相干。胡宏所谓"心以成性"，实本诸孟子"尽心成性"而来，谓心是性之用，能尽心之用即是成就彰著性体之道，做工夫也只在已发之心上做（此即朱子八端致疑中所说"心以用尽"）。朱子只是以他心中所想的心性情三分的格局来看胡宏的言论，所以处处方枘圆凿，二者显然为两个系统。

《疑义》中朱子致疑的另一个重要之处，是胡宏"天理人欲同体异用，同行异情"的观点。胡宏"天理人欲同体异用"应如何解释，十分不好讲。牟宗三先生认为，同体是同一事体之谓，不是说同一本体，异用是异其表现之用，也非体用之用。笔者认为这一解释在字面上固然可说通，但实际是从胡宏的本义中滑转开了。体用这样重要的范畴，胡宏不会随意用，用之则肯定就是最通常的体用义。

胡宏在《知言》另外一处说，道充塞于天地之间，但小见短视者不能见其大；道亦存在于饮食男女之事中，但溺于享乐的人不知其中的精微。夫妇之道，人之所以觉得是丑事，是因为心思在淫欲上。圣人以保和为义，交往接触有礼有道，则安于夫妇之事。可见，能做到乐而不淫，就是性命之正道。从胡宏这里的说法可以明显看出，胡宏认为存在于饮食男女中的那个道，就是充塞天地之道，也就是作为天地之大本的性。因此，胡宏认为饮食男女之事就是以道为体，以性为本。在胡宏看来，天理人欲就是同一本体，或者更准确地说，人欲亦是以天理为本。人欲不是与天理并列对立的一种形态，而是天理本体的派生状态，圣人行饮食男女之事，就是天理本体自身的发用，众人行之，以淫欲为事，则异其用而为另一事，但其本体仍是天理作用。此当为胡宏之本义。朱子认为这是把"天理人欲混为一区"，则周纳太深，胡宏明确说"惟敬者能够受而勿失"，可见非不欲简别之，而且恰恰强调工夫的重要。

在工夫论上，胡宏主张先察识后涵养。察识，就是要先识仁之体。这明显是由程颢言"学者须先识仁"之工夫而来。而朱子说这是"不事涵养，先务知识"，这就误解太大了。或许是朱子对程颢的工夫论已有不满，但不便明言，故借端于胡宏。胡宏识仁之体，本是如孟子所言，于仁心之萌蘖处，小心护持，保任涵养，此工夫无任何不妥，朱子却理解为"先务知识"，可谓十分不相干，倒是朱子自己的工夫论恐怕难免"先务知识"之讥。其间更多曲直，尚待研究者辨析。

（朱 雷撰）

《四书章句集注》提要

朱熹（1130—1200年），字元晦，南宋著名哲学家，生于宋高宗建炎四年，卒于宋宁宗庆元六年，祖籍徽州婺源（今属江西），出生于福建尤溪。朱熹十九岁中进士，后任泉州同安主簿，任满回崇安，后遇李侗，在其指引下正式归本儒学。朱熹一生为官时间并不长，"仕于外者仅九考，立朝才四十日"，大半生都在从事学术研究和教育工作，其思想深刻影响了南宋之后中国的学术发展。朱熹是宋明理学的集大成者，以二程学说的基本思想为中心，改造了周敦颐的宇宙图式，吸收了张载的气化思想，融合了邵雍的象数易学，对北宋以来道学的发展做了系统的研究和整理。朱熹流传至今的著作很多，如《太极解义》《西铭解义》《周易本义》《诗集传》，后人将之汇编为《朱子全书》。

《大学》《中庸》本是《礼记》中的两篇；《论语》在汉代被视作是六经的"传""记"，辅翼六经；从先秦、两汉到隋唐，《孟子》一直都是子书之一，经过北宋儒者的努力，尤其是朱熹的确定，《孟子》成为重要的"经"。"四书"的概念正是因为朱熹的表彰才得以成立，地位也超越"六经"。朱熹讲"四子，六经之阶梯"，将"四书"视为理解六经的必要门径。

朱熹一生用力于"四书",早年致力于《语》《孟》,晚年尤用功于《学》《庸》,《四书章句集注》是他最具代表性的著作之一。朱熹花费了毕生时间致力完成并不断修改《四书章句集注》,他四十岁完成初稿,此后则不断修改,晚年在漳州将"四书"合刊为一,但临去世前仍在修改《大学》"诚意"章。

《论语》《孟子》因引二程及其他理学前辈的说法较多,故形式为"集注"。《大学》《中庸》则称"章句",主要因为朱熹按照理学前辈及自己的理学,对其重新进行了分章并加以注释。尤其是《大学》,朱熹认为首章是"孔子之言而曾子述之",将其定为"经",后面则是"曾子之意而门人记之",将其定为"传"。他还认为《大学》在流传过程当中文本错乱、缺失,尤其是在"格物致知"问题上有"阙文",于是作了《补格物致知传》。此"补传"精要地反映了朱熹的理学思想,并在后世的学术发展过程中产生了重要影响。

《四书章句集注》一方面展示了朱熹对"四书"义理的基本揭示,另一方面则展示了朱熹理学的思想内容。《大学章句》前有《大学章句序》,论述了大学作为教育制度的人性论基础,指出了古代学校教育分为小学和大学两个阶段,指出了化民正俗的重要性,说明了《大学》的作者和思想归属。《章句》则重点阐释了"三纲领""八条目"的基本意涵,特别重视其"格物致知"的思想,将格物解释为"即物穷理",强调儒者功夫不脱离日常,并把格物的目标指向理学所强调的"天理"。

《中庸章句》前的《中庸章句序》则重点诠释了"道统"与"道学",提出了尧、舜、禹、汤、文、武、周公、孔子、子思、孟子这一儒家的传承谱系，并认为其传递内容可以用"人心惟危，道心惟微，惟精惟一，允执厥中"这一"十六字心传"概括，由此进一步提出"人心""道心"之辨，强调道心要主导人心，使人的行为达到无过无不及的"中"。《中庸章句》则从理学的角度定义"中"和"庸"，从"天命流行"出发诠释理气性命等概念以及人的后天修养问题，注重戒惧、慎独的功夫，强调诚身与明善，把"诚"看作天理的本然。

今本《四书章句集注》列有《读论语孟子法》，体现了朱熹对阅读《论语》《孟子》的基本看法。《论语集注》《孟子集注》在字的音读和训解上继承了汉唐经学注重训诂的优点，同时在训读后的解释大意中，加进了朱熹自己的哲学发挥，力求通过注释阐发其哲学思想。如在解释"天"的时候，朱熹径直认为"天即理"，用理学的宇宙普遍法则"理"诠释带有古代宗教意谓的"天"。同时，朱熹认为"仁"为"心之德，爱之理"，并且仁是心之全德，是全部德性的代表，也是完备人道的标志。心之全德的仁也就是天理，而这一理落实到人伦日用则必然联系着"爱"。在对"克己复礼"的理解上，朱熹则重视"存天理，去人欲"。朱熹更将理学的性善论带进《论语》的诠释，在《孟子》的阐释中，更注重对性善的阐释，认为性是人得之于天的理，是至善无恶的，而"四端"则是善性在情上的体现。通过对于《孟子》文本的注释，全面阐发了仁心说、天理说、性善说、浩然之气说、尽心说等思想。

朱熹生前曾单独刊刻《论语》《孟子》《大学》《中庸》，亦曾进行过合刻。由于朱熹生前对《四书章句集注》多次修改，其生前刊刻版本有过较大变化。庆元五年（1199 年）修改过的《四书章句集注》刊刻于建阳，是为晚年最后刊刻的定本。《四书章句集注》的宋刻本现主要有北京图书馆藏当涂郡斋本，南京图书馆、故宫等藏影宋本，北京图书馆、台湾"中研院"藏残宋本。由于官方的表彰，从元朝起，《四书章句集注》成为科举教科书，刊刻、翻刻版本颇多。清嘉庆年间，吴县吴英、吴志忠父子历经二十多年用多种古本和宋元人所作疏释本校勘《四书章句集注》，嘉庆十六年（1811年）刊刻，世称善本，中华书局整理本即以此本为底本，参校清康熙内府仿刻的宋淳祐二年（1242年）大字本，并补录大字本所存《读论语孟子法》一篇。

（赵金刚撰）

《朱熹小学古注今译》提要

《小学》一书，是在朱熹的理念指导下，由其弟子刘清之编纂而成。朱熹一生著述甚多，撰有《四书章句集注》《太极图说解》《周易本义》《楚辞集注》《诗集传》等，编有《近思录》《仪礼经传通解》等，后人辑有《朱子大全》《朱子语类》《晦庵集》等。刘清之（1134—1190年），字子澄，临江人，受业于兄靖之，甘贫力学，博极书传。初，清之欲应博学宏词科，及见朱熹，尽取所习焚之，慨然有志于义理之学。著有《曾子内外杂篇》《训蒙新书外书》《戒子通录》等。

今存各种《朱子年谱》均记载："（孝宗）淳熙十四年（1187年）丁未，《小学》书成"，或详或略。然于《小学》成书过程皆语焉不详。惟近人束景南之《朱熹年谱长编》对此有较详细论述，但仍未能勾勒出《小学》编辑的完整过程和具体细节。从现存朱熹同刘清之的往来书信中，大致可以梳理出《小学》一书的编纂历程。该书的编纂大致经历了以下几个阶段：编辑讨论阶段、鄂州本刊刻及修改阶段、传本《小学》刊刻、刊后与其他学者讨论阶段。朱熹虽未亲自编写《小学》，但其对《小学》一书的重视程度可见一斑。

《小学》一书的性质，前人多有论述，但更多的人似乎仅仅把《小学》视为一种蒙学读物来看待。但如果从朱子理学体系的整体来看，我们还应该注意到《小学》一书实际上还具有很强的礼书色彩。礼体现着儒家对于生活的种种安排，亦体现儒家对于人生的理解和态度。在诸经中，朱熹亦特重礼，其晚年一系列的修礼活动（45岁，编次《古今家祭礼》；58岁，《小学》书成；67岁，开始全面编修《礼书》），并非仅以"可为圣朝制作之助"这样的动机可以解释，当有更为全面和深远的考虑。在当时，佛老的生活方式已经深入到士大夫阶层的各个方面，此正朱熹晚年所面临的最大困境。与之相对的，经过北宋五子直到朱熹，"自立吾理"的儒学复兴任务已经基本达成。在理论上，朱熹已经建立起足以对抗佛教的宇宙论、心性论以及工夫论的庞大体系。韩愈所提出的自孟子卒后所中断的儒家道统得以重新接续，至少在精神价值的层面基本的理论共识、理论框架以及概念体系等道学话语的建构都已经基本完成。因此，朱熹所面临的新问题是如何在社会生活中重新恢复儒家的生活方式。而这样一种生活方式集中体现在"礼"如何在日常社会生活中的重新确立和恢复上。《小学》一书的编纂本身也要置于儒家生活方式重建这一深层次的思想动机下，才能得到更好的理解。

在朱熹看来，小学和大学共同构成了古代完整且完善的教育体系，这一教育体系的目标明确地指向个体道德上的自我完善（修身）。在修身的过程中，小学和大学分别承担了不同的职责。朱熹一再强调，"小学是直理会那事，大学是穷究那理"、"小学者，学其事；大学者，学其小学所学之事之所以"、"小学是事，如事君、事父、事兄、处友等事，只是教他依此规矩做去。大学是发明此事之理"等。如果说大学教育指向对"理"（所当然及所以然）认识，提升自身的道德认知水平。小学教育则指向"事"（具体的伦理实践），通过伦理行为的养成和塑造涵养本心之敬意。由于《小学》中所记载的是具有普遍意义的伦理实践规则，而这些规则顺应了人所固有的善良本性。因此，对这些规则的践履就自然起到了涵养本性的作用。

在道德实践活动中人伦（人与人的关系）是被优先考虑的。在切近的人伦关系中，事父、事兄、事君、处友以及其中所体现的孝悌忠信是小学教育的重点。从《小学》一书的结构上看，虽然分为立教、明伦、敬身、稽古、嘉言、善行六个篇章。但其中"稽古"分为立教、明伦、敬身、通论四个部分，"嘉言"分为广立教、广明伦、广敬身三个部分，而"善行"分为实立教、实明伦、实敬身三个部分。可见，立教、明伦、敬身是全书的主体。而其中涉及明伦的章节又最多，因此几乎所有研究者在提及《小学》一书的内容时，都将"明伦"视为最重要的部分。但如果从一个更大的视野来看的话，其实明伦与敬身之间并不存在孰轻孰重的区别，因为在朱熹看来，小学教育的全部内容最终指向更具普遍意义的"敬"（收敛身心），而明伦是在人与他者的关系（人伦）中体现"敬"，而敬身则是在人自身行为中体现"敬"。小学阶段对于"敬"的涵养，恰恰构成了大学工夫展开的重要前提，这也是《大学》直以明明德作为开端而不言主敬的原因。因此，在朱熹看来，格物致知固然重要，但若无诚敬的身心状态，那么这些工夫都可能变成虚妄随意的东西。

由于《小学》一书的重要性，历史上对其的注释亦不少，如明代陈选《小学集注》、清代张伯行《小学集解》、清代高愈《小学纂注》等，如何在浩繁的古注中选取适合的注释，是一个难题。为了更好地贴近朱熹当初编辑《小学》的本意，该书尽量选取朱熹本人的注释以及其认可的注释。其中与"四书"相关的部分直接选用朱子《四书章句集注》的原注，涉及"三礼"的部分采用郑玄注，并参以贾公彦和孔颖达的疏，其余部分均采用陈选的《小学集注》，力求回到朱熹的原意。全部译文均按古注作出，并参考已有的古注译文。希望为读者提供一部兼具学术性和可读性的《小学》注译本。

（唐纪宇撰）

《近思录集解》提要[①]

《近思录》是南宋哲学家朱熹和吕祖谦共同选辑北宋理学家周

[①] 本提要系参考、改写朱杰人先生《近思录》（载《中国纪检监察报》2017年8月14日第8版）一文而来。

敦颐、张载、程颢、程颐四人的学说而编成的一部书，可以视作中国第一本哲学选辑，也可以从此书了解北宋理学的基本内容，以及朱熹哲学思想的基本轮廓。

乾道五年（1169年），朱熹的母亲去世。次年，朱熹葬母亲于建阳崇泰里后山天湖的寒泉坞（今建阳莒口乡马伏村），并建寒泉精舍为母守孝。淳熙二年（1175年），吕祖谦从婺州（今浙江金华）来到寒泉精舍看望朱熹。吕祖谦此来，一方面是为了慰问朱熹，但更主要的是为了和朱熹商讨理学所面临的新问题。他们决定编一本书，把理学的基本问题、基本理论讲清楚，这就催发了《近思录》的诞生。

《近思录》的书名取材于《论语》："子夏曰：'博学而笃志，切问而近思，仁在其中矣。'"所谓"近思"就是要强调读书、学习，不能好高骛远，要从自身的实际出发，解决自身知识结构中的缺门和疑问，做到专心致志，而了然于心。

《近思录》成书以后，朱子写过一篇《书近思录后》，详细阐述了编修《近思录》的缘起和目的，文中他提到，吕祖谦和他们在寒泉精舍待了大概一旬（十天），两人共同研读北宋理学家著作，认为周敦颐、张载、二程的著作十分广大精微，担心初学者不知从何处入手学习，因此选择了他们二人共同认为的重要且切于日用的条目编成《近思录》，"总六百一十二条，分十四卷。盖凡学者所以求端用力、处己治人之要，与夫辨异端、观圣贤之大略，皆粗见其梗概"。他们认为这六百一十二条语录已经把理学的基本理论讲清楚了，把理学的基本内涵囊括了。

之所以选择周、张、二程的著作，是因为在朱熹和吕祖谦看来，这四人是理学的真正奠基人，他们各自在不同的方面对理学做出了贡献，而且他们的思想纯粹不杂，与佛老相区分，能够体现纯粹的儒家义理。朱熹是宋代理学的集大成者，《近思录》对北宋理学家著作的选编，在一个侧面也反映了朱熹此种"集大成"，更加反映出他对前辈思想的不同取舍。

《近思录》共十四卷，每卷原本并没有标题。后来朱熹在对学生讲课时讲了"《近思录》逐篇纲目"，以后人们在刻印《近思录》时就给每卷加上了标题。这十四卷的基本情况大致如下：

第一卷，道体，讲理学的哲学依据，对于理学所讲的天道性命、阴阳变化有着较为集中的论述。第二卷，为学大要，讲为学的目的、方法与路径。第三卷，格物穷理，阐述《大学》八条目中"格物""致知"的问题。第四卷，存养，讲理学的修养论与功夫论。第五卷，改过迁善，克己复礼，讲明白理学的道理还要注重"力行"。第六卷，齐家之道，讲《大学》中的"齐家"问题。第七卷，出处、进退、辞受之义，讲人进入社会以后，接人待物、为官居家所应该遵循的准则。第八卷，治国平天下之道，讲《大学》中的"治国"问题。第九卷，制度，讲国家的礼、乐、刑、政制度。第十卷，君子处事之方，讲从政处事之道。第十一卷，教学之道，讲如何教学。第十二卷，改过及人心疵病，讲人心的问题及如何警戒改正。第十三卷，异端之学，讲辨明异端，遏制可能的危害。第十四卷，圣贤气象，表彰历代圣贤们相传的道统和他们表现出来的精神气度，为学者们树立了可供学习的榜样和楷模。

关于是否将"道体"放于第一卷，朱熹与吕祖谦曾有过争论。

朱熹认可"道体"一章比较难读，但是他还是坚持要放在卷首，他认为，这是理学所以得以成立的根本，为了强调它的重要性，必须以之为首。但在具体的读法上，他同意吕祖谦的意见，认为可以先从第二卷读起，有了一定的基础再回过头来读第一卷。

朱熹自己十分重视《近思录》，他讲："四子，六经之阶梯。《近思录》，四子之阶梯。""四子"也就是"四书"。朱熹认为要想了解六经首先需要理解四书，而要想理解四书的大义，则需要先理解《近思录》。又讲"义理精微，《近思录》详之"，认为《近思录》内容包含了理学最精微的道理。虽然《近思录》所含之义理精微，但在朱熹看来确实"切近"的，含有切实的入手处。

钱穆先生认为，《近思录》是一本儒学的"新"经典。后世理学流行后，时人也往往将《近思录》视作"经"。《近思录》问世不久，它的刻本就在全国各地出现，传播非常快、非常广。朱熹门人后学在编订《朱子语类》时也参考了《近思录》的顺序，明代的《性理大全》、清代的《朱子全书》的编纂亦是如此。也因为其在理学中的重要位置，关于《近思录》的注释等也就十分丰富，还有不少仿照《近思录》体例而来的《续近思录》《近思录续》等著作。陈荣捷先生曾统计指出，关于《近思录》的注释，弟子有一人，再传弟子四人，宋代七人，元代一人，明代二人，清代十一人。由于《近思录》较早便传入了日本、韩国，日本也有二十四种，韩国也有十种注释。其中比较著名的注释有叶采的《近思录集解》，茅星来的《近思录集注》，江永的《近思录集注》，近人陈荣捷先生则有《近思录详注集评》。晚近关于《近思录》的注释、研究更是层出不穷。

（赵金刚撰）

《张栻集》提要

张栻（1133—1180年），南宋中兴名相张浚之子，字敬夫，号南轩，世称"南轩先生"，汉州绵竹（今四川绵竹）人。张栻是南宋著名的理学家，湖湘学派的代表人物之一。他与朱熹、吕祖谦在南宋前期鼎足而三，并称东南三贤。

张栻年少时随从其父学习儒家经典，并接受二程理学思想的熏陶。29岁（1161年）时，听闻湖湘学派的创立者胡宏（1102—1161年）在衡山讲学，于是前往衡山拜师受学，胡宏授之以孔孟思想及二程学说。胡宏在接纳张栻为弟子的当年便去世，张栻受学胡宏的时间虽较短，但胡宏对张栻理学思想的形成起到了重要作用，张栻对胡宏的思想亦有传承发扬之功。

张栻曾在善化（今长沙）创建城南书院，后又主教于岳麓书院，来往于湘江两岸的两座书院讲学。其教学宗旨，张栻在《岳麓书院记》中说：难道要让学子终日群居，随意谈论，只是为了考取功名、为日后的利禄之途铺路吗？难道只是让学子学习怎样把文章写得辞藻华丽吗？都不是。教育要成就人才，传继圣贤之道，救济黎民众生。也就是反对为科举做官而读书，而强调要以儒家的修身之道和政治理论去培养修齐治平的人才。书院教学的主要内容是传承胡宏学统，讲习理学思想，开展学术交流，由此确立和发扬了具有自身特色的湖湘学派。当时的学界，书院林立，人才辈出，各理学大师或创立或主教书院，极大地促进了学术的兴盛、人才的培养及各理学学派的形成，张栻的讲学活动尤为其中之翘楚。南宋时期，湖南文化的发展，人才的兴盛，与张栻讲学于城南、岳麓两书院，有莫大关系。黄宗羲曾评价说：湖南一派，在张栻时为最盛。1167年，南宋理学宗师、闽学代表人物朱熹（1130—1200年）听闻张栻得衡山胡宏之学，在长沙讲学授徒，于是由弟子陪同，从福建来到长沙，与张栻会友讲学，展开学术辩论，长达两月，这就是历史上著名的"朱张会讲"。二人讲学期间，附近的学者闻风而至，听者甚众，一时盛况空前，成为岳麓书院史上的大事，至今传为美谈佳话。

张栻的著作，在其过世后由朱熹编辑审订的有《南轩文集》四十四卷。除此之外，还有《论语解》十卷，《孟子说》七卷，后人合刊为《张南轩公全集》。另有《易说》及佚文若干。张栻的哲学思想，从理学史的角度来看建树并不大，主要是继承、坚持胡宏哲学，与朱子展开辩论。但恐怕张栻非真能透彻于胡宏哲学，故辩论亦无力，常被朱子所淹没。牟宗三先生评论张栻说："张南轩师事胡五峰（引者按：即胡宏），然受教之日浅，固不能发其师之精蕴。又其天资明敏，心思活泼，看似通达柔和，而实禀性清弱，故其与朱子往复辩难，率多以朱子为主动，顺从朱子之格局。其所言说大都尾随其后而弥缝之，或时加转语，稍见清妙，未能精发师要，挺立弘规。此观其与朱子往复论中和以及论《知言疑义》，即可知矣。"牟先生此论是中肯允当的。

清代经史大师全祖望（1705—1755年）认为：张栻接近程

颢，朱熹接近程颐。这一看法还是有道理的。哲学上，张栻既强调"太极"（理）的最高准则性，又强调"心"的主宰性，认为心与理是一。这符合程颢的思路，也是对胡宏"心以成性"（发挥心的功能才能成就性的意涵）思想的承继。对于太极，张栻与朱熹的理解基本一致，认为太极是万物的本原，万物皆由太极而来，以太极为本体。太极化生为二气五行，氤氲交感而变化万殊，其禀赋于万物与人者，必有气禀之不同。然而万物中所具的太极本体，则只是一个。这与朱熹"理一分殊"的思想基本相同。但另一方面，胡宏把心抬高到与太极相当的地位，认为心贯穿万物，统摄众理，是万物的主宰。心能够主宰万物在于心能持敬，心敬则万物之总纲莫不具于心。比较而言，朱子虽然也强调心的主宰性，但这种主宰性的具体内容是"反映—反应性"，即心能够反映性地涵摄万理（如镜子与物的关系）并依据之作出合理的反映。但心与理绝不本身就是一体，只是反映性地为一（如可说物在镜中），故朱子哲学中心的主宰性实际只是能动性，心是理主宰万物的能动性中介。而张栻哲学实际认为心即太极即理，心主宰万物是实际的主宰。张载的心性论继承了胡宏"天下莫大于心"，心为性之流行之主的思想。

在工夫论上，张栻提倡"格物穷理"和"居敬主一"。对于格物穷理，张栻不主要强调其认识客观事物规律的含义，而是强调格物是格心之非。张栻说：心本无非，但被外界的利欲所诱惑便会为非作歹，所以为学当以格其心之非为先。格的意思，张栻理解为"感通至到"，人若能累积诚意，则一动一静、一语一默都是格心之道。张栻还说格物的过程是"收其放而存之"。可见张栻的工夫论要点在正心，与心学的思路相近，这和他在本体论上重视心的作用是一致的。张栻"居敬主一"的工夫论则主要是受到程朱思想的影响。张栻解释"居敬"说：敬之妙用在于主一，人只有做到了思想不放逸走作，才能平居时没有出格的思虑，不会胡思乱想不相干的杂事，人涵泳于这种状态中，最终要达到不会忘却、没有止境的状态。关于"敬"与"主一"的关系，张栻说：心思专主一处，不放逸走作，这就是敬，不放逸走作就是一，主一就是敬，存心之道，没有比这更重要的了。他还解释说居敬不是另外拿个"敬"来把持此心，因为主一就是敬，人若能专主于当下，这就是敬，如果把敬当成主一之外的另一物，以一物治一物，那就有害无益。大体上来讲，张栻论居敬主一的工夫，并未越出程朱矩镬。

（朱　雷撰）

《陆九渊集》提要

陆九渊（1139—1193年），字子静，因居象山书院讲学，学者称为"象山先生"，抚州金溪（今江西省金溪县）人。南宋哲学家，心学开山之祖。

陆九渊是极为早慧的哲学家。《年谱》记载他十几岁时，看到古书中解释"宇宙"二字说"四方上下曰宇，古往今来曰宙"，忽然大有所悟：原来四方与古今都是无穷，人与天地万物皆在无穷之中。于是提笔写道：宇宙间事是自己分内事，自己分内事是宇宙间事。又写道：宇宙就是我的心，我心就是宇宙。无论哪里出现圣人，都与此同心，与此同理。无穷的时间中只要有圣人出现，就都与此同心，与此同理。十几岁的少年能有如此见识，实在是智慧过人。而且，这种原始的洞悟不仅仅是偶一见及，一时兴会，而是代表了确定的路向，陆九渊于此洞悟终身不弃，发明无遗，可谓一悟而定。

陆九渊的生平没有什么可以叙述，无非是讲学授徒。值得一提的是他和朱熹在1175年的鹅湖之会。陆九渊心学是在与朱子学的争辩中不断明确自身立场的，陆九渊的很多议论，也是针对朱子学而发。朱陆之会是两人在学问上的分歧公开化的一个重要事件。黄宗羲曾总结说：陆九渊的学问是以"尊德性"为主，强调"先立乎其大"，若能发明本心，自不会被小小外诱所动摇，若于本体不明，只在书册上寻求考索，此是无源之水。朱熹的学问则以"道问学"为主，以读书穷理作为入圣的阶梯。黄宗羲的总结，若就鹅湖之会的情况看，有所依据。据记载，鹅湖之会上，陆九渊主张先发明本心，然后加以博览，朱熹主张应先泛观博览，格物穷理，再归于约。陆九渊写诗称自己的方法是"简易工夫终久大"，说朱子是"支离事业竟浮沉"，引起朱子不快，而认为象山教人太简。三年后和诗有云："旧学商量加邃密，新知培养转深沉。"

以"尊德性"属之陆九渊，以"道问学"属之朱熹，此似乎不能尽朱陆学问之实情。朱熹当时虽有此说，恐怕只是一时调停之言，并不真认为是如此，陆九渊则更不赞同。朱熹曾写信和别的学者说：陆九渊是专以尊德性教人，而我教人则是在道问学上偏重一些。陆九渊听到后说：既不知尊德性，焉有所谓道问学？可见二人的分歧有更深层的差异，不仅是为学路向各有侧重而已。

和程颢一样，陆九渊一生极少著述，他留下的文字大多是诗文和书札，他基本上是通过讲学对学生产生影响。今天研究陆九渊哲学的主要材料是学生记录的语录和撰著的年谱。

象山之学并不好讲，因为他的思想不重视体系的建构和概念的确定。他的语言大抵是"启发语、指点语、训诫语、遮拨语"（牟宗三语）。粗粗看去，除了"心即理"说包含有一点哲学的蕴味之外，其他如讲义利之辨，讲"先立乎其大者"，讲简易工夫、批评朱子学之支离等，似乎皆称不上有什么哲学思想，只是一些教人为学的大道理罢了。一般的哲学史写作围绕以上方面加以征引，作出解释，固然能使人领略象山学之风貌，但或多或少给人空洞之感，似未能尽象山学之实。若真读过《陆九渊集》中所收录的象山论学文字，便可知象山学问实在是丰沛饱满，光辉充实，象山本人实在是一位义理精纯、事理分明、规模宏阔、析入精微的大哲学家。象山学开明代心学蔚为大观之盛况，并不是没有原因的。但所有这些，若只是抽象地言之，综括地言之，介绍性地言之，总是很难呈现。象山之学这种不好讲的性格，似乎是在读《陆九渊集》之前应该说明的。

象山之学在风格上的特征如上述，其在内容上的特征则在于以孟子为本。象山自述学无师承，自己的学问都是"因读《孟子》而自得"。他的那些重要的观念，如发明本心、心即理、立志辨志等，确实都可在孟子学说中找到源头。他的思维与精神，与孟子十分契合相应，象山自己曾说："我私下揣测自己，虽然微不足道，但孟子的学问，到我才第一次被讲明。"他还说孟子学问是"十字打开，更无隐遁"。若对孟子学没有真切的领会，说不出这样的评价，但"十字打开"，究竟是什么意思呢？《孟子》在汉代有赵岐注，与象山同时代的朱子亦是孟子学大家，象山对《孟子》既没写过注解，言谈间也没有多少具体的解释，他说孟子学到自己"始一明"，何敢如此呢？《孟子》书中的重要论敌和批判对象是告子，而在象山去世后，朱子说"可惜死了告子"，把象山放在了孟子的对立面，这又孰是孰非呢？

象山哲学的重要观点大抵是从孟子学中发明出来，如在《与李宰书》中反复征引孟子言论，来说明心即理。他说：孟子所谓"人岂无仁义之心"，"孟子之所以异于众人者在于有此本心"，"人和禽兽的区别只有一点，就是本心，庶人忘记本心，君子存养本心"，还有四端之心，这说的都是本心。人人皆有本心，本心皆具此理（道德准则），心就是理（本心即理），学者讲习学问，无非是要发明本心，将天理做到极致。

陆九渊还认为，每个人的本心之理都是一致的、和谐的，并不会因为心是一个主体性因素而使本心之理丧失客观性，这就是所谓"人同此心，心同此理"。他说：理乃天下之公理，心是天下同一之心，圣贤之所以是圣贤，就在于没有私心而同心一致。还说：心只是一个心，我的心，吾友之心，千百年前圣贤之心，千百年后圣贤之心，皆只是这一个心。心是一心，理是一理，此心此理不容有二。此亦可见陆九渊心即理说实由孟子学说开出。这里的理，首要内容是具有普遍性的道德准则。

陆学中的另一个重要观念是本心，这亦是根据孟子言四端之心、言良知良能而发挥出的。陆九渊说，孟子所谓不虑而知不学而能的良知良能就是本心，这是天所赋予每个人的本性。还说，仁义就是人的本心。陆九渊强调发明本心不在读书穷理，辨文析义，而要去生命事件上切实理会。陆九渊最有成就的弟子杨简（1141—1226年）在任富阳主簿时（此时还不是陆门弟子），向陆九渊请教什么是本心。陆九渊以孟子四端之心告之。杨简说：孟子的四端之心我小时候就明白，究竟什么是本心呢？此时正好有一桩纠纷告到县衙，杨简当庭断其曲直，陆九渊随后指点说：你适才断此纠纷，是者知其为是，非者知其为非，这就是你的本心。杨简一时间大有所悟，遂向陆九渊执弟子礼。

象山之学若简单讲，几乎几句即可讲完。若顺着象山所说而欲充实之，则仰赖学者自身生存之实感，个人之践履，乃真切的学问。

（朱　雷撰）

《北溪字义》提要

《北溪字义》，南宋陈淳著。陈淳（1159—1223年），字安卿，学者称为北溪先生，漳州龙溪（今福建龙海）人。陈淳是朱熹晚年的得意门生，是程朱理学思想的重要继承者和辩护人。代表作有《北溪字义》和《严陵讲义》。

陈淳年少家贫，习举子业无果，后读到《近思录》而服膺朱子学。他曾自述说：我开始不知道圣贤门户是什么，至二十二岁读到朱先生编的《近思录》，这才了解到濂溪（周敦颐）、明道（程颢）、伊川（程颐）的学问，也才知道近代大儒莫如朱熹先生。此后，陈淳收集并阅读了朱熹的不少著作如《论孟精义》《西铭解义》《通书解》等，拜服于朱熹思想，想要亲炙于朱子的愿望十分强烈。陈淳曾两度受学于朱子。1190年，朱熹奉旨治理漳州，陈淳有幸得见，朱子教育他：所有道理都要从根源处穷究，才能切实领会，不能因为自己重在修身，便不重视对义理的探索。朱子穷究义理根源的教导对陈淳很有影响，之后他写了《孝根原》《君臣夫妇兄弟朋友根原》《事物根原》等文章，受到朱子的赞扬。1199年，陈淳来到福建考亭再次求教于朱子，并把自己所写的《详集注与点说》呈给朱熹，却受到朱熹的批评。朱子说：我向来不喜欢人讨论"吾与点也"一章。朱子认为陈淳所言的曾点气象不是得自于真实用功的体验，而只是说空话，遂用切实做下学工夫来教导勉励他。陈淳在《竹林精舍录后序》中回忆说：每次进入先生室内听讲，先生都谆谆教诲我要重视下学工夫。在下学中，要把自己的知识开拓得一一平实贯通，循序渐进，无一物不格；在力行上也要一一平实贯通，循序渐进，无一物不周。这样才能做到如颜子之博学于文而约之以礼，也才能如曾子之道一以贯之。在竹林精舍的日子里，陈淳或与同学一道听讲，或留在朱熹身边独自受教，对"一以贯之""博文约礼""尊德性而道问学""格物致知"等重要概念进行探讨，对他思想和理学体系的建构具有很大影响。他不再泛言主静穷理，而代之以强调"圣学功效必须从下学中培养起来"的思想。

  陈淳的主要学术著作是《北溪字义》。大体上来讲，《北溪字义》的思想贡献是对周敦颐、二程、张载尤其是朱熹的思想进行总结和整理，但对朱子哲学殊少发明创新之功。在理学史上，陈淳思想的特征主要在其明显的辩护性。陈淳坚定地站在朱子思想的立场，对佛老之学及陆九渊（1139—1193 年）的心学予以批驳，这也反映在《北溪字义》中。

《北溪字义》原名《字义详讲》，又称《四书字义》或《四书性理字义》，是陈淳晚年讲学，由他的学生王隽笔录整理的。《北溪字义》选取了 25 个和理学密切相关的重要概念进行训释，这实际上是贯彻了朱子强调的下学之功。《北溪字义》从"字义辨析"的下学之方，进而揭示概念背后的深层义理，这种对字义的辨析不同于汉儒和清儒的训诂之学，其目的在于学见根源，穷究、辨析义理的精纯意涵，以期实现上达之境。从形式上看，《北溪字义》颇似一部简要的哲学辞典，它可以为后人理解重要的理学概念（25 个）提供门径。当代学者陈荣捷先生在把《北溪字义》翻译成英文时取名为《新儒学术语解释》（*NEO-CONFUCIAN TERMS EXPLAINED*），也反映出本书具有一定程度的辞书性质。当然，《北溪字义》并不仅仅是一本毫无学术态度的辞典，从本书对重要概念的选择和编排顺序上，可知《北溪字义》亦有其结构上的考虑，试图建构一个完整的理学范畴体系。比如，《北溪字义》以"命"字为首，这表现出陈淳以天命、天道为第一序的观念。陈荣捷先生说："《北溪字义》以命为首，此是其特色处。《朱子语类》《朱子全书》与《性理精义》均未以命字另为一门。陈淳之所以如此重视命者，盖以其寻觅源头处，穷到理而天理流行，以至于天命也。"《中庸》说："天命之谓性"，命是把天道天理和人性联结在一起的关键点。《北溪字义》以命为首，反映出理学的概念，无论是偏就于客观方面而言的，如道、理、太极等，或是偏就于主观方面而言的，如心、性、情、仁义礼智信等，皆不是单纯的、决然分离的主观与客观，而是主客统一、天人合一的整体。宋明理学观念的这一特征，贯穿在陈淳的编排与论述之中。

陈淳虽护卫师门之学甚力，但他对于朱子的观点也不是亦步亦趋，不离分毫。朱子哲学严格区分理气关系，称理气不离不杂，陈淳则喜言天理自然，视太极为万物之本，一气流行生化万物，太极贯穿于万事万物，自然而然，个个具足。陈淳不重视天理的规定性而强调天命的自然性，工夫论上重视对于心的涵养而不重视格物穷理的致知工夫。心的活动若有动静、内外的间断，便不自然，人若能涵养心到较高的境界，以自然的心境迎接事物，就可以廓然大公，物来顺应。陈淳在存在论上认为理气是浑沦之物，不像程朱理学严格区分形而上与形而下，可能是受到了程颢的影响，但这种观点实际上错失了朱子学最基本和最关键之点。

陈淳对朱子学的护卫尤其表现在他对陆九渊（号象山）之学的抨击上。他攻击象山心学取消了"道问学"的工夫，不读书，不穷理，只是默坐澄心，非儒家之道。还批评象山之学与禅学合流，内据禅家宗旨，外披圣人之言，别立一家，实则无一言与孔孟合。斥象山为禅，是朱子以来的观点。然而这类批评实则与象山学全不相应，只是无谓的忌讳与诋毁，徒为门户之见，于学问无裨益。

（朱　雷撰）

《四书辨疑》提要

陈天祥（1230—1316年），原赵州宁晋（今河北）人，徙居洛阳。"少隶军籍，善骑射"，中统三年（1262年）被征为千户，统兵驻防，参与镇压李璮之乱。叛乱平息后，陈天祥解甲归田，弃戎从文，居偃师南山，躬耕读书，号曰缑山先生。长达十二年的隐居苦读，让陈天祥的成就达到了不仅可以讲经授徒，更达到了让他博通经史的兄长陈佑都刮目相看的水平。至元十一年（1274年），时年四十五岁，起家从仕郎，为鄂复州等处招讨使。此后的四十多年里，陈天祥因其文武兼备的才能，从一个出身兵户的汉人，流连多任，跻身显要：初为幕僚，招抚流亡，平定山寨；拜监察御史，弹劾宰相卢世荣；除治书侍御史，弹劾约苏穆尔，被诬遭囚四百余日；遇赦得释后，历任廉访使，御史中丞，大德九年（1305年）官至中书右丞。其晚年六就六辞，累朝器重。年八十七卒于家，追封赵国公，谥文忠。

陈天祥平生喜淡泊，居则阅经史，出惟一仆自随，张养浩赞其"刚焉不诎于欲，正焉不挠于邪"。他治学严谨，于四书学颇有心得，所著《四书辨疑》乃元代经学的重要著作。

陈天祥作《四书辨疑》，被时人认为是质疑朱学之作。至四库馆臣论此书曰"大意主于阙疑而不贵穿凿"、"实非有意立异规为门户之争者"，评价此书无害于《四书章句集注》之存，可并存相参，方为其正名。

《四书辨疑》凡十五卷，卷一为《大学》，卷二至卷八为《论语》，卷九至卷十三为《孟子》，卷十四、卷十五为《中庸》。其体例为先述经文原文，然后引朱熹《四书章句集注》之文，再做自己之分析辩驳。《四书辨疑》现存两种版本，一为通志堂经解本，清同治十二年粤东书局重刻本，每卷末有"后学成德校定"字样，不列撰者，有目录和正文。另外一个是文渊阁《四库全书》本，有目录和正文，目录之后有提要，目录部分不列撰者，正文第一卷起始于卷首下记"元陈天祥撰"。该书以通志堂经解本为底本。

《四书辨疑》是一个窗口，通过它，我们可以对儒学经典在元初的传播情况以及元代儒生对经典的修养有一个切实的了解。

《四书辨疑》的哲学思想

随着赵复在蒙宋战争中被俘北上而讲学于太极书院，儒学在元代始得广泛传播。有元一代，虽承祚不及百年，然学术成就斐然。《元史·儒学传》曰："元兴百年，上自朝廷内外名宦之臣，下及山林布艺之士，以通经能文彬彬焉众矣。"全祖望在《宋元学案》里也认为"有元立国，无可称者，惟学术尚未替"。元代诸儒相当重视对儒家经典的研读，朱熹《四书章句集注》的流传即是表现之一。

《集注》在流传的过程中，学者基于各自的学识、经历等各为派系。

有严守朱学门户者，如程复心《四书章图》、胡炳文《四书通》、倪士毅《重订四书辑释》、詹道传《四书纂笺》、张存中《四书通证》等。

有阐发义理，发挥朱子学说者，如刘因《四书集义精要》、史伯璇《论语管窥》、许谦《读四书丛说》等。朱学成为官学后，更有学者从科举应对的角度阐发义理，有袁俊翁《四书疑节》、王充耘《四书经疑贯通》等。

也有与朱子《集注》立异者，陈天祥的《四书辨疑》即是。

《四书辨疑》历来就被看做是质疑朱学之作，尝遭时人之非。如苏天爵《默庵先生安君行状》所载，安熙指斥陈氏曰："俗生鄙儒胶于见闻，安于陋习，于朱子之说多不得其旨意而妄疑之，甚或不能知其句读，于其生平为学始终之致及所论著多未之见，故其所说掣肘矛盾，支离浅迫，殊不近圣贤气象，原其本意盖欲借是以取名，率然立论，曾不知其为害之甚也。使其年益高，于天下之理玩之益熟，必当恭然悔其平日之为而火之矣。"安熙严斥陈天祥为"俗生鄙儒"，认为其不得朱学之旨，并认为陈天祥乃是借攻击前贤以立名而已。张养浩《神道碑》也记有时人评论："或谓《四书辨疑》，公虽不作亦可"，可见时人认为陈天祥之作《四书辨疑》有损其自身直臣之清名。

其实《四书辨疑》的内容，所质疑者不惟《四书章句集注》一者而已。其书大致可分为两个方面的内容：

一是对经文本身存在问题的探索，指出了经文在流传过程中，存在分章不当、阙文、误字、衍文、脱简、义不可晓等各种问题。

二是质疑朱熹《集注》在义理、训诂上的不当之处，同时还对朱熹所征引的文献也进行了质疑评论。并梳理相关条目在经文阐释过程中的演变，反映陈氏的观点和立场。

《四书辨疑》的特色

其一，尊崇王若虚，王若虚是金后期的重要学者，以其"议论之学"而备受推崇，王若虚认为宋儒虽有功于经学，但弊端在于追求玄谈高论，好异喜凿。陈天祥非常推崇王氏之说，多处引用其论述，更每每立论建议后世学者学习接纳王氏的观点。

其二，坚持解经须返求本经。盖因义理之学的兴盛，使传统经学风气从朴实一变而为虚浮。理学家主观疑古，苦心孤诣于发掘微言大义，以穷理为入圣之门，于经文中处处塞入理字，而使经文窒碍难通。朱熹身为程门弟子，不可避免地要受理学浮风的影响，解经时也常常有违语言本身的含义，所论玄远。陈天祥认为解经须从本文，训诂、义理都要返求经文本身而言之，不能抛开经文而专论自己之意见，亦不能改易经文以就己说。解经须当本分，不可妄论。

其三，喜欢取例设喻。遇义理之难明，辩驳之所需，皆喜取例设喻以解，其例据、喻体形式多样，论证层次分明，逻辑缜密，令人信服。

四库馆臣认为说经不能有门户之限，守一家之言，论《四书辨疑》"主于阙疑而不贵穿凿"，可谓恰当。

程树德《论语集释》亦对此书有所评价，认为对于朱熹《集注》来说，"清初汉学家所摘者在考证之疏，此（指《四书辨疑》）则摘其义理之谬，洵朱子诤友也"。

《四书辨疑》虽然疑朱，但其目的不在于贬抑朱学。因其虽质疑朱子之失，亦肯定朱子之得，对朱子谬误之论有驳斥，亦对朱子正确之论有借鉴。不仅"主于阙疑而不贵穿凿",而且持论公允,摒除门户之见。应该说,《四书辨疑》是以朱熹《集注》为依托而延展开去探究经文本身,其目的不是要反对朱学,而是力图匡正朱学,使朱学更加符合经文旨意而已。这是一部有勇气怀疑、有严谨治学态度的著作,是后人了解元代儒生传播经学的窗口。

(光　洁撰)

《吴澄集》提要

吴澄,字幼清,晚称伯清,号草庐,江西抚州崇仁(今江西省崇仁县)人。生于宋理宗淳祐九年(1249年),卒于元惠宗元统元年(1333年),是元代最有声望的学者之一,与许衡(1209—1281)并称"北许南吴"。吴澄一生,大半时间过着乡居生活,授徒为业,读书撰文为乐。门生弟子众多,《宋元学案·草庐学案》在册者就有三十多人,其中较卓者,有元明善、虞集、贡师泰、揭傒斯、危素等,后世以草庐学派目之。

关于吴澄的思想学术倾向,前人喜据师承立论。如黄百家言:"幼清从学于程若庸,为朱子之四传"(《草庐学案·小传》,《宋元学案》卷九十二)。而全祖望则认为:"草庐出于双峰,固朱学也,其后亦兼主陆学。盖草庐又师程氏绍开。"(《草庐学案·序录》,《宋元学案》卷九十二)诚然,吴澄曾随朱学传人程若庸学习,据《年谱》,吴澄十六岁时在抚州临汝书院初次拜见程若庸,此后几年经常在书院走动，二十三岁时还曾在书院学习了好几个月。另一方面，吴澄自称是程绍开（号月岩）的学生，后者尝筑道一书院，以合朱陆两家之说。（《宋元学案》卷八十四）然而，吴澄之学的来源主要还是"私淑于经"。仅仅因为他自称是程绍开的学生就说他"兼主陆学"，未免理据太薄。实际上，全祖望也承认："然草庐之著书，则终近乎朱。"（《草庐学案·序录》，《宋元学案》卷九十二）说到底，师承只能作为一个参考因素，而不足以成为判断一个人思想倾向的主要根据。更何况，吴澄实际跟随程若庸、程绍开等人学习的时间都非常短暂。吴澄的学问功底主要还是自己打下的。他第一次见程若庸，就能指出后者对经典解释的错误，说明他那时在学术上已非初学小子。又，据《行状》记载，吴澄在国子监主事期间，曾为学者言："朱子道问学工夫多，陆子静却以尊德性为主。问学不本于德性，则其弊偏于言语训释之末，果如陆子静所言矣。今学者当以尊德性为本，庶几得之。"议者遂以吴澄为陆学，非前任许衡遵信朱子之义。其实，吴澄有关朱陆之学的这番议论，主要是针对当时学者，特别是南宋末年以来朱门后学日益堕入训诂之途的流弊而发，与其说是主陆，不如说是朱学内部的一种自我纠偏。就吴澄的治学历程来看，他是典型的朱学路数，说他是陆学，是不明朱陆究竟的外行之见。吴澄在国子监所授，与其说是非朱子学，不如说是非许衡所理解之朱子学，盖许衡之教以小学为重，而吴澄之教则"辩传注之得失而达群经之会同"（虞集：《送李扩序》，《道园学古录》卷五），其学蔚然大观，自成一家之言。

总体来看，吴澄受朱熹的影响最为明显。在主观上，他也一再以接续朱熹之学自任。不过，与宋末元初一般的朱子学者相比，可贵的是，吴澄较少门户之见。吴澄广泛吸收了宋儒的思想遗产而加以个人的综合与发展。吴澄具有多方面的文化修养，除了精通儒家经典之外，他还涉猎天文、地理、医学、术数等领域。吴澄的诗文清婉超逸、典雅宏丽，诸体皆备。前人认为，朱熹之后，说到学问规模的宏大渊博，恐怕只有吴澄一人能与之比肩。吴澄的思想不仅是对宋代理学的总结，而且具有鲜明的时代特色。他继承了宋儒对太极、心性的精微辨析，同时，也对南宋末年理学尤其是朱子学的流弊有清醒的认识。吴澄的哲学思想，从其基本性质来说，无疑是朱子学的，在某种意义上，又不妨说是"后朱子学"或"新朱子学"的。此"后"或"新"表现在：在理气论上，吴澄对朱熹的观点有所推进，并对以后的朱子学者（如曹端、薛瑄、罗钦顺等人）产生了一定的影响。吴澄还大大发挥了程朱的心性理论，力图扭转时人已经形成的对心学的偏见。吴澄对学问的广泛兴趣与积极探究，充分反映出朱熹所倡导的道问学精神。与元代很多学者一样，吴澄也强调以谨言谨行为学，强调问学当反诸身心、见诸实行。尊德性与道问学的紧张，在吴澄这里得到很大程度的缓解。在存养工夫上，吴澄坚持了程朱的主敬路线。虽然他个人气质偏于严谨，但他对和的境界也甚为向往。总之，在吴澄身上，再次体现出朱熹式的综合特点。

吴澄一生勤于著述，经史子集，靡不贯彻。其经学著作有：《易纂言》《易纂言外翼》《书纂言》《春秋纂言》《礼记纂言》《仪礼逸经传》《三礼考注》《孝经注释》《批点考工记》等，此外，他还校定了《老子》《庄子》《太玄》《乐律》《葬书》等，其文集尚有百卷之多。

吴澄文集的版本有两个系统，一为百卷本，其祖本为吴澄之孙吴当所编《支言集》，始刻于元代，现存最早刻本为明宣德本；一为四十九卷本，系明成化年间就明宣德本《支言集》改编而成，明万历，清康熙、乾隆、光绪，代有刊刻。宣德本，今惟台北故宫博物院藏有全帙，中国国家图书馆所藏为残本。四库所收《吴文正集一百卷》，在卷次编排上沿袭了宣德本，且有影印本流布，较易取得。成化本，现有台湾新文丰出版公司影印台北"中央"图书馆藏《临川吴文正公集四十九卷 道学基统一卷 外集三卷 年谱一卷》本。两本相较，抄写、印刻质量以四库本为优，成化本之抄手、刻工水平不高，颇多错别字，底本保存亦不甚完好，缺页、破损页较多。

标点本《吴澄集》以四库本为底本，参校以成化本，同时也参考乾隆二十一年（1756年）崇仁县训导万璜校刊重刻之五十三卷本《草庐吴文正公全集》。

（方旭东撰）

《曹端集》提要

曹端（1376—1434年），字正夫，号月川，河南渑池人，学者称为"月川先生"。曹端于明成祖永乐七年（1409年）中进士，其后历官山西霍州、蒲州学正二十余年。五十九岁时卒于官。据史传，曹端自青年时代就喜欢宋儒著作，专研性理之学，刻苦勤读，以至于座位下的地砖都被踩穿。他笃信理学，曾作《夜行烛》，规劝其父放弃对佛老的迷信。他还上书地方官员毁淫祠、止斋醮。就任学正时，他也专以读儒书行儒礼教化士子。曹端以存养性理来维护和发展理学，又十分注重躬行实践。他的学思实践对其后理学大家薛瑄、胡居仁等都产生了影响，因此被称为"明初理学之冠"。

曹端一生以倡明理学为己任。他在官事之余，孜孜于读书讲学，通过诠解经典和宋儒著作、辑略前贤语录来表达自己的学术见解，因此著述宏富。其中包括：《〈太极图说〉述解》《〈通书〉述解》《〈西铭〉述解》《夜行烛》《〈孝经〉述解》《四书详说》《存疑录》《儒学宗统谱》《性理论》《家规辑略》《月川语录》《月川录粹》《曹月川集》《曹月川先生遗集》等。遗憾的是，《〈孝经〉述解》《四书详说》《存疑录》和《儒学宗统谱》的正文今已不存，仅留序文，而《性理论》则序和正文全佚。清代咸丰年间刻印的十一卷本《曹月川先生遗书》，是流传至今最全最精当的曹端全集。今本《曹端集》，是王秉伦先生以咸丰刻本为底本，参校其他各种刻本点校整理而成，由中华书局于 2003 年出版。此书收录了曹端所有存世著作和明清两代相关各种资料，是研究曹端和明前期理学思想的重要文献。

《曹端集》全书正文共七卷，附录六卷。卷一《〈太极图说〉述解》和卷二《〈通书〉述解》，是曹端对理学开山者周敦颐《太极图说》和《通书》的注解之作。卷三《〈西铭〉述解》则是对另一理学大家张载《西铭》的训释之作。由于朱熹曾著有《〈太极图说〉解》和《〈西铭〉解》。因此，曹端在其《述解》中都是先列朱子注在前，然后对朱注中个别字句再详加训释。总体而言，曹端是以朱子之说为依据诠释周、张二人思想，但也有超出朱子的理解和发挥。《〈通书〉述解》分上下两卷，共四十章，每章标题下都先概括该章大意，然后逐句解释。卷四《夜行烛》是曹端辑略儒家圣经贤传的格言和朱子家礼、郑氏家规而成，共十五篇。曹端认为其父亲和乡党昧于流俗，崇尚佛老之说和方术迷信，无异于暗夜行路，因此他以此劝诫之文为烛火，引导他们走上儒家"正道"。卷五《家规辑略》采择江南郑氏家规，定为十四篇，又增附数十条，作为曹氏的治家规范。卷六《曹月川先生语录》和卷七《录粹》则是弟子后学所辑曹端讲学文录。附录六卷，汇集了明清两代学者关于曹端的传记、年谱、从祀录，以及关于他著作的序跋和提要等参考资料。

  曹端的思想，大致可归结为如下两点：其一，是本体论上的太极理气动静之说。理气动静是宋明理学讨论的一个重要主题，与理气问题相关的是对"太极"的理解。宋代以前学者言及"太极"，多指天地万物未分之前的元气。周敦颐在《太极图说》中提出"无极而太极"，也将太极看作阴阳未分的元气。朱熹注解周说时，则以"理"来解释"太极"，赋予"太极"宇宙生成和本体的双重含义。曹端承袭了朱熹的观点，认为太极是理，是天地万物运行的根据。他说，天地万物未形成之前，已经有一个抽象的太极之理；天地万物形成之后，太极又作为具体事物的理而存在于每一事物之中。这可说是对程朱"理一分殊"说的发展。基于"理即太极"之说，曹端对道家"道生一"的说法提出批评，指出道生一与太极，同谓而异名，都是气形未具之前潜在具有的理。关于太极（理）的动静以及理与气的关系。曹端肯定了朱子在《太极图说解》中表达的太极（或理）有动静、气也有动静、太极（理）之动静是气之动静的根据的观点，但认为这一观点与《朱子语类》中"气有动静，则所载之理也有动静""太极（理）之动静随气之动静而动静"的说法有矛盾。尤其是朱子以"人骑马"比喻"理乘气"的说法，实际上未能彰显理对于气的支配主宰意义，而强调理对于气的先在性和能动性，这应该是朱子学理气论的基本立场。曹端在《〈太极图说〉述解·辨戾》中对朱熹理气说所作的辨正，表明他思想与朱子的一贯性。

其二是工夫修养论上的诚敬涵养说。理学的一大特点，是十分重视心性工夫的修养。曹端推重朱子学，但在工夫修养上，却并不遵从朱子由格物致知的进路。他注重对道体的体认，通过在具体事物上省察克治，直接在心地上做工夫。他发挥周敦颐"诚为圣人之本"之说，提出以诚为理、"诚即所谓太极"，将"诚"推至宇宙本体的高度。因此，他的工夫论首推"存诚"，存即存养之意。他认为，儒者要"学圣希贤"，首先要"存诚"。所谓存诚，就是要身与道义为一。道义有体有用，体就是天地之理，用就是行为合乎时宜。如何存养"诚"，曹端提出以"敬"为入手之方。什么是敬呢？就是做事"件件不离一敬字"，"置身法度之中，一毫不可放肆"。简言之，就是戒慎恐惧，时时处处做到动容周旋合于礼。据黄宗羲《明儒学案》载，曹端一生注重力行，在德性修养上持守严格，"一事不容假借"。

（马晓英撰）

《陈献章集》提要

陈献章（1428—1500 年），字公甫，号石斋，晚号紫水归人。生于广东新会，年幼时举家迁往江门白沙村，故学者称其为"白沙先生"。陈献章是明代前期重要的思想家，是陆九渊心学向王阳明心学过渡时期的重要人物。

陈献章青年时屡次参加科举考试，但均未获功名。27 岁时拜江西大儒吴与弼为师，学习伊洛之学。吴与弼是明代前期程朱理学的代表人物，与同一时期的另一位理学大儒薛瑄并称为南北两大儒。吴与弼的治学和生活方式，对陈献章产生了不小的影响。吴与弼年轻的时候也积极参加科举考试，19 岁时因读朱熹所编《伊洛渊源录》，放弃举业而发奋治学。后因家贫，迁往乡间生活并在此授徒讲学。吴与弼的教学方法，相比于其他儒者，不仅教学生诵读经典，更注重身体力行的工夫，不但教弟子耕作，自己也亲自劳动。陈献章在跟随吴与弼学习期间，无疑受到了锻炼。据说，陈献章早上贪睡，吴与弼大声批评他："秀才，像你这么懒，以后如何到伊川门下，又如何到孟子门下！"吴与弼命陈献章种菜编篓，倒茶磨墨，磨炼他的意志，间或向他讲论经典。吴与弼的"静中意思""寻向上工夫"等反求诸心的学术倾向对陈献章后来的"自得之学"产生了影响。

陈献章从江西回到广东老家后，过起了闭门读书的生活。他自述说：我回到白沙闭门读书期间，专心思索为学之方。身边没有师友的指点，只是在书册间废寝忘食地寻求，这样的状态过了好几年，但最终无有所得。所谓没有所得，是说我的心和书本中的道理仍是二物。于是舍繁就简，只是静坐，久而久之，感觉自己的心体隐然呈露，常若有一物。日常种种应酬事物，都如同马有了笼头一样，可以说是从心所欲而不逾矩。体察物理，考察圣人的教导，感觉各有头绪来历，如同水有了源头。于是自信，作圣之功，就在于静坐。

陈献章后来在教人时说过："为学须从静坐中养出个端倪来，才有继续探寻的基础。"所谓"静坐中养出个端倪"，指的就是他自己的静坐体验"心体隐然呈露，常若有一物"。他认为，有了对于心体的体会，在日常生活中就能驾驭各种纷繁复杂的念头。

"静坐中养出端倪"是陈献章早期的教学宗旨，1483年陈献章55岁以后，其学问更有进展，创立了"以自然为宗""归于自得"的白沙学。以下，主要从"自得"和"自然"两个方面介绍陈献章的思想。

陈献章强调学要自得。自得就是求之于内而不求之于外。他说：自得就是不受外物、耳目见闻的牵累，乃至不受一切事物的牵累，达到鸢飞鱼跃的境界。不明白学要自得，学得再多也没有意义。还说：无论处于富贵还是贫贱，面对生存还是死亡，安然还是困境，都能做到不动心，这就是自得。对于陈献章来说，"自得"首先针对的是朱子学求理于外、强调读书穷理的为学路径。这一点从陈献章早年的学习经历中也可以看出，他在从吴与弼处回到白沙之后，曾一意在书册中探寻真理，但终觉心与理不合。于是舍书册而静坐，反求于内心体验，最后终有所得。显然，自得之学的提出，和他不满于朱子学穷理于外的倾向是有关的。陈献章还说：学者如果能不求之于书而求之于心，察识于有无动静变化的机窍，不以见闻乱心，就能做到一开卷就尽得之，这不是得之于书，而是得之于我。以我观书，随处能有所得，看书若只是为了博学，一离开书就茫然无措了。而自得之学的入路，还在于静坐。陈来先生指出："陈白沙的这些说法主张心中求道，心中求理，他虽然还没有提出或论证心即是理，但他显然把为学工夫完全心学化了，这个发展显然开了明代心学运动的先河。"

白沙之学还强调要"以自然为宗"。自然就是心灵洒脱自在，不受外物牵累。陈献章说：人与天地同体，天地四时流转不息，万物新旧更替，心若停滞不动，怎么能成为造化之主呢？古来善学者，常令此心无所牵累，便能运转活泼。所以学者当以自然之学为宗。陈献章还说：自然之乐，乃真乐也。可以说，陈献章的全部学问就是为了追求这种自然之乐的境界。陈献章有一段话描述这种自然之乐的境界，极佳。他说：

终日乾乾，只是要收拾此理而已。若能领会得此理，则天地由我而立，万化由我而出，而宇宙在我。若能得此把柄在手，古往今来一切事业，都一齐串起，一齐收拾，随时随地无不是此理充塞。万般色相都是其本来的样子，哪里要人乱手乱脚地收拾呢？《论语》里曾点向往几个人从舞雩吹风归来，这正是孟子所谓"勿忘勿助"的工夫状态。曾点的那些描述，被孟子一语说破，便都如鸢飞鱼跃般自然。如果没下孟子的勿忘勿助工夫，直接告诉人曾点的见识，那就好似说梦了。若真实领会得，则尧舜事业，也不过如天空中的一点浮云。

白沙认为，只有真正达到了这样自然之境的人才是得道，才能做到不受世间功名利禄的牵累。他说：道才是天地间至大之物，所以君子要自得，至于富贵贫贱死生祸福，有什么值得君子去得的吗？可见，以自然为宗，其落脚点还是在学要自得。

陈献章在师从吴与弼期间是尊崇朱学的，但他后来的学术路向，却显然是向着背离朱子的方向发展的。陈献章最杰出的弟子是湛若水，湛若水三传而为刘宗周，为宋明理学之殿军。虽然已经没有什么实际的学术传承，但亦可见白沙学术的绵延不绝。

（朱　雷撰）

《王文成公全书》提要

《王文成公全书》，明代思想家王阳明的著作总汇。王阳明（1472—1529年），名守仁，字伯安，浙江余姚人。曾筑室阳明洞，自号阳明子，故世称阳明先生。弘治十二年（1499年）进士，先后任刑部主事、贵州龙场驿丞、庐陵知县、南赣巡抚、南京兵部尚书等职。嘉靖初年，因曾平定"宸濠之乱"而功封新建伯。隆庆元年（1567年）追赠新建侯，谥文成，又称王文成公。王阳明是明代心学的代表人物，也是宋明理学中对后世影响最大的思想家之一。

王阳明是宋明思想家中最具传奇经历和豪雄气质的一位。他在正德元年（1506年）因反对宦官刘瑾被下狱，后远谪贵州龙场驿。在龙场百死千难的险境中，他悟得理学"格物致知之旨"。正德十二年至十四年（1517—1519年），他巡抚南、赣、汀、漳，先后平定江西各地民变和宁王朱宸濠叛乱。在平乱过程中，他还行保甲、立社学、举乡约，安抚"新民"，恢复社会秩序。就在此期间，他坚持讲学不辍，其一生最主要的几部著作《传习录》《朱子晚年定论》和《古本大学序》等都相继问世刻行。嘉靖六年，出征平定广西思、田叛乱，不久病殁。就在出征前一晚，他和王龙溪、钱德洪两位高徒有"天泉证道"之举。这次论道直接拉开后来王门心学分化的序幕。

《王文成公全书》共三十八卷。其中的讲学语录和诗文著作，在阳明生前就已由其门人整理、汇编和刊行，如《传习录》《阳明文稿》等，但都是选编、节录而非全书。阳明殁后，弟子家人等广泛收集阳明遗稿，先后编刊了《阳明先生文录》《文录续编》《阳明先生年谱》《阳明先生家乘》等。穆宗隆庆六年（1572年），浙江巡抚谢廷杰汇集坊间各种阳明著作，整合编订为《王文成公全书》，刊行于世。全书分六类，《语录》（即《传习录》）三卷、《文录》五卷、《别录》十卷、《外集》七卷、《续编》六卷、《附录》七卷。其中《附录》又分《年谱》三卷、《年谱附录》二卷、《世德纪》一卷、《世德纪附录》一卷。这是最早的全集本。后来的各种全集或全书三十八卷本，大都依据谢本翻刻或排印。1992年，上海古籍出版社出版了由吴光、钱明等人编校整理、以浙江图书馆藏谢廷杰本为底本，以《四库文渊阁》本、《四库备要》本等为参校的《王阳明全集》（上下两册）。

王阳明一生的思想发展，据黄宗羲《明儒学案》说有所谓"学凡三变"之说。他早年从文学转入朱子学，由于在格物问题上解决不了理、心二分问题，开始出入佛老。直到龙场谪戍，悟

"格物致知之旨"。这是"前三变"时期，是王阳明杂取博学、兼综儒释道三教的时期。龙场悟道后，王阳明先在南都教学者静坐澄心。后来巡抚南赣（江右）时专以"致良知"教授后学。居越以后，以"万物一体说"和"四句教法"教授来学者。这是所谓"后三变"。在此过程中，王阳明的心外无理说、知行合一说、致良知说、万物一体说，都先后提出并在实践中得以修正完善，构成其心学思想系统的最主要内容。

心外无理。心外无理是王阳明心学理论的基础。阳明早年从朱子格物穷理入手，试图通过不断地穷格外物之理，以达入圣之境，但一直感觉物理与吾心扞格不通。这使他对朱熹格物说的为学进路产生质疑。龙场三年的居夷处困，为他质疑和抛弃朱子之说提供了契机。龙场之悟，使阳明看到了道德意志在生死患难中的巨大作用，他悟到"圣人之道吾性自足"，从前向外物上求理是不对的；格物的工夫，只能在自己身心上做。"心外无理"的中心含义，即心是人的主宰，心最主要的是道德理性。人最重要的是心，心是人的力量之所在，智慧之所在。所以阳明十分强调心的主宰作用。指出心是人之各项官能的主宰，比如目虽能视但使之如此的正是心，耳虽听而使之听的也是心。与"心外无理"相关，王阳明还提出了"心外无物"说。这与他对心、意、知、物的界定相关。他认为，心是身的主宰，意是心的发用流行，知是意的本体，物是意念指向的东西。心意知物合一无间，这也是龙场悟道的基本结论。

知行合一说。知行问题是理学关注的一个重要议题。知行合一说也是王阳明较早提出的思想。正德四年（1509 年），贵州提学副使席书聘请阳明主持贵阳书院，他就已开始讲知行合一。阳明知行合一说的主要论点是：知是行的主意，行是知的功夫；知是行之始，行是知之成；行之明觉精察处即是知，知之真切笃实处即是行。在阳明之前，关于知行问题讨论最多的是知行先后、知行轻重等。学者们多受知先行后、知行交养互发等观点影响，在实践中常常出现知行不统一的现象。阳明提出此说，意在纠正人们割裂知行的认识倾向，还有去除知而不行的虚浮习气、匡正虚伪欺诈的士风的目的。

致良知说。致良知说是阳明在平定宸濠之乱后提出的学问宗旨，也是阳明自认的工夫修养的正法眼藏。"致良知"糅合了《大学》致知与《孟子》良知之义而成。阳明认为，致知就是"致吾心之良知"。而"良知"不仅是人内在"知善知恶""知是知非"的道德理性和道德原则，还是先天本具的"好善恶恶"道德情感；同时这个良知还是统贯天地万物的宇宙本体和"造化精灵"。因此，"致良知"本身既是由内向外扩充推极、不断为善去恶的修养工夫。"致良知"有三个要点：扩充、至极和实行。将良知扩充到底的表现就是良知不受遮蔽，其发用流行无所障碍。

万物一体说。学为圣贤（"大人"）、达到万物一体境界，是宋明理学家的理想追求。阳明在其《大学问》中开篇就提出"大人者，与天地万物为一体"。这个"大人"，是个以天地万物为一体的人，他把天下看作一家，把中国看作一人。如何学为大人，体认万物一体，王阳明的方法是"致良知"。他认为，"良知"是天地万物一体的基础，"致良知"是达至天地万物一体的根本途径。在对万物一体的追求中，良知与致良知实现了本体与工夫的高度合一，也实现了知与行的合一。"万物一体"说非阳明首发，早在孟子"万物皆备于我"之说就蕴含了这一观念。这一观念在宋明理学获得了本体论的开显和境界论的提升，从张载"民胞物与"和程颢"仁者浑然与物同体"，到阳明的"大人以天地万物为一体"，延展并丰富了儒家生命哲学的厚度，形成宋明理学士人群体的基本价值取向传统。

王阳明的思想在朱学僵化的明代产生了极大震动和影响，不仅成为明后期压倒朱子学的主流学术形态，还传至日本、朝鲜半岛以及东南亚等地区，成为数百年来对这些国家地区影响最大的思想资源之一。

（马晓英撰）

《困知记》提要

《困知记》是明代中期著名理学家罗钦顺的著作。罗钦顺（1465—1547年），字允升，号整庵，江西泰和人。弘治六年（1493年）进士，授编修，后迁南京国子监司业。嘉靖初年，先后任南京吏部尚书、北京礼部尚书，不久丁忧归里。嘉靖六年（1527年），诏复原官，旋迁吏部尚书，皆坚辞不就。嘉靖二十六年（1547年）卒于家，年八十三，赠太子太保，谥文庄。罗钦顺早年出入禅学，中年后回归孔孟。辞官后里居二十余年，潜心研究程朱理学。当时王阳明心学风起，大江南北翕然从之。他不以为然，以朱子学为根据，与阳明就格物等问题往返探究辩论，是少有的可以和阳明分庭抗礼的大学者，时称"江右大儒"。他的著作有《困知记》《整庵存稿》《整庵续稿》。

罗钦顺为人有节操，政治上律己甚严。正德中，触忤宦官刘瑾，被夺职为民。嘉靖初年，以藩王入继大统的明世宗欲上尊号给本生父母，遭到许多朝官反对，"大礼"议起。张璁、桂萼等人逢迎帝意，结党擅权，打击清流，一大批官员遭谪放、下狱乃至处死。罗钦顺耻于与之为伍，故在服阙后辞官致仕。据《明儒学案》，罗钦顺平时家居规矩严谨，每日清晨正冠，升"学古楼"读书，气象端严，即使独处，容止也毫不懈怠，是一位严守礼教的理学家。

《困知记》书名取自《论语》"困而知之"一语，意指苦心钻研所得。在《困知记序》中，罗钦顺说自己四十多岁才开始专研心性义理之学。此后二十多年间，每读书思考有得，就记录下来，积久成册，就刻印出来披阅讲论。起初只有上下两卷，后来又有续卷、三续、四续。嘉靖二十五年（1546年），六卷本加附录的完整《困知记》刻印本面世。此后明清两代，经罗氏后人和学者官员不断翻刻、增修，加入续补、序、跋、告文等内容。《困知记》在明清两代有多个刻本。1990年，中华书局出版了阎韬先生整理点校的以万历二十年李桢重校本为底本、以其他刻本为参校本的《困知记》。整理本前六卷包括传世的卷上、卷下、续卷上、续卷下、三续和四续，附录则包括《论学书信》《序跋》和《传记资料》三部分。

罗钦顺的思想，大体可从如下几个方面来把握。

理气论。理气关系是宋明理学讨论的重要问题。朱子主张理为宇宙本体和万物本原。天地万物秉理以为性，秉气以为形。理能生气，理本而气末。这一思想易造成理气的割裂。罗钦顺在理气观上的基本看法是：(1) 气为宇宙之本。气是宇宙的唯一实体，充盈于天地古今间的无非都是"气"。(2) 理是"气之条理"，是气往来动静、升降阖辟中呈现出来的条理和规律。理是气在运动中自然而然表现出来的规律，而非有意主宰而使气表现出这种运动方式。因此，理不具有主宰性，不是朱熹所说的那种超越天地万物的形上实体，然而理具有稳定性和同一性。事物是由气生成（构成），但事物的不同性质及其差别正是通过气的条理来表现。(3) 理气关系上，他主张就"气上认理"，理气不离不杂，二者间是一体关系。理之聚散就是气之聚散。由于强调气为本体和就气以认理，罗钦顺的理气说克服了朱子学的理在气先、理气二分的矛盾。

心性论。心性论也是理学讨论的核心问题。罗钦顺曾指出，他写《困知记》最重要的目的就是"发明心性"。因而该书上卷开篇第一条，直接讨论心性问题。他认为，心是人的思维意识，性是人之所以为人的本质规定和属性；心是理得以显现之处，而性则显现或包含在心之中；心与性的关系不离不杂。与心性相关的是性情关系。在罗钦顺看来，性即是道心，情则是人心。心本为一，之所以有道心、人心之分，在于其有动静之分和体用之别。道心为静，人心为动；道心为体，人心为用；道心是未发，人心是已发；道心是天理，人心是人欲。然而这造成了性与情、道心与人心、天理与人欲，乃至体与用的割裂二分。这是罗钦顺心性说的一个矛盾。他后来曾对此有所补正，指出合理的人欲是天理，人人皆同，因此对之要给予合理满足，提出要以理制欲。但心性二分的问题并未完全解决。罗钦顺在心性问题上与理气一元论的矛盾，后来遭到黄宗羲的批评。

格物论。格物说是宋明理学家最易发生思想分歧的领域。朱熹曾释格物为"至物而穷其理"；吕祖谦认为格就是"通彻无间"；王阳明则训格为"正"，释物为"意之所在"，因而将格物解释为"正念头"，"正其心之不正以归于正"。罗钦顺完全赞同吕祖谦之说，认为格物说包贯始与终、知与行、理与心诸方面。格物是修养工夫的全部。修养到一定境界，就会达到物即是我，我即是物，物我浑然一致，通彻无间，从而人之性理与物理乃至宇宙根本之理融贯无碍。这种物我皆泯、天理流行的境界，就是"仁"的境界。到仁的境界时，理学所谓存养、省察、知言、养气、尽性、知天等所有修养工夫一时完具。罗钦顺据此格物说与王阳明展开辩论，他批评王阳明以"正念头"释"格物"，将导致"正心""诚意"等次序条目都变得重复无用。他还认为格物既多时达到的豁然贯通、内外合一，才是朱子所谓"理一"。而王阳明则认为心意知物本为一物，理、性、心本为一体，无内外之分。罗、王二人这场论辩，涉及理学与心学的根本分歧所在，具有很强理论意义。

对佛教的批评。这也是罗钦顺思想中的一个重要内容。他批评说，佛教讲人与物都具有佛性，但其所谓性即是"觉"，没有仁和理的内容，反而认理为障。佛家提出"无念为宗""心如虚空"，目的在悟心地空明、万法皆空。儒家虽主理一，但讲穷理尽性，讲涵养仁义礼智。因此，儒学崇实，佛家致虚。此外，罗钦顺对他认为受了佛教影响的心学思想家们陆九渊、杨简等也进行了严厉的批评。

罗钦顺的理气一元思想、他对心学和佛教的批评，以及他与王阳明之间关于格物等问题的辩论，对明末东林学者和清初王夫之等人的理学思想，产生了相当的影响。

（马晓英撰）

《王廷相集》提要

王廷相（1474—1544年），字子衡，号浚川，河南仪封（今河南考兰）人。明代著名的哲学家、文学家和政治家。

文学上，王廷相与李梦阳、何景明等人合称"前七子"，他们掀起明代文学复古运动，提出"文必秦汉，诗必盛唐"的口号。王廷相的作品一扫"台阁体"的空洞和堆砌，针砭时弊，关注民生疾苦，提倡"文以阐道"。政治上，王廷相疾恶如仇，敢和权宦斗争，揭露时弊，主张改革。王廷相曾因直言不讳地谈论时政，为刘瑾所忌恨，被贬外地，还曾抨击严嵩弄权。在当时的士大夫中刚正不阿，很有气节，为朝臣所推重。哲学上，一般认为王廷相继承、发展了张载的气一元论思想，对程朱理学的理一元论思想展开了深入批判。王廷相哲学是中国哲学中气本论思想的代表形态。

《明史》评价王廷相，说他"博学好议论，以经术称"。王廷相的博学体现在他不仅对理学有深入的领会，对天文地理、音律、农业等方面也很擅长。他勤于著述，著作颇丰，哲学方面的代表作是《雅述》和《慎言》。

王廷相哲学最突出的特点就是坚持气本论的立场，在存在论和人性论上，他都贯彻了这种以气为本的思想。在存在论上，王廷相认为气是基础存在性。他说：天地内外皆是气，物不论虚实也都是气，气是所有造化的实体。王廷相这种"物之虚也是气"的观点，表明他接受了张载哲学太虚即气的思想，认为存在性中不存在绝对的虚空（"无"），虚空只是气的更源初状态。王廷相把气的最源初状态称为"元气"，元气就是太虚。他说：天地还没有形成的时候，只有极致的空（"太空"），空就是太虚，太虚是冲和的元气。还说：不可能在元气之前追寻更早的存在性质了。元气之前无物，元气就是存在性自身，所以称为"太极"；元气无法用任何感官与形容摹状，所以称为"太虚"。可见，太虚不是虚无所有，而是存在最根源的、起始的、和谐的状态，这也就是元气的含义。

王廷相认为，元气就是存在性最后的根据，或者说，就是基础存在性，就是存在性自身，不能在元气之上推寻什么更高的根据。因此他提出了"元气之上无物无道无理"的观点。

王廷相借批评《列子》中的一段话驳斥了元气之上有物的观点。《列子》说："'太易'的状态，还没有气；'太初'的状态，气开始产生；'太始'的状态，形象开始产生。"王廷相说：这是没有见道者说的话。天地没有产生之前，只是极致的空，空即太虚，太虚是冲和的元气。气不离虚，虚不离气，天地日月万物的形象都具备其中。气是太虚本有之物，不是被产生者，也不会消失。《列子》说"还没有气"，是太虚有无气存在的时候；又说

"气开始产生",是说气是被另外的东西创造出来。这根本不是实情,因为元气之上无物。

王廷相也反对老子"道生一"这种以道为源初存在性的思想,认为气才是最基本的、第一序的存在。他提出"元气之上无道"的观点,说:元气就是道体,有虚即有气,有气即有道。气的变化就是道的变化。气即道,道即气,二者根本就是同一者。

王廷相还批评了程朱理学以理言太极,认为理在气先的观点。他认为朱子所谓"未有天地,毕竟是有此理","源头只有此理,在二气五行万物之先",实在是支离颠倒太甚。王廷相说:万理皆出于气,在气之外没有悬空独立的理。具体的形质无论是有还是无,气都常在。程朱所谓太极的主宰性,就体现在对于天地未分化以前的气的主宰,未分化之前只有气,既分化之后则理载于气。王廷相在另一处总结说:天地未生,只有元气,造化及万物的道理都在元气之中,故元气之上无物、无道、无理。"元气之上无物无道无理"的命题,可以说把气本论思想贯彻到了极致。

王廷相的气本思想还提出"气种"来替代理的规定性含义。程朱理学认为,气是形成万物的质料,但相同的气为何能凝结成不同的样子,这是由理规定的。王廷相则认为,气之所以能凝结为不同的形象,是因为在源初的元气中就包含了"气种",天地日月万物的种子就在元气之内。王廷相说:天地、水火、万物都是从元气中演化而出的,因为元气中本来就有这些事物的种子。王廷相的气种说,可能和他对生物学的兴趣有关。他应该是从生物的繁殖现象中观察到物种的稳定性,所以推测万物在源初也有气种。他说:万物材质不同,性质各殊,但经过千万年的繁殖也没有改变，因为气种是确定的。但是，气种的性质究竟是什么，气种为什么不能是程朱所谓的理，王廷相则没有解释。

在人性论上，王廷相也贯彻了气本论的立场。宋明理学中，"性即理"是一个被广泛接受的命题，王廷相则认为"以理言性"并不妥当。他举《易传》所谓"穷理尽性"的例子说：如果性即理，又何必说穷理尽性呢。又举《孝经》"毁不灭性"，明道《定性书》为例，说这两处的性、理不能互换（实则此驳极无聊，程朱言性即理，是说在天为理，在人为性，二者贯通；若按王廷相的意思，则理和性根本不必有两字，此是无谓之胡搅）。依王廷相的意思，气之灵生理，因此，性是气的产物，所以他主张"性生乎气"。王廷相反对性善论，认为性是由气质决定的，气质清明的人性善，气质驳杂的人性恶，这叫作"性出乎气"。在人性论上，王廷相主张出一种具有自然主义倾向的人性理论。

现代的哲学史研究常把王廷相哲学看作与"唯物主义"同调，这一看法很有道理。就王廷相对气的理解而言，笔者认为可以在严格的意义上说他是一位唯物主义者。至于通常所认为的王廷相继承、发展了张载的气学思想，这一点笔者倒并不认同。中国哲学的气论，实际受到朱子学的巨大影响。虽然同为气本论，但张载哲学的气和王廷相哲学的气，有较大的不同，张载哲学不能认为是唯物思想，但王廷相可以。王廷相哲学并无高深难解之处，他对气的使用也较好理解。

（朱　雷撰）

《藏书》提要

《藏书》，明代思想家李贽评点历史人物的史传选编著作。李贽（1527—1602年），号卓吾、宏甫，别号温陵居士、百泉居士，福建泉州晋江人。李贽出身于泉州一个信奉回教的"航海世家"，二十六岁时中福建乡试举人，以后历任河南辉县教谕、礼部司务、南京刑部员外郎和云南姚安知府等职，万历八年（1580年）辞官致仕。辞官之后，一直流寓湖北、南直隶和京畿等地著述论学。在晚明思想家中，李贽以思想大胆激进著称。他主张不以孔子之是非为是非，又对主流的程朱理学多有批判；他为人高洁狷介，一生常与官僚和学者发生抵牾，因此被很多理学家视为异端。李贽76岁时（1602年）遭礼部官员张问达疏劾，以"敢倡乱道，惑世诬民"的罪名在北京下狱，其后在狱中割颈自杀。

李贽一生著作宏富，涉及文、史、哲各个领域。主要有：《焚书》《续焚书》《藏书》《续藏书》《初潭集》《九正易因》《明灯道古录》《四书评》和《史纲评要》等。其中《藏书》是一部史料选编。李贽选录春秋至元末的八百多个历史人物，分类定品，略述其行迹，并通过总论、专论或传中点评等，对其功过是非作出评断。在该书《德业儒臣前论》中，李贽说他编此书的目的，是要为很多遭受"千古之谤"的历史人物翻案，以自己的是非标准重新去评论他们。为什么定名为"藏书"？因为这本书中的评价完全突破甚至颠覆了人们基于儒家道德立场的历史认知，"是非颇谬于圣人"（《世纪列传总目前论》），李贽自知其难容于世，因此不打算公之于众。然而他又坚信此书的价值和意义必能被后世所认识，因此他愿意"藏之以俟夫千百世之下有知我者"（《藏书·梅国桢序》）。万历二十七年（1599年），该书由李贽好友焦竑在金陵刊刻行世。

《藏书》全书共六十八卷，分《世纪》《大臣传》《名臣传》《儒臣传》《武臣传》《贼臣传》《亲臣传》《近臣传》和《外臣传》九类。而集中体现李贽编书意图、原则和历史观的，主要是他为这些人物分类所撰的十三篇总论或专论。其中，《世纪列传前论》和《世纪列传后论》可算是《藏书》的两篇序文。《前论》主要阐述了《藏书》的编纂缘由，讨论了评定历史的是非标准。《后论》则着重介绍了《藏书》的体例和基本内容。首先是收录历代君王的《世纪》。然而圣主难遇，因此大臣之道尤显重要。大臣能"辅危乱而致太平"，然而也少见，故退求其次，有《名臣传》。名臣有"辅幼弱而致富强"的实才，但未必知学。儒者虽然知学，但"不可以治天下国家"，故有《儒臣传》。儒臣以文治兴起，致使武者以不文为名，故作《武臣传》。武臣之外，叛乱贪贿者皆入《贼臣传》。武臣兴于危乱，而乱局往往由帝王身边的近臣、宗亲、外戚等引致，因此又有《亲臣传》《近臣传》。最后则是以隐于市朝山林之人为对象的《外臣传》。

《藏书》中的思想，可概括为如下几点。

其一，"人之是非，初无定质"的多元主义价值观。李贽在《世纪列传总目前论》中提出，历史人物的是非没有一定的标准，对历史人物的褒贬评价也没有定论。是非之争如岁时更迭一般，在不断地发展变化，往往昨是而今非，就算孔夫子再生，也不能改变。因此，不能以他千年多前的说法为定论和依据。如果人们都以孔子是非为是非，那世间也就不存在是非了。他主张打破对偶像权威的迷信，"一切断以己意"，"不必取待于孔子而后论"，本着《中庸》"并育而不相害"的原则，容纳各种不同甚至完全相悖的观点。这种是非无定质的观念，展现出李贽强烈的自我意识和多元主义价值观，也标识出他思想反传统、反权威的特点。

其二，"人必有私"的个体主义价值观。李贽指出："私者人之心也。人必有私而后其心乃见，若无私则无心。"（《德业儒臣后论》）也就是说，好货、好名、好色的私心（或功利心）人人皆有，是人的内在本性，因此世间一切治生产业如耕田积仓、为学进取等事，都是日常生活中的自然之理，都应自然看待。而小民百姓日常的穿衣吃饭，也当被看作生活伦理的重要表现。自汉儒到宋明道学家所强调的"正谊不谋利"、"大公无私"，实际上是戕害自然人性的欺人之谈，更是假道学"口谈道德，心存高官"却压制人们合理欲求的幌子。对私欲的肯定和对假道学的批判，表现出李贽对个体原则的维护和强调，也是贯穿全书的基本立场。

其三，"黜虚文，求实用"的功利主义价值观。李贽认为，好君王一定是开创或维护太平基业的圣主贤君，而好臣子则能够辅助君王开致太平或打造强国。无论这些功业的开创最初是出自什么目的，只要能造成社会太平、国家富强、百姓安定，那就是圣君贤相、明主才臣。这种以才不以德、以功（效果）不以志（动机）评价功过是非的标准，无疑背离了强调德行为本的儒家传统。而李贽为一些长期背负恶名的历史人物的翻案，则全然颠覆了流俗定论。比如冯道，在五代时历事四姓十二个主君和契丹耶律氏，宋以后的史家和儒者一向视之为无节操之徒；李贽则认为，冯道使老百姓幸免于刀锋战祸之苦，因此是真正以社稷为重、为安养百姓而尽忠尽责之人。这一评断不啻是对宋明以来主流史观的公开挑战。李贽还将这一注重实用效果的价值观贯彻到了他对儒家学者的基本评价中。他认为儒家没有几个真正能"治理天下国家"之人，就连最著名的改革家王安石也未能归入"经世名臣"或"富国名臣"，而只是被列入"词学儒臣"，地位甚至不如寇准等人。他在《富国名臣总论》中评价说，王安石才不足以搞变法，不知如何生财，却强要担当富国强兵的改革重任，因此变法失败；而那些反对他改革的人看不到他才能不足的一面，却非要将变法失败归咎于他生财兴利，见识实在又低安石一等。这一评价虽然过当，却反映了李贽在价值观上注重实用的功利主义倾向。

（马晓英撰）

《续藏书》提要

《续藏书》是明代思想家李贽评点明代历史人物的史传著作。《续藏书》作为《藏书》的续编，所辑录和评点的是本朝（即从明初至万历时期）人物。但是在体例安排上与《藏书》稍有不同：一是只有列传，而没有后者中的帝王世纪；二是不像后者那样在分类类目前后有《总论》《前论》和《后论》等专门史论。《续藏书》全书共二十七卷，分为十四类列传。其中《开国名臣》和《开国功臣》叙述跟随朱元璋起事及成功后启用诸人事迹。

《殉国名臣》叙述忠于建文帝（朱允炆）的诸人事迹。《靖难名臣》和《靖难功臣》则叙述追随明成祖朱棣起兵夺取帝位的诸人及降伏的朱允炆旧臣的事迹。其他人物列传则按官爵、学术、节操等的不同分为九类。《内阁辅臣》专述解缙以下内阁大臣事迹；《勋封名臣》叙述公侯勋爵、世袭武臣诸人事迹；《经济名臣》叙述公卿大臣事迹；《理学名臣》和《文学名臣》类似于正史中"儒林传"和"文苑传"。此外，《清正名臣》《忠节名臣》《孝义名臣》和《郡县名臣》所记都是李贽特地表彰的人物。

据焦竑的序，《续藏书》写作时间在李贽身亡前两三年间，即万历二十七年至二十九年之间（1599—1601年），写作地点则随着李贽北上避祸而从湖北麻城延伸到北京通州，遗稿存于李贽朋友通州马经纶家。万历三十九年（1611年），此书由王维俨在南京印行，由焦竑和李维桢为之作序。这是目前所知《续藏书》最早的刻本。今本《续藏书》，是张光澍先生以明代汪修能校刻本为底本，参校明人陈仁锡评本和明代柴应槐、钱万国重订本，订正讹误，点校整理而成，由中华书局于1959年出版。

李贽好读书论史，对历史人物的是非评价往往不蹈袭成说。《续藏书》在显微阐幽、标新立异方面，与《藏书》基本一致。不同的是，《续藏书》评价人物多"扬善不刺恶"，"独存其美"。对这种做法，李维桢在《续藏书序》中说，李贽勤学好问，博古通今，交往的都是正人君子，因此该书在人物甄别、史料去取上都比较严谨可信，完全可以当一部良史来看。焦竑对此书更是推崇有加，认为它使人退可以修身进德，进可以尊主安民，为治国理政提供了更好的经验和智慧。

《续藏书》中所表达或蕴含的史观和价值观，大体可以总结为如下三点：

其一，贵庶人而贱士夫的平民意识。《续藏书》所收录人物，从王侯将相、公卿大夫，到士卒百姓、和尚道士、佣仆妾妓，无所不载。尤其是《殉国名臣》和《孝义名臣》中记载了许多平民百姓忠节孝义、知进退的事迹，较之官僚和知识分子精英，李贽更不吝于给他们以赞美和正面评价。比如山西清远戍卒罗义，在朱棣起兵夺嫡时上疏谏止，被捕下狱。李贽在传末评论说，罗义的见识远胜方孝孺十倍。再比如淳安"义仆"阿寄，尽心事奉家产被夺的孤儿寡妇二十多年，并克服艰困为主人置产发家，然而自己死时却略无私蓄，还留下寡妻弱子。李贽表彰阿寄的孝义行为，说自己不敢称他为奴，因为他的为人和义行远在自己之上。

其二，崇功利而轻道德、重保身而轻知识的功利主义取向。与推重平民的意识相关的，是李贽对知识和道德的看法。在他看来，如果知识和道德不能助人自保和保护家国，使之免于危境，那这样的知识和道德还不如没有。他在罗义传的史论中感叹多读书无用，指出讲究周礼、精熟《大学衍义》的方孝孺未能辅佐好建文帝，而是仅用四年就引发朱棣谋叛，丢了天下，致使建文帝逊位失踪，而他自己也落得身死殉国。虽然全了自己忠臣死士的名节，可是被株连十族，十数万人陪葬牺牲。这种仗义死节而不顾全身保命的道德终究迂阔无用。他推崇能在乱世危局中适时进退、全身保命的智谋和行止。在《殉国名臣》中，李贽表彰了在"靖难之役"中既不为朱棣效力也能全身而退的金川门守卒和生员高公，称赞他们质朴自然却不失正气，还说他们若在孔门，就是上上品学者，而道学先生们迂阔的道德说教是教不出这样的人来的。这是一种利己利人的功利主义，但它是以反对迂腐僵化的道学为前提的。

其三，尽忠即是致孝的忠孝观。在忠孝观念上，李贽也大不同于道学流俗的看法。《逊国名臣》里记载了编修程公和御史高公不同的尽忠方式。"靖难"发生后，程公保护建文帝乔装出逃，一路追随数十年；而高公则面辱燕王，导致全家抄没，亲族戍边，祖坟也遭挫骨扬灰。李贽评价说，高公死忠是忠，程公抛家舍业伴建文逃难也是忠。而程公深谋远虑、保全建文的忠诚才是大忠。在《内阁辅臣·太师李文达公》中，就李贤夺情起复之事引起的争议，李贽指出，尽孝不在形式，世俗认可的庐墓哭泣未必就是真孝；如果在朝不受奉贺，不穿吉服，日间入公门理政事，早晚焚香哭临，也不算失了孝道。何况委身报国，忘私忘家又忘身，这才是大孝。尽忠和致孝并不矛盾，尽忠就是致孝。

（马晓英撰）

《焚书》提要

《焚书》是李贽最具代表性的著作之一，又称《李氏焚书》。全书共六卷，卷一、卷二收录了李贽与当时学者师友的论学书札；卷三、卷四汇集了他的杂文，如《童心说》《何心隐论》《夫妇论》《观音问》《豫约》等；卷五收录了他的部分读史评论和心得；卷六则汇集了他的诗作。六卷之外，尚有增补书信二卷。由于对儒学和道学家们批判有加，《焚书》问世后在明清两代屡遭禁毁，黄宗羲《明儒学案》中也未为他专立学案。民国初年，新文化运动干将吴虞的一篇《明李卓吾别传》，使得李贽反道学思想被赋予启蒙和革命的意义而再受关注。20世纪60年代，中华书局分别整理出版了《焚书》和《续焚书》。1975年，中华书局参校明顾大韶所编《李温陵集》，将二书进行校改和增补，出版了合刊本。

为什么取名《焚书》？李贽在该书自序中说，他的批评言论切中学者弊病，难为当世所容，因而他的书必遭焚，而他本人也会招杀身之祸。事实正应了李贽的谶言。他在湖北客居屡次被逐，最终身死京城狱中；而他死后，著作也屡遭禁止。然而李贽的书却是愈禁愈行，影响也越来越大，以至于当时人言谈"非卓吾不欢"，家中的书也是"非卓吾不适"（黄节：《李氏焚书跋》），这些都形象地说明了李贽思想在晚明社会的生命力和流行程度。

李贽为后世所知的主要思想主张，大多在《焚书》中得到体现。其中最著名的是"童心说"。李贽认为，童心就是真心，是人最初一念的本心，也是人的初心。"童心"具有真实无伪（真心）、出乎自然（本心）、与生俱来（初心）这样几个特质或内涵。李贽的"童心"看似与罗近溪所谓"赤子之心"相同，却实有不同。"赤子之心"以孝、悌、慈为旨归，明确指向道德意识，而"童心"却诉诸心的本然状态，其中容纳了世俗功利心（私心）和自然欲望。在李贽看来，人的"童心"在不断受到外在闻见知识和道德义理的影响下会被障蔽乃至丧失。失去童心的人便再不是真实自然的"真人"，而逐渐变成一个被各种知识义理包裹束缚、被习俗环境熏染的"假人",说假言,行假事。甚至成为表里不一、"口谈道德而心存高官"(《焚书·又与焦弱候》)的"假道学"。这是李贽最痛恶且要着力批判揭露的对象。这一批判假道学的倾向贯穿于李贽一生,成为他身上最著名的思想标签。在《童心说》中,李贽还指出,六经和《论语》《孟子》,或出自后世史官之手,或由孔孟的迂阔门徒整理而成,其中充满过度褒崇赞扬的文字,并非如后来学者所认为的都是出自圣人之口。即令出自圣人,也只是针对具体情况而开的"处方药",而并非万世不易的真理。因此,圣人之言不能成为判定是非对错的标准。然而事实却是,六经、《语》、《孟》中的圣人之言常常被后世迂阔学者用来束缚个性,压制真我,乃至变成假道学欺世盗名的工具。由此他提出"不以孔子是非为是非",这在当时无疑是石破天惊的大胆之论。

李贽关于男女两性平等的论说,也往往被后世所关注。他在《夫妇论》中指出,夫妇是人伦秩序的开端,有夫妇然后有父子,有父子然后有兄弟,有兄弟然后有上下。他又以夫妇比喻天地,说有天地然后有万物。因此天下万物皆生于两而不生于一。由此质疑理学家所谓"理能生气""太极能生两仪"的一元论说法。"万物造端于夫妇"的说法体现了他在世界观高度上将男女、夫妇同等并列的意识。基于这样一种认识,以及人人具有佛性的平等意识,他反对歧视妇女。在《答以女人学道为见短书》中指出,人们的见识并非先天所致。而是由其后天所处环境决定。因此,说人有男女之别可以,说见识有男女之别则不可。说见识有长短可以,但若说男子见识长而女人见识短,却又不妥。因此,他不畏世俗，不避时忌，在麻城龙潭湖芝佛院吸收女弟子讲论佛法。这在当时十分令人侧目。

李贽的思想从师承和学术倾向来看，属于阳明心学一脉，更有学者将之归入泰州学派。关于李贽的评价，从明代至今，也基本将他作为程朱理学的批评者和反叛者来看待。无论是作为明清正统理学家眼中的"异端"，还是近现代学者眼中反对理学束缚、倡导个性解放的思想启蒙者，都基于这样一种视角和立场。事实上，李贽的思想具有多重性和复杂性。他虽然反对以孔子为是非判断的标准，批判理学，贬低程朱，但其实并不是真的反孔、反儒学，而是主张将孔子儒学拉回到与佛道同等平易近切的位置，用他自己的话说是"于圣教有益无损"。明末著名学者袁中道也指出，在李贽看似"偏激"的文风之下，展现的却是崇实黜虚、切中时弊的现实关怀；李贽的言论其实对于世道人心大有裨益。李贽对儒学往往是批判质疑中夹杂着困惑迷茫，这种复杂的态度也同样表现在他与佛教既近且远、不即不离的关系中。他思想信仰中的这种矛盾面相，其实也是晚明社会变革时代许多儒学知识分子的共有特征。

（马晓英撰）

《续焚书》提要

《续焚书》是明代思想家李贽的著作。《续焚书》是在李贽去世后，由其弟子汪本钶将《焚书》之外的诗文辑录成册，以《李氏续焚书》之名于万历四十六年（1618年）刊行。该书共五卷。卷一《书汇》收录了李贽与师友之间的书信；卷二分别以《序汇》《说汇》和《论汇》收录了李贽的二十九篇杂文；卷三《读史汇》，汇集了李贽的多篇读史心得和评论；卷四《杂著汇》收录《释迦佛后》《题孔子像于芝佛院》等十三篇杂文；卷五《诗汇》辑录了五七言古体诗数十篇。《续焚书》中的内容大部分作于万历二十年（1592年）以后，反映了李贽的后期思想。

《续焚书》中的内容所涉既广且杂，以下仅就其中主要三点略作介绍。

其一，是儒释道三教平等说。唐宋以后，儒释道三教合流蔚然成势。明代时，出入佛、道成为许多儒家学者的共有经历，而主张三教融合乃至三教合一，在中晚明更是成为强大的思想潮流。许多阳明学者如王龙溪、罗近溪和焦竑等，都持三教合一论，但多主张基于儒学立场的三教融合。李贽早先也主张三教合一，曾提出道不应该有儒道孔老之别，能满足真心求道之人的精神需求即可。《续焚书》写作之后，他进一步成为三教平等论者。在反驳楚中王门代表人物耿定向"三教归儒说"时，他指出，儒、道、释之学初起时宗旨都一样，目的都在于闻道，故而都不看重功名利禄，都是出世之学。在《答马历山》中，他则指出，儒、释、道的共同目的，都是"穷究生死根因，探讨性命下落"（《续焚书》卷一），也就是说，他们都是追求真实为己的性命之学。在此信中，他还以王阳明的为学进路为例，说明三教无别才能达到为学的最高境界。为与三教合一主张相配合，李贽还辑选儒释道三教中的劝诫名言，编为《言善篇》（又名《卓吾老子三教妙述》）。

在该书的两篇序（《道教抄小引》和《圣教小引》）中，他再次强调儒释道主旨根本无差别，后学者应放宽视野，多了解其他各家思想。

其二，对泰州学派精神气魄的认同与褒扬。李贽认为孔子之后的儒学，往往不能超越孔子，终不能透彻领悟孔子之学，更何况那些无见识的鄙儒、无实学的俗儒、未死而臭的迂儒，和死节殉名的名儒。两宋以来一些理学名儒如周敦颐、程颢、杨简和罗从彦等，其学虽有可观之处，但掺杂儒气，终不能超脱。直到阳明心学产生，儒学才真正透彻昌明。在给焦竑的两封信中，他表达了对阳明后学尤其是泰州派学者的认同和褒扬。阳明弟子中二王（龙溪和心斋）最出名。阳明之学有赖龙溪之传才见其妙，龙溪可谓绍述阳明学的"得力贤子"，李贽在学问上也最推崇他。心斋在阳明弟子中一向以意气高调著称，李贽评价说他虽不能在学术上完全承续师说，但胜在有豪杰担当的大气魄。心斋所开泰州一脉学术，其后学也多以勇力实践出名。李贽认为，赵大洲、罗近溪是传承泰州学脉的"得力好儿孙"，大洲之学"超然不以见闻自累"，近溪能"自做佛作祖"。而泰州后学中最"英雄莫比"的是何心隐。在李贽看来，何心隐危言危行，往往震动世俗愚蒙，因此获罪当道，被逮下狱。可是他在狱中精神自若，毫无乞怜之态，而自诉文字"略无一字袭前人"，真可谓集"英雄汉子"与"慧业文人"于一身，因而也最为李贽佩服，甚至称之为"圣人"。

其三，表达反伪道学的坚定立场和随时准备赴死的意志决心。这在李贽与友人的往来书信中比比皆是。《续焚书》卷一所录书信多集中在万历二十年之后，其时李贽已经与旧友、楚中王门代表人物耿定向交恶，也遭到过耿氏党徒的数次攻击和迫害，从湖北黄安到麻城，再到山西、南京和北京等地，一直流寓不定。在辗转流徙中，李贽坚定了固守自我立场，揭露俗儒和伪道学的面目，誓与迫害者斗争到底的决心。从《与焦弱侯》《与友人书》中对自己所遭驱逐与迫害的不满，到几通《与周友山》《与城老》《答梅琼宇》等信中"不避多事"、静候"法办"的说法，再到《与耿克念》中"不畏死""士可杀不可辱"的表达，无不表现出李贽随时准备慷慨赴死的大无畏勇气，以及以坦然心态面对加害者的从容、独立与自信。

《续焚书》面世后的命运与《焚书》一样，在明清两代都被视为洪水猛兽而加以禁毁。清末民初，李贽的著作被贴上思想启蒙和反封建的标签而得以广为流传。1961年，中华书局整理出版了《续焚书》单行本，十四年后，又参考明人顾大韶所编《李温陵集》对该本进行修订增补，并将之与《焚书》合编为一册出版。2011年，岳麓书社以湖南社科院图书馆藏明刻本为底本，参校中华书局合编本和北大图书馆藏明刻本《李氏焚书》、南京图书馆藏明刻本汪本珂辑录《李氏续焚书》等，出版了《焚书·续焚书校释》，校释者陈仁仁。这是目前所见关于《续焚书》的最新版本。

（马晓英撰）

《李卓吾批评 阳明先生道学抄》提要

《李卓吾批评 阳明先生道学抄》，八卷。本书为李贽编选王阳明政论类文章，并加以评点而成。王阳明（1472—1529 年），名守仁，字伯安，浙江余姚人，明代著名的政治家、军事家，阳明心学的开创者。李贽（1527—1602 年），字宏甫，号卓吾，福建泉州人，晚明杰出的思想家。关于本书编辑缘起，据李卓吾自述，万历二十八年（1600 年）元日，在研究易经之余，在南京吴明贡书屋偶然翻阅王阳明全书，发现王阳明对易学体会之深，引起其编辑评点的兴趣。本书在当年编辑完成，命名为"阳明先生道学抄"。

  本书内容包括两个部分：一为主体部分即王阳明本人的文章，一为李卓吾所编之年谱。主体部分共七卷，前两卷为论学书、杂著书，主要收入王阳明早年在北京做官时与朋友往还的书信，故又称之为"在京者"；也有不少各个时期的作品，以与之互相发明。以下三至七卷，根据王阳明由京官贬为贵州龙场驿臣，随后升任庐陵县令、南赣巡抚、镇压宁王朱辰濠叛乱、平定广西思田少数民族反叛等政治经历，把其相应之文章"或书答、或行移、或奏请谢、或榜文，或告示，各随处附入"，分别编为龙场书、庐陵书、南赣书、平濠书、思田书等。但个别地方也有出入，如《南赣书》卷首《绥柔流贼》等两篇文章本应编入《思田书》，但卓吾明显认为，这两篇文章颇能发明王阳明"平乱"的总的指导思想，故予提前。第二部分年谱部分。李卓吾主要根据王门弟子所编的旧谱进行改编，同时增加了大量时人的评论、笔记，有选择性地突出王阳明作为政治家、军事家、实践家的形象。在王阳明身后，全国各地纪念王阳明及王学发展的情况、统治集团内部各方力量围绕王阳明是非功过展开激烈较量的有关文献，则编为

《年谱后论》《年谱后人》等。严格地说,这部分内容应为年谱附录。李卓吾在年谱与附录中,亦随处"插嘴"进行评论。

在本书的选编与评点中,李卓吾大致突出了王阳明的政治哲学的以下几个方面的内容:

一,"亲民"思想。王阳明对朱子学的批判以恢复古本《大学》为号召,其中重要的一条就是把朱熹的"新民"二字改回"亲民"。但对于"新民"的批判以及"亲民"意义的阐述,在传习录中表述得比较含糊,其"教""养"兼顾的观点使人觉得似乎对朱子学的"新民"观点也有所肯定。其实,王学即使讲"教",也是从内在性的角度讲的,与朱子学以某种道德知识"教化"民众的观点,完全不同。"亲民"的观点,在本书中作了非常清晰的表述,即以现实的"百姓日用"作为施政的主体,此外无他。如王阳明在李卓吾特别看重的《绥柔流贼》一文说:"古之人能以天地万物为一体,故能通天下之志。凡举大事,必顺其情而使之,因其势而导之,乘其机而动之,及其时而兴之。……此天下之民所以阴受其庇,而莫知其功之所自也。"这与老子"百姓皆曰'我自然'"的观点,倒是异曲同工。

二,法治精神。本书选入了王阳明重建保甲制的几乎所有文字,如《十家牌法告谕各府父老子弟》《申谕十家牌法》《申行十家牌法》等文。保甲制起于秦国的商鞅,是王阳明在基层农村社会建立法制秩序的尝试。同时,李卓吾删去了脱胎于宋儒《吕氏乡约》道德教化倾向非常突出的《南赣乡约》。对道德教化的否定,从反面突出了法治精神。同样的立场也体现在李卓吾编辑《庐陵书》时只取一篇,而删去了著名的《告谕庐陵父老子弟书》。该"告示"完全体现了道学政客的常态，在王阳明弟子所编的年谱中被大肆渲染，对法治精神产生严重的干扰作用。在李卓吾重点点评的卷六《再辞封爵普恩赏以彰国典疏》中，王阳明为"平濠之役"急于功名的诸将所作的辩护，完全从国家法制的角度立论，反对对当事人进行毫无根据的道德审判，反对以道德标榜蔑视国家法制，等等，都明确了法治的意义。法治精神可以说是贯穿了本书所选王阳明政论的主要部分。客观地说，道德说教在当时的社会文化环境中即使没有主导的地位，也会如佛、道一样，发生某种"暗助王纲"的间接作用。李卓吾的删述，显然只是不要以此类文字来模糊甚至篡改当时政治的主题。

三，权力意识。权力是道学家最为忌讳的话题，王阳明也总是以各种道德名目辞官乞休，进行当时官场上的俗套表演，显示一种与权力保持距离的姿态。但在本书卷二所选《寄杨邃庵》一信中，则表现了一个政治人物直接面对权力、夺取权力并勇于承担责任的态度，堪称古代权力论述的经典之作，李卓吾对之击节叹赏。在王阳明与兵部尚书王琼的交往中，则暴露出一个道德君子渴求权力到卑躬屈膝的近乎肉麻的程度。王阳明还公开把全部功劳归于自己的后台，一字不提首辅杨廷和的决策作用。对于这种过于露骨的宗派习气，李卓吾也不以为然，认为其招致别人的打击有其自取的因素。不过，向权力的来源表达相应的敬畏，克服"尧舜君民"的道德教师的傲慢，则有其正当性，因此，李卓吾仍然选入王阳明写给王琼几乎全部书信，还权力运作之真面目。同时，该书还突出了王阳明的"权术"，特别是"行间"等等方面的内容，显示了权力意识之下运用权力的职业技能。而这却为道学政治特别忌惮，嘉靖八年（1529年）明廷专门举行御前会议，对之作了官方批判，此后亦议论不绝。

如此之类，作为这种政治实践的思想基础之哲学观之性质，也就不言自明：王阳明政治哲学本质上并非为实现儒学"尊尊""亲亲"的特定的道德目标的政治实践进行辩护的形而上学理论，而是探讨职业官僚如何超越各种道德价值选择以依法治国。盖李卓吾认为，王阳明的哲学思想同于韩非子，即司马迁所谓"归本于黄老"，可以兼容各种不同的价值追求。换言之，王阳明的哲学思想不是导向某个固定目标的形而上学，而意在于帮助人们去实现各种不同价值追求的人生智能。此乃大易"神无方而易无体"之真义。

本书与李卓吾两年前所评选的《王龙溪先生集抄》构成"姊妹篇"。如果说《王龙溪先生集抄》是专明心学理论的"内篇"，那么，本书则是明其实际应用的"外篇"。在李卓吾看来，心学虽至阳明而大明，"然非龙溪先生缉熙继续，亦未见得阳明先生妙处"。王龙溪禀承王阳明晚年"天泉证道"的遗训进行发挥，言论更加明白晓畅。因此，从传播学术思想的角度而言，既然已经编选了《王龙溪先生集抄》，也就不必再编王阳明本人的讲学言论了。否则，反滋学人之惑。当然，在把握了王学的基本性质之后，《传习录》等学术著作还是有独特价值的，李卓吾在《年谱》中对之也作了重点提示。

（傅秋涛撰）

《李卓吾批评 王龙溪先生集抄》提要

《李卓吾批评 王龙溪先生集抄》，八卷。本书为李卓吾对王龙溪语录、诗文之编选与评点，是阳明心学的代表性著作。王龙溪（1498—1583 年），名畿，字汝中，浙江山阴人，王阳明族人，闻良知之说，遂从受业，是阳明身后传播王学之重镇。隆庆四年至万历五年（1570—1577 年），李卓吾任职南京刑部期间，曾两次参与过龙溪在南京主持的讲学聚会，深受其启发，遂信其非常人，但两人并无实质性交往。关于本书之作，李卓吾说，万历二十六年（1598 年）春，他与好友焦竑由北京联舟南下，过沧州时，何泰宁来访，请求协助重印龙溪著作。几人商量之后，遂决定先由李卓吾"圈点"龙溪著作之最"精要"者，以引起读者的兴趣。李卓吾遂依据萧良榦万历十六年（1588 年）《龙溪王先生全集》二十卷刻本，于当年九月完成编选，并作序。其中预言，翌年二三月间就可以看到新书。其实，早在何泰宁来访之前，李卓吾即有《龙溪小刻》之选，但篇幅大约只是二十卷本的十分之一。

王龙溪在王门中地位，确立于所谓"天泉证道"中王阳明的印证；且由于阳明不久病逝，其印证之言也就成了王学的最后定论，人称"传衣之论"。在天泉桥上对钱绪山、王龙溪两人关于"师门教法"的争论所作的裁判中，阳明肯定龙溪的"四无"之说，指点"从无处立根""皆从无生"云云，完全可以证之于其之前的讲学言论。换言之，阳明对龙溪的肯定是其一贯思想的表现。王阳明论"良知"本体大意说："良知"生天生地生万物，乃自然生化之真机。造化也者，即天地万物之显现与隐藏（创造与转化）之永恒不息的循环。而所谓"致良知"，即："致吾心良知之天理于事事物物，则事事物物皆得其理矣。"换言之，世界万物是以其在人的本心中的显现而成其为自身的，致知就是回归本心，让万物如其所是，成其所是。世界万物都是在一种主、客合一的状态成其为自身的，这就否定了其存在的形而上学先验依据，因而也都是相对的、有限的、随时变化的。良知非人的主观认知之心，而是指事物存在的规定性，以其能为人的心灵所觉悟而称之为"知"。故王阳明说，心、知、意、物，只是一事。一说"心外无物"，即说"物外无心"。物，即人所面对的日用事情。心与事本浑融为一，而有所间隔者，则在人不能自信其心，务外为凭，不知适成其翳蔽。故王阳明提"知行合一"以扫除人心之障蔽，使分裂状态之心、物重新融合为一，使人的思维不致在悬空揣摩之推测演绎中往而不返。阳明心学并非强调人的主观意识或主体性，恰恰是对人的主观意识作出严格的规定，对掺和了人的主观"架构"的知识之有效性作出严格限制，以排除"事"外逸思，是一种纯粹的现象学思想。"天泉证道"同时暴露了王学与禅学的深层联系。王阳明此前虽也有良知即禅宗之"本来面目"之类说法，但并没有对良知的"虚无"本体的学术史地位作如此提纲挈领之明确表述。其中不仅以"上乘顿悟"这类佛学话语来标榜学术的最高旨趣，打破儒者严格区分正统与异端的立场；又复点出"四无"之论是"颜子、明道所不敢道"，更有把佛学置于儒学之上的嫌疑。故自来总有人试图通过曲解、篡改"天泉证道"的记录，改变其基本精神，使之能与朱子学兼容。

王龙溪的学术生涯就是在"四无"视角上，对师门思想进行了更加详尽的阐述，使之更加清晰，更具有学术品位，并回应各方面的质疑。同时，由于龙溪更加明确地引入禅学话语，并对朱子学进行更加严厉的批评，拒绝各种"调和"论调，强硬地坚持"毫厘之处，尚须商量"，不肯轻易放一人蒙混，因此特别令人不爽，树敌尤多。

在本书中，李卓吾对王龙溪的评点即是从肯定"天泉传道"开始的，并对王龙溪以此为出发点的种种坚持作了进一步的肯定，而删削和纠正了龙溪的一些犹豫、应酬之处，使其精神更加焕发。概要而言，有如下三个主要特点：

第一，扫龙溪残存的道学门户之见。在佛、儒、道互相竞争的背景下，即使陆、王心学明显地引入了禅学的概念，但为了标榜自身的儒学正统，亦往往对禅学作某种门户式攻击。王龙溪也不例外。他虽然倡言"佛氏所说，本是吾儒大路"，亦时以攻禅自清，发表某些言过其实的批评。对此，李卓吾一一加以批驳、澄清。如龙溪辩陆象山学术非禅说："象山之学从人情物理磨炼出来，实非禅也。"李卓吾挖苦说："禅又如何不屙屎乎？"对于龙溪随处可见的"辟异端"的言论，均指出其"昧心""欺心"；对其持平之论，则肯定其为"方为不昧心矣"，等等，使读者不致迷茫。

第二，指点王学最上一乘。龙溪一生紧跟师门，对师门的机辩应变，也含糊处理；对同门学术的偏颇之处，都不敢显斥其非。李卓吾虽然热衷心学，但未曾为王门"受业"弟子，对自阳明以下的王门诸位"尊宿"，颇能以普通学术对象处理之。如对于钱绪山的辩驳，王阳明、王龙溪迫于面子，委婉批评，稍留余地，李卓吾直斥为"痴人说梦"。王龙溪在与聂双江的学术论争时，有为对手曲为之开脱之处，或被误会为观点上的"屈服"。李卓吾则明白揭出："双江全未，全未。"耿天台喜言"当下""当念"，实未达其奥义，龙溪颇费辞说，李卓吾却直截说出："他把当下作当时境耳。"可谓一针见血。

第三，把龙溪的批评语言"棒喝化"。龙溪论学的对象多有高官显宦，即使他们发表一些非常荒谬的见解，龙溪亦"一味和柔"。李卓吾的评点则显现其"狮子吼"的狠劲。如龙溪与南京操江御史吴时来论学语意含蓄，李卓吾则点出："分明骂他乡愿。"王龙溪对徐阶的批评，李卓吾比喻为"治疗顽疾"："顶门一针""顶门一针""顶门又一针""又一针"。如此重手，非一般人所肯承领，李卓吾则论之无碍。

如此之类，使李卓吾的评点有一种点铁成金的效果。袁宏道评论卓吾的小说评点说："若无卓老揭出一段精神，则作者与读者，千古俱成梦境。"这也完全适用于他的哲学评点。王龙溪由于受到外在环境的压力，或至竟为外境所转，真意晦涩难明，而李卓吾以第三者的立场，冷眼拈出，便于读者掌握王学的真实意义。由于对阳明学脉的澄清，李卓吾亦确定了其自身在王学中的地位。顾炎武、王夫之等"大儒"均断定：王守仁之学，一传而为王畿，再传而为李贽。虽非褒奖，亦说出了部分的事实。四库馆臣为本书所写的提要说："是编……前有李贽序，谓之'龙溪集抄'，盖又经贽所品定也。合此二人以成此书，则书可知矣。"四库馆臣的讥讽，如今完全可以从正面来理解。当然，即使欲站回四库馆臣的立场，以明所谓"王学末流之极弊"，亦无不可。

本书是王学哲学理论"集大成"之作，与李卓吾两年后编的《阳明先生道学抄》，共同构成李卓吾眼中心学的"内、外篇"。

（傅秋涛撰）

《泾皋藏稿》提要

顾宪成（1550—1612年），字叔时，江苏无锡人，号泾阳，学者称他泾阳先生；谥端文，后人又称顾端文。他少年的时候，就擅长科举应试文的写作，经常博得师长的称誉。顾宪成在万历四年（1576年）中了乡试头名，万历八年（1580年）又接着中了进士，授官户部主事，走上仕途。顾宪成早年就很有政治抱负，一生遭遇了不少事变，终究没有得着大用。他主要任职在吏部，吏部的各项主要工作，他都曾经历过。万历二十二年（1594年），因为推选大臣违背了皇帝的意思，被免除了官职，终身没有再踏入仕途，一心读书，经营他的东林讲学事业，与同道共同倡导端正之学。

《泾皋藏稿》一书，是顾宪成亲自选编的文集，总共二十二卷，体裁丰富，但没有诗、词等类的风雅作品。顾宪成的著述，除此而外，重要的要数他的《小心斋札记》等，都收在《顾端文公遗书》当中。顾氏的学术，应当把他的《遗书》当作首先考察的材料，不过《藏稿》一书，在许多问题上，反多能作更专门的引申发挥，时时透露出新意。对时事的意见，这部书里记载得也很详细。

顾宪成的成绩是多方面的，他的社会影响也十分广泛和深远。明代后期的大学者，也是顾宪成的学友邹元标曾经从经义、奏疏、讲学三个方面，来说明顾宪成所取得的不凡成就。他的朋友徐允禄也说到过，顾宪成以文章、气节、道学领袖一世，地位几乎可以跟王守仁先生相比。可见，在当时的人来说，顾氏在这几个方面的成绩确实都是十分值得称道的，在当时也都产生了比较大的影响。对于顾宪成的一生来说，我们至少应当从制义、议事、讲学三个方面来加以把握，才能基本全面地评价他。顾宪成讲学的情况，在《遗书》里边涉及较多，这里不作介绍了，主要就他在制义（写作八股文）上的成绩和其政治上的信念两项，来说明一下，因为这两点往往不会引起人们足够的注意。

顾宪成在幼年的时候，就表现出了八股文写作方面的天赋。他后来参加地方各级的科举考试，连续获得三个第一。他参加乡试虽然一再失利，但万历四年一下中了第一名，会试、殿试的成绩，也都不同凡响。据他的《年谱》记载，顾宪成在为求学时，文名就已经传播，所写的文章在士子中间被争相摹写传诵。万历四年，顾宪成正式刊刻了他的制义文集，题曰《百二草》，很有社会影响。比顾氏小八岁、曾做过首辅的朱国桢回忆说，他少年的时候从事科举应试的学习，就是因为读了《百二草》深有启发。另一位跟顾宪成有交道的地方官蔡献臣，甚至称赞顾宪成是明代万历时期写作八股文的"第一手"。直至清朝的文学评论家，还对顾宪成的文章推许备至。

顾氏之文，处处透露着他理学的涵养和努力追求于道的信念，因为他的表达有力，思想通达，议论持正，所以每每让我们读了，会感充满了生气，丝毫不觉得厌恶。这是他文字的长处。

顾宪成对于中国历代文学的发展变化，也有自己独到的体会，他《藏稿》一书中曾提出"文章的写作随着时代不断变化，常常出现新的面貌，以至没有穷尽"的观点，详细可以参看该书卷七《周左卿文章集选序言》一文。他概括地追溯了历代文学的演进的轨迹，不拘泥于文学的具体体裁，只就文学的本质，融会了各方面的学问来综合地谈论这个问题，表现出了他对文学的时代性、变化性的独特理解和广阔的视角。顾宪成同时强调文学不应当一味寻求奇巧，也不当简单地一味追求模拟，而世俗之文崇尚新奇，有舍本逐末、流于形式的害处，是不足取的。这些观点，都是有针对性而发的，也都是有益的。

顾宪成走向仕途，并非想要功名利禄，而是有他自己的理想。他曾在悼念他的朋友的文章中，倾吐他的理想，感叹道德衰落，人心浮躁，使正道受到不应有的压抑，产生极大的弊端。他的志向，就是要来矫正这些深层的弊端。

我们对顾宪成政治上的研究，一直把焦点放在他从政之后、东林讲学论事所表现出来的一腔热血、一身正气上，其实他对世道的抱负由来已久。他在进入仕途的一开始，就是怀抱着热切的拯救世道的愿望来的。并且不仅如此，他此后的人生都是"时时来矫正社会的弊端"这个信念的拓展。顾宪成对人心世道的现状感触很深，极为沉痛而又极其真诚。我们可以说，顾宪成从政和讲学，都是全力以来实践他的这种志向，政治上的作为和讲学方面的感召，是他展开这一志向的两条主要道路。

顾宪成曾经跟他的两位挚友魏懋权、刘国征相互劝勉，他说："我们三个人，在应对世情上，不管谁在先，谁在后，谁来调和折中，我们希望能够对世情发挥我们的作用！如果由于客观情况，我们的能力不能有效地实现，我们就把能力收藏起来，这也没有什么遗憾！等待时机只是让自己获得好的名声，不惜违背原则来迎合时事，决不是我们的性格所能做出来的。"顾宪成在遇到朝廷人事的纠纷之际，总是敢于向当政的人以及皇帝进谏，从道义出发，进行细致而有说服力的分析，坚持自己的立场，不轻易屈服于上面的势力。他的这些文章多数可以从此书中找到，几百年后的今天读了，还能让人激动不已，而且也证明了他确实不是"违背原则以谋取利禄"的人！

顾宪成热心世道，不甘心置身世外，满腔赤诚，一身努力，都用在了改良世道，引领世道走向正大的前途上。他说："一味逃避人间的事务，只寻求自己的清净无事，这是我所最感到羞耻的事！"他把国家的治乱当成自己不可推卸的责任，勇敢地奔赴这个崇高的目标，"愿意成为对国家有用的人，不愿只做一个虚伪的学问家"。另外，不少学者把明朝灭亡的原因，归咎在顾宪成所领导的东林人士的过激言行，造成了朝廷势力的两极分化和没有意义的斗争，这其实是不公道的。顾宪成在《藏稿》的疏文以及跟朋友的商谈中，时常不忘用"反求自己正确与否"这一原则来引导人们维护时局，倡导"要虚心""要保持公平之心"，希望他的同事能够联合起来，共同拯救国家的危难。这体现了他的苦心。关于这一点，可以参考此书第卷五《给伍容庵的第三封信》。

顾宪成一生的所说所作，都是为了世道的改善；他一生辛勤研究学问和四处讲学，也都是为了改善世道。顾宪成的人格令人动容，让人感到他有无限的伟大！

《泾皋藏稿》一书最早刻于万历辛亥（1611年），即顾氏逝世的前一年。这个本子之外，又有《四库全书》本和清光绪三年（1877年）泾里宗祠刻本。本书为了文字整理的方便，选了《四库全书》本作为底本，用万历刻本作对校本。因为时间仓促，疏漏很多，希望读者给予有益的帮助。

（李可心撰）

《小心斋札记》提要

《小心斋札记》一书就是顾宪成免官在家以后，一年一年积累而成的学术成果，也是他最具有代表性的著作。

《小心斋札记》，总共十八卷，是顾宪成日常读书思考的心得，以及他跟师友相互讨论的结果，随手作记录，每年整理成为一卷。这项活动，开始于万历二十二年，终止于万历三十九年辛亥（1611年），即他逝世的前一年。《札记》一书，文字或长或短，没有固定的格式，在体裁上跟宋儒张载的《正蒙》、胡宏的《知言》比较接近。有学者称："（顾宪成）所著有《小心斋札记》等书，讨论时事的内容有十分之三，讨论学术问题的有十分之七。读他的文字，内容不长，却含义丰富，真是有很高道德水平的人才能说出来的话。"顾宪成讨论问题，往往能够切中事情的要害，分析得很透彻。还有可贵的地方就是，他的这本一书，不奉承别人，也不抬高自己，面向古今的广阔人事，用了十八年的时间才完成。从中我们可以看出顾氏用功的勤奋，这不是一般人所能够做到的。他思想的精华，一生的学术宗旨也主要体现在这里，具有永恒的价值。

顾宪成不仅像我们通常听说的那样，在明代后期具有重要的政治影响，而且其在明代后期、明清之际的学术发展当中，还特别具有公允的崇高地位。与顾氏关系密切的高攀龙，曾经说："从孟子以来，到朱熹，大约一千四百年，其间只有朱熹最有资格对这一千四百年的学术作一个公正的评价和综合的创造。从朱熹以来，到顾宪成，又四百年，这其间顾宪成又有适合的资格对这四百年的学术作公平的评价和综合的创造。"把顾宪成与朱子相提并论，这是很高的评价。就学术史的记载来说，明末大儒黄宗羲在《明儒学案》中，给予了顾宪成所开创的东林学术足够的分量；孙奇逢则在他的《理学宗传》一书中，把顾宪成跟薛瑄、王阳明、罗洪先三人并列，作为明代学术的核心代表。又比如，另一著名的学者李颙表示"我平日里，尊重信奉顾（宪成）高（攀龙）就像对待（二）程朱（熹）一样"（李颙：《二曲集》卷十六《答吴瀣长》）。黄宗羲、孙奇逢、李颙这几个人也是我们所敬重的大师，他们的话，可以让我们相信，顾宪成在明代后期及明清之际的学术影响力不容忽视。这一点，我们应当增加历史的客观了解。

《札记》一书所反映的顾宪成的思想内容十分丰富，简单来说，我们可以把握两点。这两点：一是他的道统之说，一是他对无善无恶之说的批判。

在理学的道统观念上，顾宪成无疑是独树一帜的，也体现了他对理学的深刻见解。道统是对特定之道的阐发和传承谱系。顾宪成特别重视儒家的道统，强调学者有必要认清道统。他的道统说较前辈的道统说，显得更加细腻，也更加完整，带有总结的意味。顾宪成认为：周敦颐在宋明道统中地位是最重要的，居于开辟地位；程颢在他自己的时代推行这个道统，比较有贡献；朱熹最大的贡献，是把这个道统向后世作了充分明确的阐发；周敦颐的贡献是永恒的，王阳明的贡献则是具有特殊的时代性的。极有特色的地方还在于，顾宪成提出了"一个道统，两个门派"的道统格局，对朱子和阳明在道统中的地位都给予了合理的肯定，又都加以了应有的修正，从而实现了对道学思想最大程度的统合。这种明确而经典的处理方式，具有重要的思想史意义。

就无善无恶的批判问题来说，顾宪成投入了极大的精力，进行了全面的溯源的批判。顾氏对于人的心性问题十分重视，认为这是为学与为人的根本，所以辨析不能不精确，维持不能不严厉，功夫不能不慎密。他用"小心斋"作书斋的名字，用"小心斋札记"作书的名字，就体现了他对"小心"功夫的重视。还有一点也可以注意，那就是《札记》一书的开篇第一句和结尾最后一句，都具有纲领性，而且都跟心性直接相关，体现了作者在书的结构上特别的用意。

顾宪成思考的起点，就直接指向了"理解人的性"。他认为只有理解了人性，才能知道什么才是学问；也只有真正地知道了什么是学问，才能正确地实现人的本性。而且心、性也是一体的，性的问题不清楚，心的作用就发挥得不正当；如果清楚了性，那么就自然懂得去作"小心"的功夫。这是本书最重要的内容。

顾宪成之所以坚持表彰性善论，主要针对王阳明所提出来、由他的后学所发扬的"无善无恶"之说。顾氏充分肯定阳明对儒学发展的重大贡献，只是对他晚年时候提出的"无善无恶"一说法，特别警惕，认为这种说法很容易产生流弊，败坏人的心术。他对告子、佛教的追溯批评，以及跟管志道等同时学者展开的反复辩论，也主要围绕这个主题。他认为，"无善无恶"不是出于正当的儒学观念，他不否认儒学也讲"空"的问题，但他指出：儒家的空，是就作用的自然性来说的，而佛教等讲"无善无恶"，是就本体来说的，否定了善恶的差别性，甚至善恶的存在。曲解甚至误解了儒家的人性善恶观念，对为学功夫来说，会发生十分有害的作用。

至于顾宪成对传统理学的其他诸多问题，以及他在经学方面所作的持续积累和研究工作，这里就不一一介绍了。

《小心斋札记》是顾宪成一部独立的学术著作，在他在世时，蔡献臣于万历三十六年（1608年）就已经刻行过前十二卷。清康熙三十七年（1698年），泸州知府张纯修通过顾宪成的曾孙顾贞观获读顾氏遗书，将其中十一种已刊及抄本加以重新整理，刻成《顾端文公遗书》四十一卷。光绪三年（1877年），泾里宗祠又重刻了《遗书》，在编排上有些不同。2011年凤凰出版社"无锡文库"第四辑根据康熙三十七年本影印出版。现在点校就用康熙三十七年刻本作底本，参照光绪三年重刻本。时间仓促，《遗书》全本，一时没法全部点校，先点校出《札记》一书来方便读者们使用。点校看起来容易，实际上自身的问题都会暴露，希望读者给予指正。

（李可心撰）

《高子遗书》提要

高攀龙（1562—1626年），初字云从，后改字存之，别号景逸，明南直隶常州府无锡县人，谥忠宪，学者称景逸先生。他是晚明较有影响的一位理学家，也是当时著名的政治人物，东林党的领袖之一。他关心学风世弊，不论出仕退隐，始终心忧天下，最后从容赴水，以身殉道。

高攀龙身后所余文字，由门人陈龙正取其萃要，汇编为《高子遗书》十二卷，是记载他理学思想的主要文献。高攀龙亲自编订的理学文献有三类。一是辑程朱语录。仿照《近思录》体例，节录朱子要言，名曰《朱子节要》。编取二程语录，择其精粹而成《二程节录》。二是注释张载《正蒙》的《正蒙释》。三是晚年亲订的《就正录》等。《就正录》二卷，包含高攀龙的讲义、奏疏及诸说。刻于天启癸亥（1623年）之秋，他时年六十二岁。照钱士升的记述，《高子遗书》即《就正录》与若干篇高攀龙的遗文，经陈龙正整理而成。

高攀龙其人"操履笃实，粹然一出于正，为一时儒者之宗"①。他的弟子陈龙正概括其学的特点是"本体性善"与"实修

---

① 《明史·列传第一百三十一》，中华书局1974年版，第6315页。

实悟"，所谓"语本体，曰性善而已矣；语工夫，曰实修实悟而已矣"。黄宗羲指出："今日知学者，大概以高（景逸）、刘（蕺山）二先生，并称为大儒，可以无疑矣。"钱士升说他"光风霁月似茂叔（周敦颐）；太和元气似明道（程颢）；整齐严肃似伊川（程颐）；读书穷理、立朝岳岳似晦翁（朱熹）"。"若新会（陈献章）之洒落，余干（胡居仁）之主敬，河津（薛瑄）之实践，姚江（王阳明）之超悟，先生兼有之，而无其弊。盖国朝理学名臣，溯伊洛渊源（程颢、程颐），以上接洙泗（孔子）者，先生一人而已。"可见其为学与为人的特点。

万历十七年（1589 年），高攀龙举进士，与理学家焦竑、陶望龄、冯从吾等人同科。万历二十一年（1593 年），王锡爵及其党羽杨应宿等人斥逐朝中正人，高攀龙愤激不平，疏诋杨应宿，谪为揭阳典史。后家居三十年，与顾宪成主盟东林书院，讲学不辍。

东林学派儒者的讲学，用心集中在两方面：一是个人的黾勉自修，一是深切的现实关怀。在个人的道德修炼以外，严辨君子小人，裁量人物以匡扶世运。顾宪成所谓"至于水间林下，三三两两，相与讲求性命，切磨德义，念头不在世道上，即有他美，君子不齿也。故会中亦多裁量人物，訾议国政，亦冀执政者而药之也"，正是高攀龙与东林诸友讲学论政，与世为体的真实写照。

在个人的道德修养方面，高攀龙自律甚严。他曾大发愤，严立规程，踏实用过坚苦工夫，故精进不已，而屡有悟境。《高子遗书》卷三《困学记》一文，对此有十分详细的记录。

高攀龙生活的时代，阳明学风行天下，其流弊也相伴滋生。

晚明学风的大弊在于投合小人之私心，轻忽学问之庄严、道德修养之艰难。人心总是乐趋便易的，故易简之学恒不免此流弊，不特阳明学为然。矫挽王学的末流，是理解高攀龙哲学思想的一个重要线索。高攀龙所反对的，主要是以王龙溪、李卓吾为代表的学说（无善无恶，是非无定），以及"非名教所能羁络"的颜山农、何心隐等人所代表的行事风格。

王学末流"是非在我""无善无恶"的流弊所及，是非善恶、天理人欲、公私义利等一切都混乱颠倒，皆不得其正，贵浑含而贱分别，"埋藏君子，出脱小人，都从这里做出"（顾宪成语）。高攀龙正是痛感于此，故他言心性本体必标举性善，论格物工夫则严辨是非。强调通过格物以明辨是非，申是非于天下。其学"不率心而率性，不宗知而宗善"（陈龙正语），道德严格主义的色彩强烈，与专讲心者有很大的不同。他学说思想的性格和贡献主要有以下三方面：

第一，论学，不重"心"而重"性"，主张学以"见性""复性"。又特别标举性善之义。不仅偏重由善以言性，更主张善在性先，以善为元，突出性善的本体意涵。与当时同主性善的许孚远、顾泾阳等人不同，他对"无善无恶说"的理论本身不乏同情的理解，辨"无善无恶"也始终着眼于以之立教产生的流弊。

第二，有鉴于王学末流空疏之弊，在为学工夫上主张"稽弊而反之于实"，特别提倡主敬与格物工夫。他的主敬思想大体依程朱之法，下手处强调整齐严肃同于伊川，得手后主张诚敬则近明道，丰富深入处多承继朱子，无著的思想则受惠于阳明学的激荡。

第三，于静坐方法提揭之重，论说之详，在宋明儒者中是非常少见的。主静工夫是他论学和修养实践的一大特色。在他看来，学者神短气浮，须有数十年端居静定静力。故为学必由静坐而入，静坐可以定心气，可以与读书交相互发，静坐更是见性之法。他的静坐主张，一是以"平常"为把柄，在性体上立根，不用安排，一无所著；二是强调静坐要辅以整齐严肃的主敬工夫来渐修。

总之，高攀龙虽然主张回归程朱，但他的学说实际是透过阳明学而有所纠偏和转进。其言主敬、主静、格物，大端依法程朱，同时也吸收了很多阳明学的因素，实质上是会通朱（熹）、王（阳明），去两短而合两长。高攀龙的为学主张——通过格物工夫，穷当然之理，又有主静、主敬的工夫相须并进，以下学上达，在宋明理学家指出的种种道德修炼的方法中，是一条人人可行，少有流弊的平坦之途。

《高子遗书》十二卷。其中论学语、经说、讲义、语录，论学书信等是他阐发义理的主要部分，也是他哲学思想较为集中的体现。是书有明崇祯五年（1632年）刻本，清康熙二十九年（1690年）重刊本，《四库全书》本，光绪二年（1876年）重刊本等。本书以崇祯五年刻本为底本，以康熙本、光绪本为校本，亦稍参酌四库本。绳短汲深，错讹难免，盼读者赐正。

（李　卓撰）

《闲道录》提要

沈寿民（1607—1675年），字眉生，号耕岩，安徽宣城人。

晚明时复社领袖之一，与沈士柱称江上二沈，匹于吴中二张（张溥、张采）。崇祯九年（1636年），以应天巡抚张国维保举入都。在京期间，沈耕岩以一诸生之身份弹劾重臣杨嗣昌夺情、熊文灿抚贼，从而名动天下。崇祯十一年（1638年），沈寿民与顾杲、吴应箕等复社要人合署《南都防乱公揭》以攻阉党余孽阮大铖。阮大铖得势后"按揭中姓氏次第欲诛之"（黄宗羲《征君沈耕岩先生墓志铭》）。沈寿民变姓名逃入金华山中。明亡后，沈寿民隐居山中，不入城市，与徐枋、巢鸣盛并称"海内三遗民"。他的著作有《姑山遗集》三十卷、《闲道录》十六卷。与黄宗羲为挚友，门人之著者有施闰章、吴肃公等。

沈寿民学宗程朱，《闲道录》为排斥佛老而作，"取先儒格言分条节录，凡不惑于二氏者咸载之以为世训，不能无惑者亦录以示戒"（《四库全书总目》）。此书宗旨集中，取材颇丰富，举凡语录、论、书、序、辨、议、诏令、奏疏、传记等，与斥佛有关者，皆摘而汇集成编。亦有作者与他人之评论。虽未必有特别重大的价值，整理以为学术研究之参考，仍是很必要的。又，此书录同时人之论说不少，亦可补文献之不足。如今人章建文即据以辑出吴应箕《偶记》一篇①。

然而此书毕竟是"随手录辑以待增删"（《闲道录凡例》）的未竟之作，存在取材冗杂、编次不精、摘引时有错乱等问题。这是需要引起注意的。

此书之编纂始于顺治七年（1650年）。雍正二年（1724年），

---

① 《吴应箕研究》，安徽大学出版社。

其孙沈廷璐编订为二十卷刊行。据《四库采进书目》，《闲道录》为二十卷，而《四库全书总目》著录是书为十六卷。沈寿民原稿本只十六卷，沈廷璐"以先侍御古林先生明教说及先大父姑山集内排异端诸诗文并杂记等条补诸卷末，吴师街南、杜朋李、梅崬渚诸先生附焉"。因此，二十卷与《提要》所谓十六卷应是同一种版本。今据《四库全书存目》丛书所收清华大学图书馆藏清雍正四年有本堂刊本整理。

（雍繁星撰）

《读四书大全说》提要

　　王夫之，字而农，别号姜斋，湖南衡阳人，晚年隐居于湘西蒸左之石船山，时人称船山先生。万历四十七年（1619 年）生，卒于康熙三十一年（1692 年），得年七十四岁。明亡后，船山曾赴广西投身永历政权，参与抗清斗争，任行人司行人职，后因弹劾权奸王化澄，遭其陷害，几陷于死地，历尽艰险才于顺治八年（1651 年）重返衡阳家乡。此后船山决计隐遁，变易姓名，随地托迹，五十七岁时筑湘西草堂于石船山，居之直至终老。中年以后，船山以著述、授徒为事，其大量重要著作皆成于此时，船山曾自题堂联曰"六经责我开生面，七尺从天乞活埋"，七十一岁时自题墓石云"抱刘越石之孤愤而命无从致，希张横渠之正学而力不能企"，由此亦可见其怀抱与志向。船山著述众多，内容兼涉经、史、子、集四部，2011 年岳麓书社增订出版的《船山全书》

共十六册，基本收录了目前所能见到的船山著作。

《读四书大全说》（以下简称为《大全说》），中华书局1975年初版，以清同治四年（1865年）金陵（今南京）刻《船山遗书》本为底本，加以校勘、标点、分段。《大全说》最早开始写作的时间不详，根据刘毓崧的《王船山先生年谱》，船山于康熙四年（1665年）四十七岁时曾对此书加以修订。本书是札记体著作，主要为船山针对《四书大全》所引诸家注释所作的批评与论说。书中船山根据自己选择的议题，征引前人解说，并加以分析与辩驳，同时阐发其个人的思想见解。内容涉及具体文句的解释，更多则是针对思想问题的讨论。该书是船山学术发展中期的一本思想著作，对于理解其哲学思想至关重要。

身处明清鼎革的历史巨变，基于对明亡原因的反省，船山认为士大夫群体对于政治问题的特殊性，以及对于政治与社会现实的动态性与复杂性缺乏深刻的理解，从而导致政治实践能力的缺乏与不足，是导致明亡的深层原因，这又与宋明理学对于人才的养成之道具有内在的关联。对于士大夫应当具有何种能力与品质才能够承担起现实中治理与教化的责任，以及何种学术才能教育与培养出此类人才，正是船山企图借由重新诠释《四书》的工作，加以解决的问题，其中也内涵了船山重构理学与革新儒学的努力方向。船山以"内外一贯之学"来阐发儒学的核心特质，并以之贯穿于他对《四书》的诠释。以下，将从理气心性论、为学工夫论、治理教化论三个方面，来概述船山《大全说》中的主要思想。

针对朱子的理气二元之说，船山则将其心性论奠立于理、气一元论的基础之上，主张仁义之性即为气之体，本无不善，情、才为气之变合，故不能尽善，若能以性行于情、才之中利导之于正，亦可使其专向于善。船山反对以先天气质的差别来解释人之善恶不齐的原因，强调人之不善乃后天因习所成，而本非固有。此外，船山经由诠解《周易》"继善成性"论，提出"天曰命，性曰成"之说，强调人之性善，正在于能够经由后天的学习与实践，使其德性不断地得到发展。

船山反对以虚灵知觉为心之本体，认为虚灵之心为人与禽兽之所共有。船山于虚灵之心外，别说有所谓仁义之心。在船山看来，所谓虚灵不昧之心，乃人心感物而动的变合之几，仅为耳、目效知觉之用，只与情相感，而不与性相应；仁义之心，则含性在中，虽为人之所固有，但必待力学修德方能充其量、尽其才以致于用。船山又对孟子以"大体""小体"分辨"心官"与"耳目之官"的论说加以发明，盛赞孟子以"思"为心官之能，乃抉千古未发之藏。船山强调"思"乃本仁义之性所生之能，若以思御耳目知觉可即物而穷理，离耳目知觉而心官独致于思，则又能得理之会通。

船山的为学工夫论，主要是以重构《大学》《中庸》的修学体系而展开。船山认为《大学》的修学工夫并非依照"格、致、诚、正、修"的时间先后顺序而次第展开，而是主张格致与诚正之功当兼修并进，同时又以践礼来解释"修身"之功，从而与前四项工夫构成内外交养之关系。为使格致之功免于好博无归之弊，船山将格致工夫的对象限定在人伦日用与礼乐刑政的范围之内，同时对思辨在格致工夫中所具有的独特作用加以强调。船山主张《大学》"必正其心者乃可与言诚意"，《中庸》则"非静而存养者，不能与于省察之事"，皆强调正心、存养之功当居诚意、省察之先。船山在《大学》诠释中以"持志"解释正心之功，后又将"持志"与《中庸》所言存养之义合说为一，以存理于心并使之融会贯通来加以解释。船山论学，具有鲜明的实践性格。如其主张《大学》诚意之功，不可局限于检省私欲萌动的慎独之事，而是强调当于善念萌动到成就善行的过程中，使所志之善与所知之理笃实充满并贯彻于事之始终。船山诠释《论语》"克己复礼"之功，指出"复礼"并不仅限于对外在礼度节文的依循，而当透过格物致知、涵养察识的修学工夫，对于处物之宜、待人之则不断加以体察与认知，以免流于私意。船山在《孟子》诠释中，还特别对孟子偶然道及的"仁术"一词加以阐发，强调仁心与仁术相合为一，有仁心必有仁术相成。船山所论皆是强调君子必以其为学所成之德，自内向外对世界施以积极的引导与影响，并随时针对现实中最新出现的问题与挑战做出及时与正确的回应。

  船山强调儒学以修己与治人为大纲，而此两者虽彼此关联，但亦有所区别。船山认为理学无论程朱还是陆王，皆倾向于以修德成己统摄治人之功，强调君子但能修身明德，并以之推广于家、国、天下，便自能于政治上达致治平之效。船山则指出修己与治人，虽理有相通，但"显立两纲"，各有着力，君子自修己德，并不能坐收治人之效。修己，在于培养君子的德性品质与治世能力。治人，则在于通过礼乐刑政之建立，教化引导民众通过伦理实践，逐渐达致社会风俗的改善。船山认为，儒家学者应当具备"审势"与"知时"的历史感与现实感，才能在研经究史的过程中得其精意，并以因时、因地以制宜的方式来解决现实中的治理与教化问题。

如何基于儒学的政治理念，及对于培养人才的侧重，进行一种"会通义理学与经史学"之儒学改造，为船山一生治学所持续关注的课题。船山大部分著作皆以经典诠释的方式加以呈现，而其对于《四书》的解释与阐发正是其中非常重要的一环。

（陈　明撰）

《续困勉录》提要

陆陇其（1630—1692年），原名龙其，字稼书，人称当湖先生。浙江平湖人。康熙九年（1670年）进士，历仕嘉定、灵寿县令、四川道监察御史，以风操清廉及学术醇正著称。雍正间从祀孔庙。乾隆时谥清献。陆陇其著作甚多，主要有《三鱼堂集》十二卷、《外集》六卷、《松阳讲义》十二卷、《三鱼堂四书大全》四十卷、《四书讲义困勉录》三十七卷、《续困勉录》六卷等。

陆陇其学宗朱子，排斥陆王，为清朝"理学儒臣第一"。其学术最为着力的部分，即在《四书》。"盖朱子一生之精力尽于《四书》，陇其一生之精力尽于《章句集注》。"（《四库全书总目·松阳讲义提要》）《松阳讲义》《三鱼堂四书大全》《四书讲义困勉录》《续困勉录》都是这方面的重要著作。关于后三种著作的关系，彭定求《四书讲义困勉录序》称："稼书先生既点定《四书大全》，辅以《蒙引》《存疑》诸解，羽翼传注，深切著明。而遗箧中复有《困勉录》前后二编，即先生自题《大全序》所云'万历以后诸家之说则别为一册'者也。""前后二编"，或即《困勉录》与《续困勉录》二书。"草稿尚未全定而陇其殁，后其族人公穆始为缮写编次，其门人席永恂等为之刊版。其曰《困勉录》者，则陇其所自署也。"（《四库全书总目·四书讲义困勉录提要》）

《困勉录》所引万历以后人甚多，如沈守正（无回）、罗汝芳（近溪）、顾梦麟（麟士）、吴默（因之）、李廷机（九我）、万廷言（思默）、张振渊（彦陵）等皆是。《续困勉录》所引者如陈龙正（几亭）、吕留良（用晦）、仇兆鳌（沧柱）等时代似稍后。此二编之关系，尚待探究。《续困勉录》共六卷：大学一卷、中庸一卷、论语二卷、孟子二卷。《四库全书总目提要》说此书"中多采录时文评语，似乎狭视四书矣"。从书中所引来看，确乎带着明人深受八股气息沾染的因素。不过，此书选材广泛，不失为理解四书的参考资料。此外，此书也存有不少同时代的学者对四书的看法，有助于了解明清之际学术嬗变及各种学术流派影响状况。今据上海图书馆藏清康熙三十八年刻本整理。

（雍繁星撰）

《颜元集》提要

颜元（1635—1704年），字易直，又字浑然，号习斋，河北博野人。生在蠡县朱家，十九岁中秀才那年朱家因讼衰落，颜元耕田灌园，维持家用。后为谋生计，开始学医。同时开设家塾，名其斋为思古斋，作《王道论》（即《存治编》）。三十五岁时认程朱陆王为禅学，改思古斋为习斋，著《存性编》和《存学编》。四十八岁时著《唤迷途》（即《存人编》），反对佛老之学。五十七岁南游中州路途中不断宣扬他的四存主张。六十二岁时受邀主持漳南书院，其习讲堂的布局"文事、武备、经史、艺能、理学和帖括"六斋，反映了他的学术主张。

颜元的著作有两种版本，畿辅丛书本主要收录了《四存编》、钟錂所编的《习斋记余》《颜习斋言行录》《辟异录》，以及李塨纂、王源订的《颜习斋先生年谱》。颜李丛书后出，补收了《四书正误》《朱子语类评》《礼文手抄》和《习斋先生记余遗著》四种。1983 年中华书局本以颜李丛书为底本，依《朱子语类》等作了校勘；据思古斋为年谱补入《颜习斋先生叙略》和张跋、郑跋；又据其他版本补入了其他佚文，最为全面精当。

颜元思想的最大特色是主张恢复"周孔正学"，认为"尧舜之道必以事名，周孔之学必以物名"，重视认识和处理实际的"事物"，反对空谈性理和空读书，注重躬行践履和建立事功，并对宋明以来的道学进行了激烈批判。他认为"三事""三物"之学才是学术的正道和核心，"三物"就是《周礼》所说的六德、六行、六艺，"三物"就是《尚书》所言的正德、利用和厚生。他的一些理论观点也与这一为学宗旨相呼应。

在理气关系上，颜元主张理与气是统一的，二者不能分离，气中含有理，理即在气中。一方面，生成万物的材料是气，万物所以然的规律是理。另一方面，在化生万物的过程中，气具有元亨利贞的"良能"，仍然起着主导作用。"阴阳二气，天道之良能也；元亨利贞，阴阳二气之良能也；化生万物，元亨利贞之良能也。"在理事关系上，颜元强调了要"见理于事"，以"事"为主，认为理只是表现在事上，并无事外之理。他反对宋儒只教人明理，认为孔子只教人习事，如果不强调事物，就会把理虚悬起来置于事物之上，导致理与事物的割裂。

在人性论上，颜元主张性与形是统一的。性就是体现在人身上的理，形就是人的气质、人的身体，也可看作人生成过程中暂定的凝结了的气。性不能脱离气质而存在，脱离了气质，性就不能发挥任何作用，也无从展现。他说："非气质无以为性，非气质无以见性"，可以说"舍形无性"。在性与气质的关系上，他仍然强调了气质的主导地位。

颜元反对把理和性看作是善的，而把恶归因于气质和形体的观点，认为佛老把形体看作恶因和累赘是把人自身本有的东西加以厌憎，事实上"理气据是天道，性形据是天命"，形气也是至善的，并不需要"变化气质"，而只需要知性、尽性，人的形体是人性发挥作用的资具和表现，外界事物是人性发挥作用的具体对象，因此要"据形尽性"，"失性者，据形求之，尽性者，于形尽之"。颜元不把人的性质看作人性的累害，而是实现人性的基础。

在理欲、义利关系上，颜元认为人的欲望反映了人的形体的需要，因此也是人性的必然表现，由于性形的统一性，在天理人欲的问题上，颜元更多地关注了人的欲望的合理性，与一般的禁欲主义有所不同。颜元反对宋明儒称赞的"正其谊不谋其利，明其道不计其功"，认为应把道与功、义与利结合起来，二者完全是统一的。颜元在政治思想上提倡古代王道的功利主义，认为应该实行奖励耕战的富国强兵政策,对宋朝重文轻武的传统提出批评。他主持的漳南书院则主要把文事和武备、经史和艺能结合起来,认为风气衰败、社会动乱的原因在于反功利的思想,宋明儒的弊端就在于只知解经修史,正心诚意,而忽略了关乎国计民生的实学。他理想的学制如"武备"斋的课程就包括皇帝、太公以及孙吴五子兵法,并攻守、营阵、陆水诸战法、射御、技艺等,艺能包括水学、火学、工学和象数等科目。

在认识论上,他认为人的认识必须有客观事物作为对象和基础,人的感官虽然具有认识的能力和条件,但没有"物",则认识过程不会发生,认识能力无从展现,也不会因此获得知识。颜元对"格物"作了新的解释,"格"就是亲自动手去做一番的意思,如"手格猛兽"之"格",这与前儒解释的"格"义是不同的,王阳明认为格物就是正心,朱熹认为格物就是即物穷理,郑玄认为格物就是知于善深则来善物,这些解释都脱离了对客观事情的"捶打搓弄"。所"格"之"物"就是"孔门六艺之教",只有亲手去实践礼乐才能获得关于礼乐的真正知识,知识的获得必须从习行中做工夫。

颜元认为程朱一派重视书籍训诂,陷入学陆者的支离之讥;陆王一派专注本心的觉悟,陷入宗朱者的近禅之消,二者都是偏离周孔正统的异学,都是虚浮无用之学,造成了思想上的混乱和社会发展的停滞,宋明道学具有训诂、清谈、禅宗和乡愿的特征,是一系列社会弊端的原因,应当划清程朱与周孔的界限,才能恢复孔门正学的本来面貌。

他的弟子李塨继承和发展了其思想,讲求经世致用,注重实际知识，以发扬和传播颜学为己任，形成了颜李学派，以提倡实学和实践为特征。它的出现与明末清初的时代状况紧密相连，也对清末民初的思想界产生了重要影响。

（周广友撰）

《四存编》提要

大千世界，气象万千；儒林人物，风采各异。复圣颜子有春生气象，亚圣孟子则有"舍我其谁"的英豪气概。生当明清之际的复圣后裔颜元，也是一位志做英豪的儒者。颜元（1635—1704年），字易直，又字浑然，号习斋，直隶博野县北杨村（今属河北省）人。在清代思想界产生过相当影响的"颜李学派"创始人。

颜元生逢"天崩地解"时代，一生多舛。四岁时，清兵侵犯京师，父亲被虏。十岁时，先李自成攻陷京师，后又有清兵入关。十二岁时，母亲改嫁，由义祖父养大。十九岁那年，义祖父因讼案逃家，官府就把他捉拿到牢里。然而，不管是华夏民族还是自身命运如何波折，颜元都从未动摇要做"转世之人"不做"世转之人"的初心。即使在牢里，他读书习文如故。

满身豪杰气概、志做转世人的颜元毕生力倡实习实行，主张"振起精神，寻事去做"，坚决反对在虚文虚用中苟活。家人曾经为他谋贿入庠，但他"宁为真白丁，不为假秀才"而罢。后虽中秀才，但不久"遂弃举业"。为解决生计，他曾学医术，二十三岁，又研习兵法战阵，习技击，常彻夜不眠。在"转世人"志向激励下，颜元"位卑未敢忘忧国"。他二十四岁时，开始收徒办学，教授乡里，研究井田、封建、乡举里选、田赋等治世之道，主张华夏之所以遭外族侵入的变故，关键是在治世实践中不法三代的圣王之道。由此，名其斋曰"思古"，自号思古人。显然其思古并非是真要复古，而是要开显王道以化解类似"难民富、难兵强"等一些治世瓶颈。这些研究经验和心得形成了一本叫《王道编》（后改为《存治编》）的著作。

为了更好习行其设计的王道治世之方，他以道自任，笃行宋明理学主敬、存诚主张，即使在稼穑之余，也不在意别人如何讥笑，"必乘闲静坐"。虽然宋明理学也主张以圣王之道治世，但颜元的现实习行经验让他越来越意识到：宋明理学构建的性理世界又成了王道治世的新瓶颈。

三十四岁时，养祖母朱媪卒，他一遵朱子家礼居丧，结果哀悲过度，几至于死。事后，他参照古礼，发现基于性理儒学的朱子家礼有违性情。由此他渐渐觉悟朱子提倡的读书、静坐等修行功夫乃为禅学所浸淫，非周、孔之正学。次年，他将对宋明理学的反思批判凝成了两部著作，即《存性编》和《存学编》。

自此，颜元开始了超越程、朱、陆、王的性理儒学向以直承周、孔之道自任的转变。随之，他将"思古斋"易名曰"习斋"，力倡走出只好静坐读书的性理世界和浮文世界，去到实用、实学中实习、实行。再历十余年，四十七岁时，他忽觉自己坚持不与僧、道交往行为有褊狭之过，深责自己"如此何由化之"，后著《明太祖释迦佛赞解》一文，次年又著《唤迷途》（后易名曰《存人编》），以教化僧道信众以及浸润其学的儒者。至此，标志颜李学派核心思想的《四存编》全部完成。

十年后，五十八岁的颜元南游中州，"见人人禅子，家家虚文"，决心不再做道统之乡愿，与性理儒学彻底决裂。六十二岁时，应郝公函之聘，主持贯彻自己宗旨的肥乡漳南书院。后来，漳水泛滥，书院皆没，返回故里。1704 年，这位一度影响大江南北、一生致力重光儒学治世智慧的平民哲学家年七十，死于乡里。

颜元毕生实习实行，除了不得已而言的《四存编》，还有批判程朱理学的《四书正误》《习斋记馀》等，近人编入《颜李遗书》。他培养了众多学生，其中有记录可查者达 100 多人。高足李塨（1650—1733 年），字刚主，号恕谷，继承和发展了其学说，形成了当时一个较为著名的学派，后人称为"颜李学派"。该学派以《四存编》为核心，从以下三个向度重构儒学。

一是以王道存治世。《存治编》效法三代，主张恢复井田、封建、学校的"王道"政治，又提出：以"垦荒、均田、兴水利"七字富天下；以"人皆兵、官皆将"六字强天下；以"举人材、正大经、兴礼乐"九字安天下。虽然形式上是复古，但实际上旧瓶新酒、以古鉴今，以理想化、价值化的三代圣王之治作名义，建构自己在为学为人、修己治世上的新主张。

二是以气质存性善。《存性编》《存人编》一反佛、道以及性理儒学将性二分，并视气质所成的形体为成佛、成道或成圣之负累的思想，盛赞并重构了孟子的性善论，认为形体是"作圣之具"。强调理、气、性、形不二，主张没有气质之外的人性，只有气质之性。人的恶行不是气质所成的形体所致。如同锋利的刀伤了人，不是刀之过，而是因为对刀不正确实践操作而成。同样，人性善、恶都是对气质的习行所致，善是正确、充分习行的结晶，恶则是不正确、不充分的习行，即后天的"引蔽习染"的结果。

三是以实学存圣学。《存学编》《存人编》批评性理儒学的空疏，崇尚实学。提出：一方面内容上要实用，主张儒学重六德、六行、六艺之道，其中，他特别强调学习"六艺"以及"兵农钱谷，水火工虞"等生产、军事方面的知识和技能的重要性；另一方面习行上要实体实行，他把《大学》"格物致知"之"格"，解释为"手格猛兽"之"格"。

秉持以王道转世信念的颜元，早年服膺陆王和程朱，三十四岁后，又激扬文字，公然向程朱和陆王两家开战，以开两千年不能开之口，下两千年不敢下之笔，著成极富原创性哲学思想的《四存编》。把气质所成的形体视为"作圣之具"，主张以不断习行去发挥形体"作圣"的功用，成就更多能够经世致用的转世之人。

（王　广撰）

《孟子字义疏证》提要

戴震（1724—1777年），字东原，安徽休宁人。出身于小商人家庭，后为翰林院纂修官，对音韵、天文、地理、数学均有研究，并校订了这方面的书籍。《孟子字义疏证》从考证训诂的角度阐发了"理""天道""性""才""诚""权"等范畴的意涵，是戴震晚年最重要的代表作，对程朱陆王的学说进行了大胆的批判。

戴震哲学思想的最大特色体现在他对宋明道学一些核心观念的理解和解释上，把"理"还原为气化过程中的条理，着眼于"理"的特殊性、具体性和客观性，坚持气一元论的观点。

在自然观上，戴震认为自然界就是一个气化流行、生生不已的过程，这个过程可以称为"道"，道的实体就是阴阳五行之气。气化过程生生而有条理，体现出一定的规律性，可以称之为"理"。戴震不从程朱一派所言的"万物一理""理无不在"来谈，而是从具体事物的具体规律上而言，指出"理"是一类事物区别于另一类事物的法则，是每一类事物具有的特殊规律。理依附于事物，不同的事物具有不同的理。戴震反对把"理"作为"气"之主宰的做法，认为宋儒所谓的"理"与老氏的真宰和释氏的真空一样，是把无形无迹的东西看作真实的，老释以神识为本，舍形体而求神识，正如程朱舍物求理，这不仅颠倒了理与气的关系，而且把事物本身割裂为二。

在人性论上，戴震用气禀来解释人物之性。性产生于阴阳五行气化的过程之中，是区别物类的称名，物类的形成都是源于气化过程的不同的气类。"性"和"才"都是从气质方面而言的。戴震认为性的实体就是血气心知，每一类事物皆有特殊的血气心知，这就是这类事物的"性"的具体内容。人性包括欲、情、知三方面，"欲"的对象是声色臭味，"情"的表现是喜怒哀乐，"知"的结果是美丑是非。欲出于血气，理义出于心知。血气心知皆是天所赋予人的。人不同于动物的地方在于其"知"，人可以知理义从而进于神明之境。他希望人们能够分别研究品物之性，"精辨其气类之殊"，也就是要分别研究天地、人物、事为之理。

戴震所言的"血气"是指人的形体,而"心知"主要是指人的意识、认知和精神。他认为有血气然后有心知,这和他的气一元论思想相一致。他说:"味也,声也,色也,在物而接于我之血气,理义在事而接于我之心知。血气心知,有自具之能:口能辨味,耳能辨声,目能辨色,心能辨夫理义。"味声色和理义都是客观存在的,存在于事物之中,独立于人身之外。能够识别它们是由于人的感官具有这样的功能。戴震认为声色臭味存在于天地之间,耳目鼻舌是人身与外界相互沟通的开窍之处,耳能听、目能视、鼻能臭、口知味,都是因为"物至而迎而受之者也",人的感觉的发生是由外物的作用所引起的,外部世界是人的感觉的来源。

戴震认为"心"是主宰其他感官的,它的功能是"思",它的作用是辨别"理义"。耳目鼻舌之官与心之官的关系就如君臣关系,"臣效其能而君正其可否",理义就是可否之"当"。"心"作为思维器官是对各种由感觉器官得来材料的加工、综合和贯通,使认识与外界客观实际相符合、相应当。心的独特作用就在于心在与物接触时能够照察理义,辨别事物的理。

戴震指出人心在"欲"的方面易出现"私",在"知"的方面易产生"蔽",因此要去私、解蔽。他提出了自然和必然这对范畴,认为要从自然中认识必然,从而使自然归于必然,具有修养论和认识论的双重内涵。他认为欲为血气之自然,悦理义是心知之自然。"理"偏重于指事物的客观规律,"义"偏重于指人的行动准则和规范。人在认识和处理事物时要做到"得理合义",这就是达到"必然"状态了。客观事物都是自然的,把握住这个自然之理就可以用来规范事物;人的情欲是自然的,心能审察它从而明白它的当然之则和必然之理，做到无几微之失，就是归于必然了。从理论上说，自然与必然是一件事情，"非二事也"，自然之状态潜存着必然之发展趋势，其现实化的过程正是去私、解蔽的工夫所在，因此从现实来看，必然是自然的极致，从自然到必然是一个人性不断培育、发展和完善的过程，是一个从不知到知，从蒙昧到神明的过程。另外，也只有实现了"必然"，自然才能得到全面的实现。

在认识论上，戴震还区分了"理"与"意见"，"理"是客观的，真实的，不可更改的，心能通过分析而把握"真理"。"意见"则常常掺杂了个人主观的臆想和偏见，心不仅可以产生意见，而且还可以把它当作理义。有权势者就容易产生主观专断的作风，进而把"理"作为借口和理论根据，使其成为压制和指责弱势群体的工具。戴震对在上位者以理为借口对下层民众进行的贪暴罪行进行了强烈的批判。

戴震反对程朱学派把"天理""人欲"对立起来，认为理欲是统一的，理存于欲，欲望的正当满足和实现就是理。人的行为皆出于欲望，有了行为才有了行为中的理，没有离开欲望的理，由此提出了"体民之情，遂人之欲"的政治主张。

戴震学说中存在着把宋明儒学之弊当作宋明儒本身之失来加以批评的情况，读者可以细心寻绎和明察。戴震对当时官方学说的批评表现出特定的理论勇气，对当时和后来的思想界具有重要的启发意义。

（周广友撰）

《文史通义校注》提要

章学诚，字实斋，号少岩，原名文敩，浙江会稽（今浙江绍兴）人。生于乾隆三年（1738年），卒于嘉庆六年（1801年），终年六十四岁。乾嘉时期著名的史学理论家、学术史家与文献学家。

章学诚生在考据风气盛行的乾嘉时期，年青时代即自命禀赋史才，不好习举业。他的性情与学术偏好，也使其人生遭遇坎坷，一直过着贫寒困苦，颠沛流离的生活。章学诚一生主要以入幕参与修书与在书院讲学授徒为业。章学诚对于时代学术风气的反省，促使他对古今学术发展变迁展开深入思考，并在参与校雠编撰图书目录与纂修史书方志的实践中，不断对相关理论问题加以总结，这些思想成果最终体现在其所撰《校雠通义》与《文史通义》两部著作之中。

叶瑛校注的《文史通义校注》，以清道光十二年（1832年）章学诚次子章华绂刊本（世称大梁本）为底本，参校《粤雅堂丛书》等各本，并将诸本异同注明于后。根据中华书局《出版说明》所记，本书校注者叶瑛（1896—1950年），别号石甫，安徽桐城人，毕业于武昌高等师范学校，曾任教于吴淞中国公学、天津南开学校及武汉大学，校注工作前后历时近二十年，所附《引用书目》达三百余种，如叶长青等时人注释成果亦加吸收。校注者对书中各篇撰著年代，各篇主旨与每段大意，以及原书涉及的典籍文句，皆加以注明，便于读者阅读研究之用。

此书分《文史通义》内篇、外篇与《校雠通义》三部分。其中，《通义》内篇，主要收录章学诚有关文史理论方面的重要文章，思想价值最高；《通义》外篇，主要收录章学诚有关方志纂修方面的理论文章，展现了作者有关方志编纂体例方面的具体思考。《校雠通义》则是章学诚校雠学的理论著作，通过对史志图书目录分类的变迁，探求古今学术的发展变化，并对图书目录的分类、义例与著录方法提出了很多理论性的思考。

章学诚晚年曾自言其平生所治为"文史校雠"之学，"文史之争义例，校雠之辨源流"，两者各有侧重。其中"义例"主要着眼于史书编纂与古文辞创作的理论问题，而"校雠"则是从学术史的宏观视角探讨古今学术的演变。章学诚所谓的"校雠"，不同于一般的校勘与校对，而是取义于西汉刘向、刘歆父子在整理著录图书的过程中对前代学术源流的考辨工作，宗旨在于"辨章学术，考镜源流"。章学诚以校雠作为自己的研究方法，立意"取古今载籍，自六艺以降，讫于近代作者之林，为之商榷利病，讨论得失"，其著作性质近于一种学术史视野下的文史批评。章学诚力图从学术的起源，来探究理想学术的目标与宗旨；依古今学术的历史变迁，考察与分析学术发展过程中所出现的问题；同时，对现实学术的弊病，加以检讨，并寻求解决之道。

章学诚由古今图书分类，由"七略"转变为"四部"的发展过程，"上探班固《汉书·艺文志》中所保存刘向、歆父子之《七略》，溯源官礼"，建构了他对整个中国学术史的宏观理解。章学诚从上古三代追溯学术的起源，认为文字最初的使用即同"百官以治，万民以察"的政治功用密切相关。三代制度不相沿袭，直至周代集古圣制作之大成，形成周官设官分职的完备体系。章学诚认为"《周官》三百六十"，涵括了周代学术的全部内容，此时"官守学业皆出于一"，以为典章制度之用，尚未有私家著述的产生。章学诚认为后世儒家所传之六经，皆为"周官掌故"，为各官所分守。由此，章学诚提出"六经皆史"的观点，正是从起源的角度，说明六经本属周官政典的性质，以此对六经内容的历史性与政治性加以强调。章学诚认为古今学术的第一次变迁，源于周官的解体与诸子家学的兴起，由于官师分职，治教分途，私家学术与著作开始出现。章学诚认为《汉书·艺文志》诸子略中，论次诸子必言"出于古者某官之掌，其流而为某家之学"，反映了王官学变为百家言的历史过程。章学诚认为，诸子家学重传承与师法，立言以求实用，在周官解体的历史形势下，延续了学术的发展。但由于各家皆执其所得一端，思以易天下，不免使"道术"终为"天下裂"，加之官师分途，也出现了离事言理的学术弊病。章学诚认为古今学术的第二次变迁，体现在图书分类由七略变为四部，由此显示出专家之学的衰落与辞章之学的兴起。章学诚认为考证之学"猥滥以炫博"，辞章之学"剽掠文采以为工"，史学义例亦流于僵化，此皆是专家之学失传后，现实学术衰落的表征。

章学诚针对现实学术的弊病，通过对"道之内涵"与"求道方法"的重新诠释，提出学术经世的主张。在《文史通义·原道》篇中，章学诚把对"道"的讨论，置于整个人类文明历史演进的视野之中，认为"道"并非某种超越具体历史现实的永恒不易的真理，而是伴随事势自然，渐形渐著地展开。章学诚指出"圣人求道，道无可见，即众人之不知其然而然，圣人所借以见道者也",由此提出圣人学于众人观点。章学诚认为众人日常之"所需",百姓生活之"所郁",现实制度之"所弊",即蕴含着道的发展趋势,圣人有见于此,因应众人所需,创法立制,便是道在历史中的实现。章学诚认为后人效法圣人,必须于自己的历史境遇中,为时代问题寻求解决之道,学术亦当以经世作为目标与方向,所谓"道备于六经,义蕴之匿于前者,章句训诂足以发明之。事变之出于后者,六经不能言,固贵约六经之旨,而随时撰述以究大道也"。在《文史通义·浙东学术》篇中,章学诚从理学朱陆之辨的角度,区分清初学术为浙西与浙东两脉,分别以顾炎武与黄宗羲为代表,并有"浙东贵专家,浙西尚博雅"的不同旨趣。章学诚自认承继浙东之学的传统,以史学为专家,并以"史学所以经世,固非空言著述","言性命必究于史"概括浙东之学的特征,此亦可视为其个人学术宗旨与精神的精要表达。章学诚在史学理论方面,提出了众多精彩的观点与创见,如以记注、撰述判分史学的两大宗门,对于史意、史德的理论性思考,以及史书纂修之义例等,此皆见于《文史通义》所收各篇之中。

章学诚及其著作,虽在其生前少为人知,但在近代学术史上,却为梁启超、章太炎、胡适、钱穆等众多学者所重视,并产生了极大的影响。《文史通义》也与唐代刘知几的《史通》,并称为中国史学理论批评史中的"双璧"。

(陈 明撰)

五

近现代哲学类

《复礼堂述学诗》提要

《复礼堂述学诗》十五卷，曹元弼撰。

曹元弼（1867—1953年），字谷孙，又字师郑，号叔彦，晚号复礼老人，江苏吴县人，是晚清民国时期最为重要的经学家之一。曹元弼学于南菁书院，师事张之洞，与张锡恭、唐文治等学者为同学。后入张之洞幕，主两湖学堂、存古学堂经学总教等职。辛亥革命后闭门著述，唐兰、吴其昌、王遽常、王欣夫、钱仲联、沈文倬等现代学术大家皆曾从其问学。曹氏精于礼学、《易》学、《尚书》学、《孝经》学等，著述宏富，撰有《复礼堂述学诗》《礼经学》《礼经校释》《周易集解补释》《周易郑氏注笺释》《周易学》《尚书郑氏注笺释》《复礼堂文集》等论著。曹元弼作为处在中国学术变迁转折点上的传统学者，被顾颉刚称为中国"最后一位经学家"。事迹详见王欣夫《吴县曹先生行状》。

据曹元弼为《复礼堂述学诗》所撰自序，则《述学诗》始撰于1917年，历经二十余年，1938年刊行于世。《述学诗》是曹氏晚年撰写的经学史专著，以七言绝句的诗歌体裁阐述、抉发中国经学及经学史上的重要课题，是其数十年经学研究的总结，亦可谓曹氏经学研究的"晚年定论"，具有重要的学术价值。《述学诗》包括《述易》《述尚书》《述诗》《述周礼》《述礼经》《述礼记》《述大戴礼记》《述礼总义》《述春秋》《述左传》《述国语》《述公羊传》《述谷梁传》《述孝经》《述论语》《述孟子》《述小学》《述群经总义》十八部分，用六百余首七言绝句概述中国历代经学及经学发展史，并以三十余万字自注予以详论，对中国古代经学史上的重要课题作了深入而全面的探讨。

曹元弼生当新旧交替、中西巨变之际，传统的政治世界不复存在，儒家政治伦理难以为继。清朝灭亡之后，曹元弼闭门著述，有感于传统伦理文化为西方政治、思想所取代，故撰《复礼堂述学诗》，以期阐扬传统经学文化，复兴经学思想、伦理。是以，《复礼堂述学诗》是有为而作。如曹氏《述学诗序》言："《述学诗》者，元弼自宣统辛亥后，悲天悯人，独居深念，惧文武道尽、乾坤或息，忧患学《易》、覃精研思，默察天人消息，冀'剥'之反'复'、'否'之反'泰'。"即希望能借《述学诗》以复启国人经学之思者也。又曰："天下乱由人心乱，人心乱由学术乱，则正人心以正天下，亦在乎正学而已矣。学术乱由经义乱，则正学术以正人心，亦在乎正经而已矣。"曹氏希冀由正经学而正人心，进而正天下，从而使经学得以复兴，中国得以复为传统之中国。是所以撰《述学诗》之主旨也。

晚清民国作为传统经学的总结时期，出现了较多的经学史著作，其中尤以皮锡瑞《经学历史》《经学通论》、刘师培《经学教科书》最为重要。《述学诗》与皮氏、刘氏著作具有相似的目的，但侧重点和学术倾向不同。《述学诗》实涵括皮锡瑞《经学历史》《经学通论》两部分内容，既包括对经学史的探讨，也深入于经学本身的研究。但就研究角度和研究视域而言，皮锡瑞偏重于今文经学，曹元弼偏重于古文经学，《述学诗》恰可补《经学历史》《经学通论》之偏。而相较于刘师培《经学教科书》而言，《述学诗》无论在篇幅、课题还是研究深度上，都较《经学教科书》更为深入与全面。《述学诗》代表了民国时期经学史研究的另一种学术理路。通过对《述学诗》的研究，有助于了解民国经学研究路径之全貌，拓展民国经学研究之视域。

《复礼堂述学诗》作为民国时期颇为重要的一种经学史研究著作，是曹元弼数十年经学研究的结晶，展现了新旧交替之际传统学者对经学的总结，具有重要的学术价值。《述学诗》作为曹氏经学的"晚年定论"，以数十年遍及群经的研究为基础，对十三经及相关经学典籍的重大课题作了深入探讨。曹元弼之经学研究贯通六经，以"礼"为经，以"人伦道德"为纬，用礼学与儒家人伦道德贯穿经学研究，具有极强的体系性与现实关怀。曹元弼皈依郑玄，以郑学为中心，《述学诗》作为曹元弼经学的总结，始终体现着"郑学"视域与理路。曹元弼以"郑学"为核心，以"礼学"为脉络，以"郑学""礼学"贯穿六经，建构人伦道德的经学体系。《述学诗》是曹元弼经学的集中展现。从《述学诗》可以看出以曹元弼为代表的晚近传统经学家在新旧交替之际面对西方文化对中国传统的冲击，反思中国传统文化的历史价值以及未来走向，思考如何坚守中国传统学术与文化。

（许超杰撰）

《太史公书义法》提要

《太史公书义法》二卷，孙德谦（1869—1935年）撰。

孙德谦，字受之，晚号隘堪居士。江苏元和（今苏州市吴中区）人。光绪、宣统年间，孙德谦历任张上和、许贞干、吴重熹等人幕宾、紫山书院山长、江苏存古学堂协教。辛亥后，孙氏因政治立场避居上海，历任《亚洲学术杂志》主编、国立（吴淞）政治大学、大夏大学、上海交通大学等校教授，大夏大学国文系主任。民国二十四年（1935年）卒于上海。孙德谦一生勤于治学，涉猎广博，在诸子学、文学、史学、目录学、经学等诸多领域皆有较高造诣，于当时学界享有盛誉。其事迹可参王蘧常《元和孙先生行状》及吴丕绩《孙隘堪先生年谱大纲》。

据孙德谦学生王蘧常的统计，孙氏一生著述，已刊未刊者合计二十八种。其中，《太史公书义法》是其耗力较多且自许颇高的代表作。张尔田即称此书"则君迩年所著，尤为一生精力之所萃焉"。是书于民国二十五年（1926年）成书后，于翌年排印刊刻，是为四益宧刊本，每半页十行，行二十一字。目前可见者，如台湾中华书局1969年影印本、周宝明、吴平等编《史记研究文献辑刊》（国家图书馆出版社2014年）所收本，皆为此本。

清代以来，学者研治《史记》者极多，但其取径大致可分为两类：或重史事考证，意在订异同、辨疏舛，如赵翼《廿二史札记》、梁玉绳《史记志疑》等；或重文章评论，意在探讨《史记》的文章奥要、精神笔力，如吴见思《史记论文》、牛震运《史记评注》等。孙德谦深受章学诚的影响，又不满于学者对《史记》的琐屑考订与妄加评议，因著《太史公书义法》一书，对司马迁的作史意图以及《史记》一书之性质、体例、史源、书法等问题，进行了深入、细致的研究，期以揭明司马迁作史之义法所在。

《太史公书义法》仿照《文心雕龙》的体例，全书分为五十章。今略陈其主旨如下：

第一，辨明司马迁衷圣宗经之立场与价值取向。

自班固谓司马迁"是非颇谬于圣人"以来，学者或以为其学主于黄老。孙德谦在《衷圣》《尊儒》《宗经》等章力辨此说之失，指出《史记》世家、列传中于"孔子卒"必特笔书之；论赞多引孔子之言；创立《仲尼弟子列传》与《儒林列传》；多次论及"要以仁义为本""笃于仁义"……凡此种种，皆可见司马迁并非宗法道家，而是尊崇儒家，全书之义法"无不折衷于圣人"。

第二，指出司马迁继法《春秋》、能行史权之作史意图：

孙德谦认为孔子作《春秋》，因兴以立功，就败以成罚，因此作史虽以纪事为主，但劝善惩恶，亦应有史权之所在。在《辨谤》《行权》《直言》《彰贤》《纂职》《考年》等章中，孙氏指出司马迁之《史记》能继《春秋》以行史权：其入项羽于本纪；入陈涉于世家；于《秦楚之际月表》中独书"义帝元年"；于《平准书》《封禅书》《酷吏列传》等篇直言汉武帝之失；务欲表彰贤者，使其人得传闻后世，凡此种种，皆为司马迁能行史权之例。

东汉王允以《史记》为谤书，东晋葛洪以《史记》为司马迁"发愤"而作，故其文多有不平之意。孙氏极力辨其诬谤，指出司马迁作《史记》，早在遭刑七年之前便已开始，其作史之意图绝非诽谤汉朝，抒发私愤。相反，孙氏认为司马迁之所以遭刑，正因其能行史权、善恶直书，为汉武帝所恶，故借李陵之事而发作。

第三，对《史记》编纂与史源的研究。

在《整世》《存旧》等章中，孙德谦指出《史记》在编纂上的最大特点是"整齐世传"，即《史记》一书为诸人所作之列传，皆是根据当时所存之旧传编纂而成。如许由、务光等人，司马迁虽赞美其行义，但因无旧传所依凭，故亦不为之单独设传，只能寄于《伯夷叔齐列传》之中。另外，司马迁为人设传虽本于"整齐世传"的原则，但其作史时所参考的文献资料却极其丰富，凡《左传》《秦记》《管子》《吕氏春秋》《商君书》《新语》等典籍所载，乃至所见、所闻之事，只要合于雅正之义，皆为司马迁所援引。

第四，对《史记》撰述体例的研究。

孙氏首先指出，与"以当王为贵"的断代史不同，《史记》为"通古"之体，因此论及项羽、陈胜等人时，并不因汉朝而抑之。对于《史记》本纪、表、书、世家、列传之"五体"，孙德谦大体接受了《史记索隐》以来的概念界定，但其亦指出《史记》之五体，或许在司马迁之前便已存在，如《大宛列传》中之"《禹本纪》"；《卫世家》之"余读世家言"；《伯夷叔齐列传》之"其传曰"等，皆是其例。司马迁"创体"的确切含义，应是其合纪传诸体而成一家之言。此外，孙氏对《史记》之别设题目者，如《刺客列传》《循吏列传》等；合传，如《屈原贾生列传》等；寄传与附传，如许由、务光寄于《伯夷叔齐列传》，李悝、墨翟附于《孟子荀卿列传》等；互著，如子贡分见于《仲尼弟子列传》与《货殖列传》等；省文，如"语具某纪某传"等撰述体例，亦分别有所论述。

第五，对《史记》内容特点的研究。

孙德谦对《史记》内容特点的论述主要有：一，详述近世、当世；二，不知则阙、疑则传疑；三，司马迁引用文献多有考订其误之处，可见其审慎；四，《史记》多有自释其意旨文字；五，司马迁对于所记之人的学术以及其所从学之人，无不详细记载；六，司马迁重于记载人事、学术，但对于学者所著之书，则一概从略；七，在纪、传、世家中，多详述其先世，等等。

除以上所论五点之外，孙德谦在《善叙》等章对于《史记》文章书写以及文史关系的评述，在《纵观》《杂志》等章对于《史记》读法的提点，以及其书《自序》中对于《史记》"十表"研究方法的提示，亦值得注目。

以今之观点看《太史公书义法》，其中不免穿凿、谬误之处：如其对"太史令"之理解，与汉代制度不符；又或其释《史记》为国史，亦稍嫌迁曲。但瑕不可掩其瑜，孙德谦突破了前人《史记》研究的局限，将研究取径从清代以来的训诂考证、文章评论转向探究体例、义法，为考察《史记》体例、理解《史记》性质以及研究司马迁史学思想，提供了较大的帮助，同时，研究取径的转变也使很多在学术史中争论不休的问题有了新的解读方式，正如张尔田所云："君一一疏通而证明之，有一经道破，怡然理顺，可使异说者夺之气而不敢放厥词。"可以说，孙氏之书不仅在清代以来的《史记》学论著中，具有相当重要的位置，而且也为后来学者对《史记》体例、书法的研究奠定了基础。

（吴天宇撰）

《王制通论》《王制义按》提要

《王制通论》和《王制义按》是晚清民初学者、政治活动家程大璋的作品。

程大璋（1873—1925 年），又名式谷，字子良，广西桂平人，康有为弟子。他的人生经历十分丰富：戊戌时期参与变法，变法失败一度入狱，出狱后回乡办学、潜心学术，民国以后当选众议院议员。程大璋是康有为的忠实信徒，据说他在狱中"于死生穷达均无所动于中，而惟以新党寡弱，死后无继为虑"，民国以后亦努力发扬康氏的思想"提议宪法明定孔教为国教，主张清室优待条件不必取消"。从其著述来看，程氏的观点以及政治态度墨守着康有为的主张。程氏弟子邬庆时曾这样评价老师的学术："先生之学以通经致用为主而取道于《公羊》，由《公羊》以通《春秋》，由《春秋》以通六经，由六经以明孔子之道，一以'三世'之义贯之，使学者晓然于礼之与时，不为古文学家所惑。更参以诸子百家、九通、二十四史及泰西政治、经济、法律之学，融会贯通、斟酌损益，以期见诸实用。"（邬庆时：《程先生传》）可以看出，程氏的学术继承了康有为学主今文、识贯中西而重视施用的特点。

康门认为《礼记·王制》与《公羊》是相通的，康有为自己就对《王制》用功颇深。遗憾的是，康氏有关《王制》的几部专著均已亡佚，只留下他考订重编的《王制》经文以及一篇序言。不过，虽然自己的著作散落不见，但其学说却通过学生得到传承。程大璋贯彻并发展了老师的学问，将其编著为两部书稿：《王制通论》与《王制义按》。通过它们，今人得以了解康门《王制》学的丰富内容。

《王制通论》作于程氏执教广州时敏学堂期间（1907—1911年），在《通论》中，程大璋跳出具体的文句解说，钩玄提要，用十八段短文为《王制》的思想内容梳理出层次，分析出价值，从而为《王制》提炼出思想纲领。

程氏提出，《王制》《春秋》都是孔子的亲笔之作，制度亦相为表里，但是二书的创作背景不同，《王制》为孔子壮年之作，《春秋》则作于晚年。壮年的孔子已有改制之意，面对混乱的时局，圣人规划出一套治理的蓝图，以期借此整饬天下，于是写下了《王制》："疾时世之不仁，思改制度以变易天下，乃作《王制》以为预备。"(《王制通论·王制之制即春秋之制》)而到了晚年，道不行于世，孔子的主张没有可以施展的空间，于是综合《王制》的制度和一番义理创作了《春秋》，以待后世来者能通达自己的深意。因此，《王制》与《春秋》之差别在于："《王制》之言，救一时之言也。《春秋》之言，有据乱、有升平、有太平，则治万世之言也。"(《王制通论·王制之制即春秋之制》)既然《王制》是孔子用于解决现实问题的立法之作，那么其制度设计就须面对时局。东周末期局势动荡，诸侯割据，世卿迭出，民生凋敝。所以壮年的孔子因乎时势，在《王制》中寓诸了兴贤使能、归政天子、井田均禄、重农限猎的对策，以期实现拨乱反正。《王制》的内容是圣人为纠正时弊而作，但程大璋认为，这部作品也能对今天提供指导。因为，孔子的救弊，并非只是应对乱世的权宜之计，而是一套从根本上改造社会的办法，以期借此将社会引向升平世："《王制》，升平之法也。"(《王制通论·王制实以决立法权之故》)只要社会尚未彻底进入《王制》所规划的"升平时代"，那么《王制》便始终可以击穿时空，为我们提供指导与借鉴。在程氏看来，直到晚清，中国依然停留于乱世向升平的过渡时期。而要想在晚清获得《王制》的有效指导，尤其需要透过具体的"制"，挖掘出制度背后的立制之"义"。因此，程氏特别重视《王制》中今日所当行之义的发掘，比如他从"大夫不世爵"中读出"平民族阶级"之义，从"爵人与士共之""刑人于市与众弃之"中读出"分权于民"之义，从相土授田中读出"均民贫富"之义等。在他看来，这些原则可以切实地指导清末的政治改革。

《王制义按》亦作于程氏执教时敏学堂期间，是程氏研究《王制》的另一代表作品。上述《王制通论》为《王制》的思想进行了总结提要，而《王制义按》则紧扣文本，逐字逐句梳理了经文义理。

在《义按》中，程大璋谨守着老师康有为的成果。康氏认为《王制》原文次序淆乱，故而撰写《考订王制经文》将文本划分经传，重新编次。《王制义按》则严格依照着康氏厘定的文序展开注解，其经注结构、段落标记均与康氏无别。在《义按》卷首，程大璋全文抄录了康氏的《考订王制经文序》，将其作为自己著述的宗旨。而在行文过程中，也特意将康氏批语保留数条，用小字的形式附于经文之下，以区别于自己的按语。在撰述中，程大璋更沿用了康有为的若干观点作为定论。比如对于题名，程氏提出所谓"王制"即指素王之制，这一观点正来自康有为的授课。再如将"冢宰"置于篇末的理由，程氏以"先天下而忧，后天下而乐，务忧民而无自逸"进行解答，亦是照搬了康氏《考订王制经文》中的原文。可以说，整一部《义按》，正是程大璋在康有为划定的方针下，展开的扩充、论证。而正因为程氏对于师说恪守如此，让我们得以比较全面地了解到康门对于《王制》的见解。

程大璋通过《王制通论》《王制义按》，提炼概括了《王制》的思想主旨、逐句解读了《王制》的经义，把康有为的政治思想融入了《王制》文本。两部著作从一个局部反映出康有为及其门人重整经学的尝试，亦反映出晚清学人积极调动经学资源以应对新世的努力。

（吕明烜撰）

六

佛道教哲学类

《老子道德经河上公章句》提要

《老子》又名《道德经》《五千言》，是一部家喻户晓的哲学著作，产生于先秦时期，在中国哲学史上具有重要的地位，对中国哲学文化影响巨大，也是道教最为重要的经典之一。《老子》一书流传以来，历代学者道徒对其注疏解说，粗略统计，注解《老子》的书籍不下百余种。在众多注本当中，《〈老子〉河上公章句》（以下简称《河上公章句》）是一部成书较早、影响较大、流传较广的注本之一。学界一般会把《河上公章句》与《〈老子〉王弼注》并举，代表了注解《老子》的两种不同范式。近年来，中外学界对《河上公章句》展开深入研究，从不同角度阐释其思想内容，形成了许多研究成果，但是，学界对于其中的一些重要问题如该书的作者何人、成书时间以及主要思想等依然存有不同看法。

河上公，又名河上丈人，相传为西汉初年时人，曾为汉文帝作《老子章句》四篇，这种说法载入道经当中，被道教徒所认可。河上丈人的名字始见于司马迁的《史记·乐毅列传》当中，根据记载，乐毅大约生活在战国末期，是黄老思想的集大成者，但是司马迁并没有记载河上丈人为《老子》作章句的事情，《汉书·艺文志》里也没有录入《河上公章句》。很显然，这种说法是道教徒惯用的附会、神化的手法，并没有确实的史料依据。学界对于《河上公章句》的成书时间争论比较大。国内学者倾向于认为该书的成书时间较早，大约在东汉时期，而国外学者则倾向于认为该书出现较晚，大致在魏晋南北朝时期。近年来，学界结合《老子》出土文献、注本的思想内容和中国思想史的整体脉络综合分析考证，将该书的成书时间判定在西汉中后期。考察两汉时期的思想变迁可知，《河上公章句》应该出现在两汉时期。西汉初年，黄老道家思想是官方统治思想，主要应用于治国方面，武帝时期，罢黜百家，独尊儒术，黄老道家思想逐渐退出官方舞台。道家思想融合当时的神仙方术，开始向个人养生方面转变。东汉时期，崇尚黄老，修仙成道成为社会思潮，道家思想从治国术转向为养生学。《河上公章句》从治国与治身双重角度注解老子，大致反映出这一思想的过渡与转变。所以，综合来看，《河上公章句》的成书时间不会晚于魏晋南北朝时期，应该成书于两汉时期，是"炼养"之士托名河上公的著作，后来被道士附会神化，具体的成书时间则需要有更多的史料来印证。

东汉末年，道教创立，《河上公章句》成为道教徒尊奉的经典之一，为了神化《河上公章句》，道士编造了一个西汉初年神人河上公传授汉文帝《老子章句》的故事，一些道徒认为每天诵读《河上公章句》就可以登天成仙。在道徒的渲染下，《河上公章句》迅速传播开来，引起大家的普遍重视，在社会上流传日益广泛，影响逐渐突破道教界，一些僧人、士大夫也广泛引述《河上公章句》。在唐初，《河上公章句》就已出现字数不同的多个版本。从唐至今，历经一千多年，历代道徒学者不断传抄、翻刻、校点，形成了众多版本。中国著名道教学者王卡先生对其进行详细梳理，大致分为以下几类，一是唐代刻本；二是宋刻本；三是明正统《道藏》本；四是明清刻本，另外在日本也保存了相当数量的《河上公章句》抄本、刻本。当代学者也对《河上公章句》进行整理、校对，代表性的著作有王卡点校《老子道德经河上公章句》、郑成海《增订老子河上公注疏证》等，这为当代人研究阅读《河上公章句》提供了极大的便利。

《河上公章句》从道家的自然元气出发，融合黄老的无为治国、清净养生思想注解《老子》经文，唐陆德明将其思想概括为"言治身治国之要"，可谓一语中的。学界对于《河上公章句》思想内容研究比较充分，概括来说主要体现在三个方面：首先，从老子"道"的思想出发，吸收汉代宇宙生成论学说，用自然元气阐释大道，解释天地万物生成的过程，认为"道"就是"元气"，天地万物由道化生出来，"道"是天地万物的根源与始基，由道（元气）演变为阴阳二气，再化生出天地人万物，道不仅化生万物，还哺养万物。其次，阐释了"道"的思想之后，从天道自然无为、元气化生万物出发，阐释治国与治身之道。从治国的角度看，《河上公章句》从道家的无为而治思想出发，主张清静无为，崇尚简朴，反对礼乐奢华的根本治国思想。认为"至太平"是治国的第一任务，统治者应该体道，用道治国，君主应该爱惜民力、正身立信，进而实现天下安宁，各守其位，各在其职，各尽所能，人民安居乐业，达到天下太平的社会理想。最后，《河上公章句》从爱气养神的角度阐释治身养生思想，强调养生目的是实现长生久寿。"爱气"就是爱养精气，"养神"就是保持心灵的宁静，将个人的节奏与宇宙的生命节奏相结合，做到内无思虑，外无烦事，则精神不去也。《河上公章句》吸收了汉代的哲学与医学成就，从行气、房中、存身等角度阐释了修道长生的理论方法，主张怀道抱一，依靠自身的修炼实现长生久寿的目的。虽然，在书中阐释的养生方法与神仙思想有关，但是又区别于寻求不死之药，以图成为神仙的思想。

《河上公章句》经常将"治国"与"治身"并举，强调天道与人事相同，治国之道与治身之道相同，这就使后来的学者产生了一个困惑，即《河上公章句》中的"治国"与"治身"思想孰轻孰重，对此学界持有不同看法，认为该书产生于东汉中后期的学者认为该书的内容主要是阐述其治身思想的，认为该书产生于西汉中后期的学者则普遍认为该书是借助阐述治身思想来阐述治国思想的。从内容来看，《河上公章句》比较重视治身思想，比较轻视治国思想。虽然在文中对于治身与治国对举，如"无为养神，无事安民""治身者，爱气则身全，治国者，爱民则国安"。但是，综合来看，治身之道是高于治国之道的，比如在注释"道可道，非常道"时，认为"道可道"是指经术政教之道，而"非常道"则是指自然长生之道，"人学智诈，圣人学治身。人学治世，圣人学自然"。"治身"作为圣人之学，而"治国"为众人之学，由此可见，笔者认为《河上公章句》的思想内容更多的还是倾向于治身养生方面，治身思想为主，治国思想为辅。

《河上公章句》受到汉代养生修仙思想影响，从养生角度注解《老子》，区别于后来从本体论和重玄学角度解释《老子》，是注解《老子》的一种重要范式。《河上公章句》文字简洁、明晰、流畅，思想深刻，全书没有烦琐的文字考证，以非常简单的文字阐释《老子》深邃的哲学义理思想。《河上公章句》经文为老子古本，注文用古义实义，对研究《老子》思想具有重要意义，在

"老学"研究史上享有重要地位。《河上公章句》对后来的道教产生重要影响,成为道教徒修习的经典之一,书中强调以大道御情欲思想,对后来道教心性论也产生重要影响。《河上公章句》普遍流行于普通民众与文人士大夫阶层当中。唐初,《河上公章句》一度成为官方学校教授《老子》的课本,直到开元年间,才被《御注道德经》所取代。《河上公章句》对老子思想、汉代道家思想、养生思想进行整合,对后来中国道教、养生文化产生重要影响。

(姜守诚、李海龙撰)

《大乘起信论校释》提要

《大乘起信论》,又略称《起信论》,是大乘佛教重要论著,相传为古印度马鸣著,南朝梁真谛译,唐代实叉难陀重译,是大乘佛教的概论之作,全文篇幅不长,只有一万一千字左右,但它结构严谨、析理清晰,是对隋唐佛教影响最大的一部论著。它的宗教神学思想代表着此后中国佛教发展的主流方向,为各家宗派所重视并吸收。

对于《大乘起信论》的译者及其真伪问题,历来颇有争议,最初相传"马鸣菩萨造,梁真谛法师译",据查证,《马鸣菩萨传》和《付法藏因缘传》都未提到《大乘起信论》。因而怀疑《起信论》是梁代伪作的。隋代法经等所著的《众经目录》卷五也怀疑《起信论》非真谛所译;初唐吉藏弟子慧均在《四论玄义》中推测《大乘起信论》是"昔日地论师"所伪造;晚唐新罗珍嵩在《华严经探玄私记》中认为《大乘起信论》是根据《渐刹经》而设造的。

《大乘起信论》全书除了开篇的"总论",分因缘分、立义分、解释分、修行信心分和劝修利益分五部分,把大乘如来藏思想和唯识说结合为一;阐明"一心""二门""三大"的佛教理论和"四信""五行"的修持方法。

一心,即如来藏心。万法源出于此,包摄一切世间法和出世间法。

二门,指心真如门(清净)和心生灭门(污染)。心真如门有离言、依言两种;心生灭门分流转、还灭两种。

三大,谓体大、相大、用大。"体"即本体,又名真如,于中一切法平等,不增不减;"相"即形相,又名如来藏,具有无量善性功德;"用"即功用,谓由此产生一切善因善果,为修证菩提妙觉之所由。

四信,指相信根本真如和佛、法、僧三宝。

五行,即修持布施、持戒、忍辱、精进、止观五种德行。

在第一部分"因缘分"中,作者阐述了写作的缘由和目的,一是为了让有缘众生,能够远离一切苦,得到究竟的安乐。二是为了解释如来教法当中的根本教义,让一切众生都能够获得正确的理解,而不会发生错谬。三是为了让那些善根已经成熟的众生,在大乘教法当中能够成就菩萨初住以上位次,得到不退的真实信心。四是为了让那些善根微少的众生,通过学习发心和各种修行,形成逐渐成熟的信心。五是为了那些恶业众生而开示方便法门,让他们通过礼佛忏悔等方法,而消除罪恶业障,从而保护他们的信心，使他们逐渐远离愚痴和我慢，出离邪见之网。六是为了开示修习止观法门，以便对治凡夫和二乘人心中过失。七是为了开示专心念佛求生净土的方便法门，以便那些怯弱众生，能够往生到净土当中见佛闻法，得到决定不退的真实信心。八是为了开示大乘教法的殊胜利益，劝导众生勤奋修行。

作者指出，佛陀经教当中，虽然已经具有这些法义，但因为众生的根机和修行的力量各自不同，接受和悟解法义的因缘也千差万别。所以，要统一立义，明确概念，分别阐释，深入浅出，以增进信众对于修行的信心，并获得修行的成果。而下文的"立义""解释""修行信心"和"劝修利益"四大部分，则是围绕着上述八个"因缘"，来阐明"一心""二门""三大"的佛教理论和"四信""五行"的修持方法。

《大乘起信论》认为，众生一心，既包容俗世的一切，也包容出世间的一切，从生死轮回到涅槃，从无量苦难到彻底解脱，从世间无常到出世间永恒，这些众生可以自己争取做到，而不必向外求助。这样，建立对大乘的信心实际就转为"自信己身有真如法"，能否达到超脱，关键在于自己用心努力修行的程度。这种众生身中自有"真如法"的主张，颇与孟子的"性本善"论相似，可见佛教在自身发展过程中，也适当融入儒家思想，以丰富自身理论体系。《大乘起信论》就这样以"一心"作为理论基础，从"不动"到"动"，再由"动"到"不动"相互转化，从中生发了世间与出世间的路线来。它将传统佛教的宇宙产生从"无"到"有"的路线，改变成由"不动"到"动"的独特路线。

《大乘起信论》确立了独特的心学体系，明确了"唯识"的概念。唯识学在南北朝大量涌入，各种经论看法不一，特别是对"唯识"的本体论性质，众说纷纭、莫衷一是，《大乘起信论》通过清晰的析理，论证、明确、统一了"唯识"的本体概念，确立的世界本体就是"众生心"，其目的在于启发众生树立对"大乘"的"信心"。明确"大乘"既指通向涅槃之路，也指世间和出世间的最高本体，相当于一般大乘佛典中的"道"，实际指"众生心"。"众生心"是《大乘起信论》所要建立的世界本体，也是众生求得解脱的根本所在。所谓"众生心"泛指一般众生共有的心性，也是各种唯识经所经常探讨的"一心"。

《大乘起信论》在中国佛教史上的影响是广泛而深远的，对天台宗、华严宗、禅宗、净土宗的影响尤为显著。天台宗的"真如缘起论"就借鉴了《大乘起信论》中的"如来藏缘起论"，天台宗三祖慧思的《大乘止观法门》自始至终都在阐释《大乘起信论》中的思想，如讲到"心生万物"、"止观法门"等观点时，甚至直接引用《大乘起信论》的一些原文来加以论证、阐述。《大乘起信论》对华严宗的影响就更显著，华严宗的实际创始人法藏，就著有《大乘起信论义记》三卷和《大乘起信论义记别记》一卷，进一步阐释并有所发挥《大乘起信论》的思想观点。华严宗直接继承了《大乘起信论》中的"法界缘起论"。华严宗五祖宗密在《大乘原人论》中直接吸取《大乘起信论》的"本觉"观，甚至直接引用《大乘起信论》原文来论证"空"。禅宗和《大乘起信论》都源于《楞伽经》，故《大乘起信论》思想受禅宗重视并接受。禅宗五祖弘忍在《最上乘论》中提出一乘为宗，一乘就是一心，也就是《大乘起信论》中的心真如门。六祖慧能也多处吸收《大乘起信论》思想，如主张"自识本心，自见本性"，这里的"本心""本性"就是《大乘起信论》中所说的"本觉"；他所主张的"真如是念之体，念是真如之用"，就接近于《大乘起信论》中的心真如门和心生灭门；他所提倡的"无念为宗"，就直接源于《大乘起信论》的"若能观察知心无念，即能随顺入真如门"的思想；在修行理论上，他还吸取《大乘起信论》中的"一行三昧"等。禅宗北宗创始人神秀所提的"五方便门"中第一门就是"离念门"，所谓"离念"就是离却妄念（有念），回归到心真如、即本觉境地，这种思想完全取自《大乘起信论》。又因《大乘起信论》强调"发心修行"，故对后世的净土宗也有一定影响。

（陈　霞撰）

《肇论校释》提要

僧肇（384—414年），东晋僧人。俗姓张，京兆人，少时熟悉老庄思想。后成为鸠摩罗什门下著名弟子，从事其译经。并被鸠摩罗什誉为"解空第一人"。

张春波（1930—1994年），哲学家，河北交河县人。1954年考取中国人民大学哲学系研究生。随后，于1956年进入中国科学院哲学研究所工作，师从著名佛学家吕澂研习佛学。

《肇论》一书约编于陈代，主要包含《物不迁论》《不真空论》《般若无知论》《涅槃无名论》和给刘遗民的信。《肇论校释》

一书原文以《肇论中吴集解》为底本，以《大正藏本肇论》《肇论疏》《肇论新疏》《肇论略注》参校而成。《肇论校释》可分为两部分，前半部分在《肇论》基础上增加了后人编《肇论》时所作的《宗本义》。后半部分则附录了宋代的几篇肇论古注。以下从僧肇主要的四篇论展开简述。

就《物不迁论》而言，题名言"不迁"，似乎是反对佛家主张"无常"的说法。但是其主旨是通过对"常"的论述反对当时小乘执着于"无常"，从而进一步揭示"动静未尝异"的道理。

另外，在这篇论中，僧肇还对小乘有部的"法体恒有，三世恒有"一说进行了批判。

在小乘有部看来，"未来法之有"是因为现在法由未来而来，"过去法之有"是因为现在法流入过去。因此，现象虽变，法体不变。僧肇则根据"不来亦不去"的理论，反对这种三世有的主张。他认为"昔物自在昔，不从今以至昔；今物自在今，不从昔以至今"。也就是说，事物是"不相往来"的。可以说是"称去而不迁"。所谓"今若至古，古应有今，古若至今，今应有古"。而实际上是"今而无古""古而无今""若古不至今，今亦不至古，事各性住于一世，有何物而可去来"？

这意味着事物各自都只是停留在一定阶段，没有发展、延续和变动。因此"旋岚偃岳而常静，江河竞注而不流，野马飘鼓而不动，日月历天而不周"。僧肇进一步指出尽管经历世界毁灭时期的三灾，而每个人所造下的业却永远抹不掉。从而为其佛教因果报应、三世轮回的宗教理论作论证。

就《不真空论》而言，僧肇以般若中观思想对"空"进行解释，通过对当时的三宗进行批判，揭示缘起性空的含义。

僧肇认为"心无宗"只是考虑到"心无者，无心于万物，万物未尝无"，也就是"失在于物虚"。"即色宗"只从物质不能自己形成，证明其"非有"，而没有从根本上认识到现象本来就是"空"的，所谓"岂待色色而后为色哉"？"本无宗"则执于"无"，僧肇指出何必认为"非有"就是没有"有"，"非无"就是没有"无"。鉴于此，僧肇认为必须从两方面来理解空。一方面，事物是因缘而成，因此"有"是"假有"；另一方面，"事象既生"也就意味并非空无所有。事物的自性是空。最后僧肇通过对名实的辨析，指出"名不当实，实不当名，万物何在"？

"物无彼此"，事物本身没有彼与此的对立区分。事物的名不是实在的，明白了这一点，就应该从万物本身去认识它的虚假，而不应该另立一个虚无，然后再说万物是虚假的。

就《般若无知论》而言，其要旨是说明"般若"Prajñā 是一种佛智，这种智慧毂的性质便在于"无相""无知"。所谓"虚其心，实其照"。凡人之心总是有所取，由此得到的"知"便不全，"般若"无所取，是一种整体的观照，由无所取得到的"知"即是无知。

"般若"是"无所有相，无生灭相"的。正如僧肇所说："夫智，以知所知取相，故名知。真谛自无相，真智何由知？"这种佛智是区别于凡人认知的所谓最高智慧。一般人所认识的对象是具体的客观存在，执着于对这些幻象的认识而得到的知识，那是一种产生种种烦恼的"惑智"。佛教要认识的是世界本质"空"，这是不能用任何世俗知识概念来表达的，是解脱种种烦恼的

"真智"。

最后在《涅槃无名论》中，僧肇针对姚兴对"涅槃"的几种看法一一进行回复。在姚兴看来，"涅槃"应当是离名言的，因此不能有"有余"和"无余"的区别，达到"涅槃"即不能有区别。首先，僧肇指出得"涅槃"的人是有差异的，因此就进入"涅槃"的过程而言，是有一个有渐进的阶地，所得"涅槃"应该有所区别。其次，就得"涅槃"而言，是有一个先渐后顿的过程，进入到无生法忍自然是任运自在，但是在八地之前却是有阶次的。最后，针对"涅槃"是否离五蕴证得的问题。僧肇指出，对"涅槃"的证得是一种无得之得，是"玄得"。真正了解到"涅槃"的真实含义，便不会做出这种区别。

总之，《肇论》一书对大乘般若中观思想做出了极为精到的阐述。吉藏在《大乘玄论》中认为僧肇是三论宗的实际创始人。吕澄先生还指出《不真空论》中所提到的万物自虚的思想，对后来中国佛学发展有巨大影响，禅宗所主张的"立处即真"就是彻底发挥这一精神。

就附录而言，两篇古注主要是依真常唯心论来解释肇论。张春波先生认为净源是用华严宗学说对僧肇学说进行根本改造。譬如"有若真有，有自常有，岂待缘而后有哉"一句。这里的"常有"是做假设用，目的是为论证缘起性空，但是在净源这里却解释为"真心本有，不从缘而生"。

综上，《肇论校释》一书，在当前佛学研究中具有较高的参考价值。读者既可以获得对僧肇思想较为全面的了解，亦能从书中所载的肇论古注中，了解中国佛学思想的发展趋势并一窥宋代佛学的发展。

（宁怡琳撰）

《华严金师子章校释》提要

法藏（643—712年），唐代僧人。华严宗实际开创者，本康居国人，他出生在唐朝都城长安，其祖父侨居长安。武则天赐以贤首之名，人称"贤首国师"。他以金狮子作比喻，亲自向武则天阐述了华严宗的哲学思想，由此而产生的就是著名的《金师子章》。这里面总结了华严宗哲学思想的主要观点。

方立天（1933—2014年），浙江永康人。1956年考入北京大学哲学系，1961年到中国人民大学哲学系工作。方教授在宗教学与中国哲学领域发表诸多著作。就结构而言，《华严金师子章》全书共分为十段，继承了《华严经》的经文形式即十句式。法藏也喜用"十"来解说自己的理论。

全书的主要思想是阐发华严宗的判教理论和"无尽缘起"思想。

判教是中国佛教创宗立派的一个重要标志，法藏将佛教的各派判为小乘教，大乘终教、终教、顿教、圆教，华严宗则为一乘圆教。

小乘教即是认识到万物的因缘和合，却不懂万物性空，所谓"狮子虽是因缘之法""实无狮子相可得"；大乘始教认识到万物没有各自的本性，就最终分析来看，是"彻底唯空"的。终教则看到了万物的空和虚幻是并存的，互相不矛盾的，所谓"缘生假有，二相双存"；顿教认识到空和有互相双亡，共同泯灭，所谓"空有双泯灭""棲心无寄"；圆教则认识到万象森罗是宇宙真如本体的体现，现象和本体，现象与现象之间都是相即相入，所谓"一切即一，皆同无性，一即一切，因果历然"。法藏的判教五阶次第说，一方面调和了天台宗和当时唯识宗的矛盾，另一方面也试图显扬本宗的地位。法藏认为空宗"一切皆空"的主张，容易滑向对佛境存在的否定。唯识所主张的识是真实，由识所产生的法是虚妄的，这是自相矛盾的。

就"无尽缘起"思想而言，法藏以金狮子做喻，首先阐发了"无尽缘起"构成的根据，即缘起说和三性说。法藏指出，世界如同金做的狮子，金狮子的"相"是有生灭的，是作为"幻有"存在的，金作为本体却是无增无减的。万物都是因缘和合而生，皆是本体的变相，因此万事万物都是缘起性空、无相无生的。

对金狮子的认识则又体现为三个层次，所谓"狮子情有"即是一种幻相，遍计所执性。所谓"金性不变"即是认识到了人的清净真实本性，即"圆成实性"；所谓"狮子似有"则是兼有前两者，称作"依他起性"。法藏认为这三性之间是同一的，彼此是相即同一和相入包容的。接下来则主要论述了无尽缘起的两个核心内容，一是"六相圆融"，一是"十玄门"。所谓"六相圆融"是用以说明无尽缘起的主要原理之一。"六相"指总相和别相、同相和异相、成相和坏相。用这三对范畴从六个方面说明，一切现象虽然各有自性，但又都可以融合无间，完全没有差别。其中"总""同""成"三相，系指全体或整体，"别""异""坏"三相，系指部分或片段。故"六相圆融"的关系，亦即是全体与部分，一般与个别的"圆融"关系；全体由部分组成，部分的性质和作用则由全体所规定；一般通过个别得以表现，个别的本质则由一般来决定。

"十玄门"一说首创于智俨，称"古十玄"；完成于法藏，称"新十玄"，两者内容相同，次第略有改动。具体是发挥《华严经》中提到的教与义、理与事、境与智、因与果、体与用、逆与顺、行与位、主与伴等十对与"佛智"有关的复杂关系，用以论证佛法乃是一个整体，一念即得具足一切教义、理事、因果等如上一切法门。十玄门是指："同时具足相应门用来说明万物是同时产生和存在，每一事物都具足自身应具备的一切条件"；"诸藏纯杂具德门"，用来说明任何现象都能摄入其他现象，事物的部分与整体能够摄入无碍，现象和本体无碍并存；"一多相容不同门"指出佛教的各种教义互有区别同时互相含容，不相妨碍。"诸法相即自在门"指出各个事物都是相即同一的，因为事物的本体是同一的；"秘密隐显俱成门"指出虽然事物是相即的，但是由于观察的角度不一，对象所呈现出来的显和隐也不尽相同。事物是同时具有显跟隐两种形相。微细相容安立门"微细相容安立门"指出即使极细微的事物也能包容一切事物。"因陀罗境界门"指出一个事物包含无数细微的事物，任意一个细微的事物包含无数粗大的事物。小与大，少与多都是互相渗透，所谓"草芥纳入须弥山，海水可倾入毛孔""托事显法生解门"指出要通过当下的事物理解佛教真理。"十世隔法异成门"指出每一世都含蕴三世，一刹那包容过去、现在、未来。最后"唯心回转善成门"指出一切事物都是心的变化，佛教功德皆是由于心的回转的结果。"十玄门"说主要是为了论述华严的"性起说"，这里的"性"指的是"如来藏自性清净心"，在这一心之下，宇宙万象互为因果，圆融无碍，重重无尽。众生和佛的区别即在于迷悟不同。

《华严金师子章》受到众多学者称赞，譬如崔致远便认为此书"搜奇丽水之珍……启沃有余，古今无比"。日本华严宗人景雅和高辨也分别作了注释。此外华严宗的法界缘起思想，特征即是宣扬圆融无碍的观念。这些思想对宋代理学家们构筑哲学体系都有一定的启示。譬如朱熹的"理一分殊"便吸收了华严宗"一切即一"的思想，并加以改造。

（宁怡琳撰）

《成唯识论校释》提要

玄奘（600—664 年），俗姓陈，名祎，洛州缑氏（今河南偃师县缑氏镇）人，兄弟四人，排行为末。年十一，随出家的二哥长捷法师住洛阳净土寺诵习佛经。十三岁受度出家，寺中听讲《涅槃经》《摄大乘论》，颇得师宗。隋末，随兄到长安，听讲《摄大乘论》《杂阿毗昙心论》《八犍度论》。四五年间，究通诸部。武德五年（622 年），玄奘在成都受具足戒。以后，四处访学，学习《成实论》《俱舍论》，经过多年学习，玄奘博通经论，备悉各家之学，在京邑享有很高的声誉。同时，他又感到各地讲筵所说不一，验之佛典，也莫知适从。听说印度有《瑜伽师地论》，能汇通诸说，于是决定西行求法。起初，西行并没有得到官方的认可，唐太宗贞观三年（629年），玄奘趁乱离开长安，一路艰辛，终于在三年后抵达当时印度的佛学中心那烂陀寺。在那烂陀寺，玄奘师事印度瑜伽行派（大乘有宗）的主要传承人戒贤，五年内学习了《瑜伽师地论》《因明》《声明》《显扬圣教》等论，以及婆罗门教经典。后周游印度各地，返回那烂陀寺，在印度受到了大小乘佛教学者的一致推崇。贞观十九年（645年）正月，历时十七年，玄奘完成了中国历史上空前的旅行之后，回到长安，受到了隆重的欢迎。他带回了梵文佛经六百五十七部，以及如来肉舍利（佛骨）和各种佛像。同年五月，在唐太宗的直接支持下，玄奘在弘福寺组织了译场开始译经。以后又移居多处，继续翻译，直至逝世。前后十九年，共译出大小乘经律论七十五部，一千三百三十五卷，成为佛教史上译经最多，而且译文精确的一位大师。后人将他的译典誉为"新译"。经过长期的译经、讲经，玄奘门下形成了一批唯识学者，其中窥基一系成了中国唯识宗的嫡传，新罗圆测一系将唯识学传到了朝鲜，日本道昭等人从玄奘受业，后形成了日本的唯识宗。玄奘的深远影响，已经远播东亚。

《成唯识论》是玄奘编译的著作，以大乘佛教唯识宗祖师世亲的《唯识三十颂》为主线，糅合印度十大论师的诠释而成，是中国唯识宗立宗的主要理论依据，最能体现法相唯识学派的基本思想。印度大乘佛教分为中观和瑜伽行两派，《成唯识论》属于瑜伽行派，但也包含了般若中观的许多理论，是瑜伽行派论述佛教"空"观念的一种基本形式。不仅阐述了唯识空观的佛教理论，而且对其他派别进行了批判，这种批判涉及各派的核心思想，主要是针对各派学说中的实有观念。

《成唯识论》本颂三十偈,在每偈后面有长篇的疏解论释,玄奘常采用诘问辩难的方式,对十大论师的思想进行评议。三十颂前二十偈讲"唯识相",是对十大论师思想评议的基本内容;第二十五偈讲"唯识性",是对前面论说的总结;后五偈讲"唯识位",即修行次第。

印度大乘佛教的两派有着不同之处,即瑜伽行派侧重"识有",中观派侧重"性空"。但实际上,对于瑜伽行派而言,两派的相通之处正在于其以"唯识"的方式论说佛教"空"观。《成唯识论》开卷即言"今造此论,为于二空有迷谬者生正解故",所说二空就是"我空"和"法空",我空就是没有一个实在的主体,法空是一切事物没有一个真实存在的自性,此论正是针对二空不明者而造。对于二空的错误认知即"我执"和"法执",这种执着所带来的"有"的错误观念,都是"识"的变现。能变的识主要来讲,可以划分为三类八识,即"了境识""思量识""异熟识"。具体来讲,了境识是前六识,就是眼耳鼻舌身意,是对身外事物的粗显认识。思量识是第七识,称为末那识,执我为实有。异熟识是第八识,阿赖耶识,一切人事物的形成都是第八识中的种子,也就是具有变现功能的识所形成的。这三类八识都是识自身的产物。

论中的核心主张是外境非有,内识非无。以"唯识无境"为基本理论;把"阿赖耶识"视作人生和世界的"根本依";从"三能变"说明一切现象的本源在于唯识。通过"转依"达到彻底转变凡俗思想的认识,也是由迷而悟、由染而净的全部修习的目的；转"八识"成"四智"，束"四智"具"三身"，是"转依"的具体内容，是觉悟成佛的最后归宿，也是菩萨永不离世间教化众生的事业。又用遍计所执、依他起和圆成实"三自性"说概括学说和践行；用"五位百法"为一切法的分类，并作为践行修习的心理根据；用佛教逻辑"因明"学，作为成立唯识学说的论证工具。

阿赖耶识中的"种子"，既肯定其"本有"，也主张其"新熏"，"唯识真如"它遍在于一切众生，或称为"理佛性"，玄奘的弟子窥基等人强调玄奘传窥基独家之说为"五种姓"，认为有一种"无姓"的有情不可能成佛。这与当时流行的"一切众生皆有佛性"、"一阐提亦可成佛"的观念相抵触，也与《三藏法师传》所传玄奘的思想不符。晚唐以后，此家的传承不明，唯其"唯识"和"转依"的理论，多为其他宗派所吸收。宋元以降的法相宗，被列为教门，主要在北方流行。玄奘西行求法创立了唯识宗，是瑜伽唯识学在中国传译研习四次高峰中的第二次，到了近现代，再度兴起唯识学，成为佛教中影响时代思想最大的一种义学，这种义学不仅是佛教思想本身的发展和演进，也是对佛教振兴和社会思潮整合的一种尝试。作为一种具有印度特色的佛教理论，在与中国文化的相互融合中，产生了很大的思想和社会效应。

（宁怡琳撰）

《童蒙止观校释》提要

智顗（538—597年），陈、隋时僧人，天台宗四祖。俗姓陈，字德安，祖籍颍川（今河南许昌）。年十八投湘州果愿寺沙门法绪出家，二十岁受具足戒，后跟慧思学习法华三昧。陈太建七年（575年）入天台山讲《法华经》多年，后人称为"天台大师"。陈后主祯明元年（587年）于光宅寺讲《法华经》，灌顶始从听讲，随闻随记，录成《法华文句》，树立宗义，奠定了天台宗教观的基础，是该宗的实际创立人。陈亡后，移居庐山。隋开皇十一年（591年），应晋王杨广之请，到扬州为之授菩萨戒，受"智者"称号，故而又称"智者大师"。后又到荆州讲解《法华玄义》《摩诃止观》，开皇十五年再至扬州为杨广撰《净名经疏》，后辞归天台山。提倡止观并重，定慧双修，并以"一念三千""一心三观""圆融三谛"的实相说为中心思想，还以"五时八教"判释全部佛教。《法华玄义》《法华文句》《摩诃止观》，成为天台宗的代表作，被称为"天台三大部"。弟子著名的有灌顶、智越等。

《童蒙止观》又名《修习止观坐禅法要》、《小止观》，是由智顗于天台山修禅寺给其俗家哥哥陈针讲解修行止观的内容整理而成。智顗专门谈及止观的有四部：《释禅波罗蜜次第法门》《六妙门》《童蒙止观》和《摩诃止观》，前三部是讲止观的次第修行，最后一部是讲圆顿止观，属于上上根性人修行的法门。在这四部止观中，《童蒙止观》内容最为全面。按照《童蒙止观》的划分，天台止观可以分为四种：圆顿止观、渐次止观、不定止观、小止观，小止观即是指《童蒙止观》，是为了接引初学者，开智慧修证佛道而讲解的，关于初心人登正道的阶梯、入泥洹的等级，也就是为初学者讲解的修证佛法的步骤。

止观在天台宗思想中居于核心地位，认为不论哪种修行法门，都不出止观，所以止观是证入佛道的必然之路。止，即止寂或者禅定，是禅定之胜因，意思是使所观察对象住于内心，不分散注意力；观，即智慧，是在止的基础上，集中观察和思维，从而得出佛教的智慧。止观，又可以称为定慧，这两个法门如车的两个轮子、鸟的两只翅膀一样，不能偏废，如果偏废修习就会堕入邪道。为了使初心人学习坐禅的法要，智𫖯讲解了止观的十个方面内容，即具缘、诃欲、弃盖、调和、方便、正修、善发、觉魔、治病、证果，这十个方面是随着修行的深入逐渐递进的。

发心修行止观，需要首先外具五缘，主要是针对持戒清净的问题而阐发的，修行的首要前提是严格持守戒律，因为修行犹如干净的衣服，很容易被染着。如果持戒而犯戒，就需要依据佛法进行忏悔。并且针对修习者的不同处境，给予了不同的修行建议，目的是要断绝与俗世的诸多牵连，能够营造一个相对清净的环境，进行止观的修习。

修习止观的善缘具备以后，就要诃欲，即诃责令一切人都能产生爱着的五欲，包括世间的色欲、声欲、香欲、味欲和触欲，五欲如烈火般烧人，如毒蛇般害人，会产生无量的苦恼，人像奴仆一样被五欲所驱使，所以诃欲是能否成功修证佛法的关键前提。

诃欲目的在断欲，即是弃盖，也包括五种，即弃贪欲盖、弃嗔恚盖、弃睡眠盖、弃掉悔盖、弃疑盖。五者如盖一般覆盖、遮蔽人心，除此五盖，就是去除一切不善之法，犹如负债的人获得解脱、饥饿的人到达了丰收之国，心能得到安稳、清凉和快乐，就像天空的雾霾散去，天地明照。

在修行的过程中，也需要调和五事，这五事不调会带来不适，能够妨碍修行。调食、调睡眠、调身、调息、调心，针对这些方面的调和，智顗给出了许多具体的方法，以及后三个方面的修行次第。

修行止观，还需要一些方便法门，包括五法，即愿、精进、念、巧慧、一心。愿就是发大志愿，乐一切善法；精进即坚持守戒弃五盖，于善法上前进不息；念禅定为一切可乐之事，世间为欺诳可贱，培养内心对佛法的真正信心和乐趣；巧慧，就是以禅定智慧的乐为真实可乐，世间的乐为苦多虚妄；一心就是要决定修行止观，不为其他所惑。

正修行，是专门针对止观的方法，有两种，于坐中修行和历缘对境修行。关于这两种止观方法，智顗分别细致化了许多具体的条目和内容。另外，止观分为另外两种，对治观和正观，对治观是针对不同人的不同执着而特别修习的，正观是观一切法之实相，也就是万法因缘所生而无性。

随着修行的推进，能够于坐禅中身心明净，进而有种种善根的开发，有两种不同善根，一是外善根发相，一为内善根发相，针对这两种善根的开发，智顗列出了许多例子和进一步修证的方法，总体来讲，还是需要借助止观二法以增进善根，适宜用止或者适宜用观，智顗都给出了实证说明。

修行过程中，常有魔破坏众生善根，所以不得不仔细分辨和觉察。有四种魔能够夺人功德法财，令流转生死，智顗对魔进行了细致的划分和说明，以期修行者能够善加分辨和应对，并指出初学者必须亲近善知识，以防魔入人心。

安心修道，仍不免四大不调产生疾病，坐禅善用其心，病痛能够自然除去，所以修行者应当善加识别病的根源并予以对治，智𫖮列出了许多发病之因和对治之法。

若能按照智𫖮所讲的方法进行修行，能够了知一切法皆由心生，一切毕竟空寂，这是从假入空观，或称二谛观、慧眼、一切智。随着修证的推进，能够于空中修种种行，亦能分别，利益众生，这是从空入假观，或称平等观、方便随缘止、法眼、道种智。由此二空观，进入中道第一义观，通达中道圆照三谛，由此得解脱，悟入大菩萨位。

从初发心修行到修证入道，《童蒙止观》对整个过程进行了具体而细致的说明，实用性和操作性强，同时还对止观法门的核心思想和终极追求进行了阐述，由简易至高深，是针对初学者的很好的修证法要。智𫖮的止观思想特点在于教观双运、解行并重，其奠定的天台宗思想对以后中国思想的发展起到了巨大的作用。

（宁怡琳撰）

《坛经校释》提要

《坛经》是中国佛教禅宗的经典。是佛教禅宗六祖惠能说，弟子法海集录的一部经典。《坛经》记载惠能一生得法传法的事迹及启导门徒的言教，内容丰富，文字通俗，是研究禅宗思想渊源的重要依据。《坛经》是中国佛教著作唯一被尊称为"经"者。《坛经校释》以日本学者铃木贞太郎、公田连太郎校订的敦煌写本即法海本为底本，参照惠昕、契嵩、宗宝三种改编本进行校释。《坛经校释》校释者郭朋是我国著名的佛教研究专家。

惠能（638—713 年），一称"慧能"，唐代僧人，中国佛教禅宗六祖，禅宗南宗创始人，俗姓卢，原籍范阳（今河北涿州），生于今广东广州佛山南海。"惠能"是出家时的法名。父亲原在范阳（约在今河北保定以北，北京以南这一带）做官，后来被贬迁流放到今广东新兴县。惠能于贞观十二年在新州出生。幼年时父亲就去世了，后来母子移居广州南海。长大以砍柴卖柴维持生活、奉养母亲。据《坛经》系所说，惠能某天听人诵《金刚经》而有所领悟。惠能听说黄梅弘忍法师讲《金刚经》，于是在 661 年到黄梅参见，作"行者"，被派在碓房里踏碓，随众听法，劳作与修持相结合，一共八个多月。后弘忍要选择继承衣钵的弟子，要众弟子各作一首偈，察看各人的见地，以便付法。弘忍弟子中声望最高的神秀，作偈写在廊下的壁上："身似菩提树，心如明镜台，时时勤拂拭，勿使染尘埃。"惠能以为神秀此偈并没有见性，也作了一偈，请人也写在壁上："菩提本非树，明镜亦非台，本来无一物，何处染尘埃。"深得弘忍赞许，于半夜时分专门为惠能讲解《金刚经》，密授衣钵。后来，惠能回岭南隐居达十六年。678 年，惠能到韶州，住曹溪宝林寺，弘扬"直指人心，见性成佛"的顿悟法门，与神秀在北方倡行的"渐悟"相对，史称"南顿北渐""南能北秀"。惠能死后，唐宪宗追谥"大鉴禅师"。

《坛经》品目为自序、般若、决疑、定慧、妙行、忏悔、机缘、顿渐、护法、付嘱十品，可分三部分，第一部分，即是在大梵寺开示"摩诃般若波罗蜜法"；第二部分，回曹溪山后，传授"无相戒"，故法海于书名补上"兼授无相戒"；第三部分，是六祖与弟子之间的问答。

《坛经》的理论核心是解脱论。它反对任何理论的空谈，认为解脱从根本上并不是假名安立，而应该是实实在在的。六祖把解脱归结为人心的解脱，所谓若心不解脱，人非解脱相应。所以惠能提倡"直指人心，顿悟成佛"，前念迷即凡夫，后念悟即为佛。他认为，自心圆满具足一切，自心有佛，自性是佛，迷悟凡圣皆在一念之中，不必向外寻求，只要识心见性，从自心顿现真如本性，便能解脱成佛。

《坛经》的中心思想是"见性成佛"或"即心即佛"的佛性论，"顿悟见性"的修行观。所谓"唯传见性法，出世破邪宗"。性，指众生本具之成佛可能性。即"菩提自性，本来清净，但用此心，直了成佛"及"人虽有南北，佛性本无南北"。这一思想与《涅盘经》"一切众生悉有佛性"之说一脉相承。

《坛经》还主张唯心净土思想。认为"东方人造罪念佛求生西方，西方人造罪念佛求生何国？凡愚不了自性，不识身中净土，愿东愿西，悟人在处一般"。又说："心地但无不善，西方去此不遥；若怀不善之心，念佛往生难到。"

《坛经》反对离开世间空谈佛法，主张"佛法在世间，不离世间觉，离世觅菩提，恰如求兔角"。指出："若欲修行，在家亦得，不由在寺。在家能行，如东方人心善；在寺不修，如西方人心恶。"

《坛经》以"无念为宗，无相为体，无住为本"为修行实践的核心方法。无念即"于诸境上心不染"，就是不论遇到什么境界都不起心动念；无相为体，即"于相而离相"，以把握诸法的体性，知一切相皆是虚妄；无住为本，即"于诸法上念念不住"，无所系缚。

在修行的次第上，惠能并非一味主张顿悟。惠能认为"不悟即佛是众生，一念悟时众生是佛"，"万法尽在自心中，顿见真如本性"，是佛与众生的差异只在迷悟之间，但同时强调："法即无顿渐，法有迟疾"，"迷闻经累劫，悟在刹那间"，指出"法即一种，见有迟疾"，"法无顿渐，人有利钝"，明确指出了由迷转悟有量累的过程，客观地分析了顿悟与渐悟的关系。

惠能还反对以建寺度僧、布施设斋为修福积善、积累功德的手段，说："功须自性内见，不是布施供养所求也。"这一强调自我内心反省的宗教修养方法，为宋明理学吸收。

《坛经》的内容历代有所增删，尤其是最后部分多为在后来流传过程之后所添加的内容，多是惠能弟子和以后的禅宗门人所作，这些是对于惠能在大梵寺所说禅法的补充、延伸和发展，是为了迎合禅宗后来发展需要而产生的，是惠能后学在丰富和发展南宗禅法过程中集体智慧的积淀，也是符合禅宗基本思想内容的。在某种意义上讲，惠能的《坛经》更适合称为禅宗的《坛经》。惠能正是把他伟大的思想和现实主义精神注入《坛经》中，从而开创了中国特色南宗顿禅，而且它以不同的角度和方面来启迪我们的智慧和净化人心。它的作用是不可磨灭的。

《坛经》的思想对禅宗乃至中国佛教本土化的发展起了重要作用，其佛学思想对中国诗歌、绘画、美学思想影响很大。中国佛教著作被尊称为"经"的，仅此一部。当之无愧。

（陈　霞撰）

《肇论新疏》提要

《肇论新疏》三卷,元代华严僧人文才撰。台湾版《卍续藏经》第九六册、《大正藏》第四五册收录。本书以台湾版《卍续藏经》为底本,《大正藏》本参校。《肇论》部分也参考张春波的《肇论校释》(中华书局 2010 年版)。

文才(1241—1302 年),字仲华,出生于弘农杨氏,父辈开始迁居清水(今甘肃省清水县)。《佛祖历代通载》卷二十二、《大明高僧传》卷二有传。文才早年博览群书,广泛阅读经史典籍,尤其精通理学。受具足戒后,四处听讲经论,被认为尽得法藏华严学要义。他曾隐居成纪(今甘肃天水),筑室植松,打算于此终老,时人称其为"松堂和尚"。奉元世祖诏,主持白马寺。由于白马寺历来被认为是中国佛教的发源地,文才因此称为"释源宗主"。元成宗即位后,在五台山建大万圣佑国寺,诏求天下名僧住持。经帝师迦罗斯巴推荐,文才被任命为佑国寺开山第一代住持,有金印,署为"真觉国师"。文才一生以发扬光大华严宗义为己任,是元代少数专弘华严的名僧之一。文才现存的著作有《华严悬谈详略》五卷、《肇论略疏》(即《肇论新疏》)三卷、《肇论新疏游刃》三卷、《惠灯集》二卷。《华严悬谈详略》是专门传播华严学的著作,介绍了唐代澄观以来的华严教义。《肇论新疏》是以华严学解释《肇论》的著作,《肇论新疏游刃》是对《肇论新疏》所作注释的进一步发挥。两者的关系,类似于宋净源《中吴集解》和《中吴集解令模钞》的关系。

《肇论》是中国哲学史上的重要文本之一，是鸠摩罗什（344—413年）得意弟子僧肇（384—414年）以中国式的思辨对般若中观学的深入阐释和精彩发挥，是中印思想文化交流互鉴在哲学领域结出的丰硕果实，对中国佛教，乃至儒家、道教等中国传统思想文化都产生了重要影响。历代有造诣的学问僧都非常重视《肇论》，为其作注释疏解者，代不乏人。现存的注疏有陈慧达《肇论疏》三卷，唐元康《肇论疏》三卷，宋遵式《注肇论疏》六卷，晓月《夹科肇论序注》一卷，净源《肇论中吴集解》三卷、《肇论集解令模钞》二卷，悟初、道全集《梦庵和尚释肇论》一卷，元文才《肇论新疏》三卷、《肇论新疏游刃》三卷，明真界《物不迁论辩解》一卷，德清《肇论略疏》六卷等。

在现存《肇论》注疏中，文才《肇论新疏》具有以下特点。

第一，站在华严宗立场，以华严学改造《肇论》。陈代慧达《肇论疏》是现存最早的《肇论》注疏，作者没有明确的宗派意识，疏文忠实于《肇论》原文。唐代元康作为三论宗学者，其《肇论疏》有明显的三论宗思想，但三论学来源于关河旧学（鸠摩罗什及其弟子的学说），元康对《肇论》的理解也是比较准确的。宋代晓月为临济宗禅师，与长水子璿（965—1038年，净源师）同门，其《夹科肇论序注》是对慧达序文所作的简要注释，具有重视华严学的倾向。遵式（一般误认为天台宗慈云遵式，现代学者已考证为圆义遵式）宗派属性不明，但其《注肇论疏》明言"习学《华严》大经，常觌清凉判释；尽开五教，取法古师；权实之旨有归，行解之门可向"（《注肇论疏》卷一）。宋代禅师梦庵释《肇论》取材于遵式注疏，既反映了华严宗的影响，也掺杂了禅宗观点。明代真界生平不详,其《物不迁论辩解》是针对镇澄《物不迁正量论》而作,认为"真心不动",这与华严宗的观点比较一致。

在现存注疏中,明确站在华严宗立场解释《肇论》的有净源《肇论中吴集解》《肇论集解令模钞》,文才《肇论新疏》《肇论新疏游刃》,德清《肇论略疏》。净源被称为宋代华严宗"中兴教主",其有关《肇论》的注释带有明显的以华严改造《肇论》的意图。作为元代专弘《华严》的高僧,文才在解释《肇论》时深受净源影响,坚持用华严宗的心、理、事三范畴统摄整部《肇论》。但在很多具体观点上,文才又认为当时见到的云庵达禅师、光瑶禅师和净源法师的《肇论》注疏之作乃"醇疵纷错,似有未尽乎《论》旨之妙多矣"(《肇论新疏》)。德清是明代四大高僧之一,主张禅教融合,主要思想属于华严宗和禅宗,其《肇论略疏》在很多地方采用了文才的观点。可见,在以华严改造《肇论》方面,文才是承上启下的人物。文才对于《肇论》的理解虽不符合《肇论》原意,却可以体现元代华严学的面貌和华严学在整个佛教思想中的运行。

第二,采用"会意"方法,融会禅宗、儒家、道家的观点诠释《肇论》。

文才曾经指出:"学贵宗通,言欲会意,以意逆志,为得之矣。语言文字糟粕之余也,岂有余味哉?……以记问自多,殊不知支离其知,穿凿其见,愈惑多歧,不能冥会于道。听其说适足以熟耳而已,岂能开人惠目乎?"(《佛祖历代通载》卷二十二)他反对拘泥于经书文字,主张"会意""宗通",强调把握精神实质才是学习、修行的目的。"会意"显然与中国传统思想中的"言以尽意""得意忘言"等思想一致,"宗通"则是来自禅宗的思想。《文才传》中,称他的著作"皆内据佛经,外援儒老,托譬取类,其辞质而不华,简而诣,取其达而已"。(《佛祖历代通载》卷二十二)在《肇论新疏》中,我们可以看到文才多处采用"会意"方法,把华严基本理论赋予《肇论》。

(夏德美撰)